Basiswissen Sozialwirtschaft und Sozialmanagement

Reihe herausgegeben von

Klaus Grunwald, Duale Hochschule BW Stuttgart, Stuttgart, Deutschland

Ludger Kolhoff, Fakultät Soziale Arbeit, Ostfalia Hochschule, Wolfenbüttel, Deutschland

Die Lehrbuchreihe „Basiswissen Sozialwirtschaft und Sozialmanagement" vermittelt zentrale Inhalte zum Themenfeld Sozialwirtschaft und Sozialmanagement in verständlicher, didaktisch sorgfältig aufbereiteter und kompakter Form. In sich abgeschlossene, thematisch fokussierte Lehrbücher stellen die verschiedenen Themen theoretisch fundiert und kritisch reflektiert dar. Vermittelt werden sowohl Grundlagen aus relevanten wissenschaftlichen (Teil-)Disziplinen als auch methodische Zugänge zu Herausforderungen der Sozialwirtschaft im Allgemeinen und sozialwirtschaftlicher Unternehmen im Besonderen. Die Bände richten sich an Studierende und Fachkräfte der Sozialen Arbeit, der Sozialwirtschaft und des Sozialmanagements. Sie sollen nicht nur in der Lehre (insbesondere der Vor- und Nachbereitung von Seminarveranstaltungen), sondern auch in der individuellen bzw. selbstständigen Beschäftigung mit relevanten sozialwirtschaftlichen Fragestellungen eine gute Unterstützung im Lernprozess von Studierenden sowie in der Weiterbildung von Fach- und Führungskräften bieten.

Beiratsmitglieder
Holger Backhaus-Maul, Philosophische Fakultät III, Universität Halle-Wittenberg, Halle (Saale), Sachsen-Anhalt, Deutschland
Marlies Fröse, Evangelische Hochschule Dresden, Dresden, Sachsen, Deutschland
Waltraud Grillitsch, Fachhochschule Kärnten, Feldkirchen, Österreich
Andreas Laib, Fachbereich Soziale Arbeit, Fachhochschule St. Gallen, St. Gallen, Schweiz
Andreas Langer, Department Soziale Arbeit, HAW Hamburg, Hamburg, Deutschland
Wolf-Rainer Wendt, Stuttgart, Baden-Württemberg, Deutschland
Peter Zängl, Hochschule für Soziale Arbeit, Fachhochschule Nordwestschweiz, Olten, Schweiz

Stefan Gesmann

Systemisches Weiterbildungsmanagement in Organisationen der Sozialen Arbeit

Eine Einführung

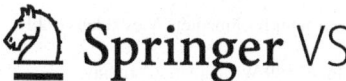

Stefan Gesmann
FB Sozialwesen, Department of Social Work
FH Münster
Münster, Deutschland

ISSN 2569-6009   ISSN 2569-6017 (electronic)
Basiswissen Sozialwirtschaft und Sozialmanagement
ISBN 978-3-658-38321-3   ISBN 978-3-658-38322-0 (eBook)
https://doi.org/10.1007/978-3-658-38322-0

Die Deutsche Nationalbibliothek verzeichnet diese Publikation in der Deutschen Nationalbibliografie; detaillierte bibliografische Daten sind im Internet über http://dnb.d-nb.de abrufbar.

© Der/die Herausgeber bzw. der/die Autor(en), exklusiv lizenziert an Springer Fachmedien Wiesbaden GmbH, ein Teil von Springer Nature 2022
Das Werk einschließlich aller seiner Teile ist urheberrechtlich geschützt. Jede Verwertung, die nicht ausdrücklich vom Urheberrechtsgesetz zugelassen ist, bedarf der vorherigen Zustimmung des Verlags. Das gilt insbesondere für Vervielfältigungen, Bearbeitungen, Übersetzungen, Mikroverfilmungen und die Einspeicherung und Verarbeitung in elektronischen Systemen.
Die Wiedergabe von allgemein beschreibenden Bezeichnungen, Marken, Unternehmensnamen etc. in diesem Werk bedeutet nicht, dass diese frei durch jedermann benutzt werden dürfen. Die Berechtigung zur Benutzung unterliegt, auch ohne gesonderten Hinweis hierzu, den Regeln des Markenrechts. Die Rechte des jeweiligen Zeicheninhabers sind zu beachten.
Der Verlag, die Autoren und die Herausgeber gehen davon aus, dass die Angaben und Informationen in diesem Werk zum Zeitpunkt der Veröffentlichung vollständig und korrekt sind. Weder der Verlag, noch die Autoren oder die Herausgeber übernehmen, ausdrücklich oder implizit, Gewähr für den Inhalt des Werkes, etwaige Fehler oder Äußerungen. Der Verlag bleibt im Hinblick auf geografische Zuordnungen und Gebietsbezeichnungen in veröffentlichten Karten und Institutionsadressen neutral.

Planung/Lektorat: Katrin Emmerich
Springer VS ist ein Imprint der eingetragenen Gesellschaft Springer Fachmedien Wiesbaden GmbH und ist ein Teil von Springer Nature.
Die Anschrift der Gesellschaft ist: Abraham-Lincoln-Str. 46, 65189 Wiesbaden, Germany

Inhaltsverzeichnis

1 **Zum Einstieg: Kritische Beobachtungen der (Weiterbildungs-) Praxis in Organisationen der Sozialen Arbeit** 1

2 **Weiterbildung in Organisationen der Sozialen Arbeit** 7
  2.1 Weiterbildung – eine begriffliche Ein- und Abgrenzung 8
  2.2 Die zentralen Funktionen der betrieblichen Weiterbildung 13
    2.2.1 Anpassungsfunktion 13
    2.2.2 Irritationsfunktion 18
  2.3 Zur Bedeutsamkeit des Weiterbildungstransfers innerhalb der betrieblichen Weiterbildung 23
    2.3.1 Zum Begriff des Transfers 23
    2.3.2 Arten von Transfer 24
    2.3.3 Zum Transferproblem 26
  2.4 Konsequenzen für die Steuerung der betrieblichen Weiterbildung 29
  Literatur 30

3 **Weiterbildungsmanagement als Ansatz zur Steuerung der betrieblichen Weiterbildung** 35
  3.1 Grundlagen des Weiterbildungsmanagements 36
    3.1.1 Zum Begriff des Weiterbildungsmanagements 36
    3.1.2 Der Funktionszyklus als *Navigationssystem* 37
  3.2 Weiterbildungsmanagement in der Umsetzung 40
    3.2.1 Bedarfsanalyse 40
    3.2.2 Ziele setzen 46
    3.2.3 Erfolgskontrolle 53
    3.2.4 Transfersicherung 60

3.3	Chancen und Grenzen eines Weiterbildungsmanagements zur Steuerung der betrieblichen Weiterbildung	68
	3.3.1 Chancen eines Weiterbildungsmanagements	68
	3.3.2 Grenzen eines Weiterbildungsmanagements	72
3.4	Konsequenzen für das Leitungshandeln in Einrichtungen der Sozialen Arbeit	77
Literatur		79

4 Grundannahmen und Zielsetzung eines systemischen Weiterbildungsmanagements 85
 4.1 Thesen zum systemischen Management 86
 4.2 Konsequenzen für ein systemisches Weiterbildungsmanagement 93
 4.3 Zur erweiterten Zielsetzung eines systemischen Weiterbildungsmanagements 97
  4.3.1 Abkehr von der verengten Individuumzentrierung 97
  4.3.2 Förderung eines Transfers II. Ordnung 99
 Literatur 103

5 Systemisches Weiterbildungsmanagement in der Umsetzung 107
 5.1 Ansätze vor Beginn einer Weiterbildung 108
  5.1.1 Bedarfsanalyse – systemisch 108
  5.1.2 Ziele setzen – systemisch 118
 5.2 Ansätze nach Beendigung einer Weiterbildung 127
  5.2.1 Erfolgskontrolle – systemisch 128
  5.2.2 Transfersicherung – systemisch 137
 5.3 Konsequenzen für die Gestaltung von Entscheidungsprämissen 147
  5.3.1 Zu den entscheidbaren Entscheidungsprämissen 147
  5.3.2 Zur Bedeutsamkeit einer lernförderlichen Organisationskultur 153
 Literatur 158

6 Systemisches Weiterbildungsmanagement: Eine abschließende Betrachtung 163
 6.1 Systemisches vs. traditionelles Weiterbildungsmanagement im Überblick 164

6.2 Leitorientierungen eines systemischen
    Weiterbildungsmanagements 168
6.3 Ausblick 170
Literatur 172

Literatur 173

1 Zum Einstieg: Kritische Beobachtungen der (Weiterbildungs-)Praxis in Organisationen der Sozialen Arbeit

Zusammenfassung

Basierend auf Beobachtungen der Praxis, wird in diesem Kapitel aufgezeigt, welche Herausforderungen rund um die betriebliche Weiterbildung in Organisationen der Sozialen Arbeit zu konstatieren sind. Zudem findet eine erste Auseinandersetzung mit Ansätzen des Weiterbildungsmanagements statt. Chancen und Grenzen traditioneller Weiterbildungsmanagementkonzepte werden skizziert, ebenso wie das Potenzial systemtheoretischer Weiterbildungsmanagementkonzepte.

Lernziele

- Sie wissen um die Herausforderungen hinsichtlich der Steuerung von Angeboten der betrieblichen Weiterbildung in Organisationen der Sozialen Arbeit.
- Sie erhalten eine erste Orientierung, welche Konsequenzen sich aus einer unzureichenden Steuerung von Weiterbildungsangeboten ableiten lassen.
- Sie sind mit ersten Unterscheidungsmerkmalen zwischen traditionellen und systemtheoretischen Ansätzen des Weiterbildungsmanagements vertraut.

Die nachfolgenden Ausführungen basieren im Kern auf der Beobachtung, dass Weiterbildungsaktivitäten in Einrichtungen der Sozialen Arbeit oftmals nur

© Der/die Autor(en), exklusiv lizenziert an Springer Fachmedien Wiesbaden GmbH, ein Teil von Springer Nature 2022
S. Gesmann, *Systemisches Weiterbildungsmanagement in Organisationen der Sozialen Arbeit*, Basiswissen Sozialwirtschaft und Sozialmanagement,
https://doi.org/10.1007/978-3-658-38322-0_1

unzureichend in das Managementhandeln von Leitungskräften eingebunden sind. Folgendes fiktives Praxisbeispiel[1] steht stellvertretend für diese Beobachtung.

> **Beispiel**
>
> Frau Brandenburg ist eine erfahrene Fachkraft im Jugendamt der Stadt Musterhausen. Seit 15 Jahren arbeitet sie als Bezirkssozialarbeiterin im dortigen Allgemeinen Sozialen Dienst (ASD). Obwohl die Haushaltslage der Kommune äußerst angespannt ist, können sowohl Supervisionen als auch Weiterbildungsangebote noch regelmäßig in Anspruch genommen werden.
>
> Bei einer flüchtigen Begegnung mit der ASD-Leiterin Frau Sondermann auf dem Flur eröffnet ihr diese: „Frau Brandenburg, ich habe Sie zu einem Seminar ‚Effektivität durch persönliche Arbeitsorganisation' angemeldet. Ich denke, das können Sie doch gut gebrauchen. Die Einladung erhalten Sie per Post. Ich wünsche Ihnen viel Spaß dabei!"
>
> Hochgradig irritiert kehrt Frau Brandenburg an ihren Arbeitsplatz zurück. In den nächsten Tagen macht sich Frau Brandenburg viele Gedanken, warum ihre Vorgesetzte sie zu diesem Seminar angemeldet hat.
>
> Das Seminar selber findet extern bei einem Weiterbildungsanbieter in der Nachbarstadt statt. Grundsätzlich fühlt sich Frau Brandenburg dort wohl. Das Tagungshaus hat fast Hotelcharakter und der Dozent ist auch sehr sympathisch. Zudem trifft Frau Brandenburg innerhalb der Weiterbildung auf nette Kolleginnen und Kollegen aus anderen ASDs. Durch Gespräche in den Pausen erfährt Frau Brandenburg so auch, dass ASD-Arbeit in anderen Kommunen deutlich anders umgesetzt wird als in ihrer eigenen Kommune.
>
> Mit Blick auf die Weiterbildungsinhalte ist Frau Brandenburg zufrieden, wenngleich das Gefühl bleibt, dass einige Themen einfach nicht zu *ihrem* ASD passen. Dennoch nimmt sie sich vor, nach dem Seminar ihren Arbeitsplatz neu zu strukturieren, ein neues Wiedervorlagesystem einzuführen und täglich eine Stunde zur Bearbeitung wichtiger Aufgaben einzuführen.
>
> Zurück am Arbeitsplatz versucht Frau Brandenburg das Erlernte umzusetzen. Kaum betritt sie allerdings das Büro, erfährt sie, dass während ihrer Abwesenheit ein Kinderschutzfall in ihrem Bezirk aufgetreten ist. Hinzu kommen 74 E-Mails, die es abzuarbeiten gilt, ebenso müssen auch noch drei Hilfeplanprotokolle dringend geschrieben werden. Die ASD-Leiterin Frau

---

[1] Um den Ausführungen in den nachfolgenden Kapiteln stets den nötigen Praxisbezug zu verleihen, wird der*die Lesende immer wieder auf Frau Brandenburg sowie deren Kolleginnen und Kollegen im ASD des Jugendamts der Stadt Musterhausen stoßen.

Sondermann erkundigt sich mit Blick auf die Weiterbildung kurz, wie es war, wechselt dann aber rasch das Thema, da während Frau Brandenburgs Abwesenheit ein Gespräch mit dem Kämmerer stattgefunden hat, in dem noch einmal in aller Dringlichkeit auf die Einsparnotwendigkeit bei den Hilfen zur Erziehung hingewiesen wurde.

Aufgrund der Vielzahl von Ereignissen beschließt Frau Brandenburg, die Neustrukturierung des Arbeitsplatzes und die Einführung eines neuen Wiedervorlagesystems auf *ruhigere Zeiten* zu verschieben. Mit ihrem Bürokollegen möchte Frau Brandenburg dennoch die ‚Bearbeitungsstunde' einführen. Dieser erwidert allerdings nur: *„Du warst wohl auf diesem Seminar, was? Aber keine Angst, das gibt sich wieder!"*

Letztlich führt Frau Brandenburg auch die Bearbeitungsstunden nicht ein. Das Wiedervorlagesystem bleibt, wie es ist, und auch der Arbeitsplatz hat nach wie vor dieselbe Struktur.

Einige Wochen später kommt die ASD-Leiterin Frau Sondermann auf das belegte Seminar zurück: „Frau Brandenburg, jetzt waren Sie doch extra auf dem Seminar, aber an Ihrer Arbeitsweise hat sich bis heute nichts verändert. Das Geld hätten wir uns auch sparen können!"

Frustriert und irritiert kehrt Frau Brandenburg an ihren Arbeitsplatz zurück. Als sie ihrem Kollegen von dem Gespräch berichtet, antwortet der nur süffisant: *„Siehst du, hab ich dir doch gesagt!"* ◄

Das hier dargestellte Szenario ließe sich auch problemlos auf andere Handlungsfelder und Organisationsformen der Sozialen Arbeit übertragen. Ebenso stellt es nur eine *Spielart* der mangelnden Verknüpfung von Weiterbildungsangeboten und Leitungshandeln in Einrichtungen der Sozialen Arbeit dar. Während im o. g. Praxisbeispiel Frau Brandenburg die Weiterbildung durch ihre Vorgesetzte *verordnet* bekommt, lässt sich in der Praxis der Sozialen Arbeit auch eben jenes entgegengesetzte Phänomen beobachten. So werden (zum Teil zeit- und kostenintensive) Weiterbildungen von Fachkräften in Anspruch genommen, ohne dass Leitungskräfte überhaupt genau wissen, was Inhalt und Zielsetzung des Angebots ist. Deren Funktion beschränkt sich hierbei nicht selten ausschließlich auf die Gewährung (oder Verwehrung) entsprechender Weiterbildungsbudgets. Wird gegen Ende des Jahres (bisweilen erstaunt) festgestellt, dass diese noch nicht vollständig aufgebraucht sind, gilt es – damit die Budgets im nächsten Jahr nicht gekürzt werden – noch schnell Weiterbildungen an den Mann bzw. die Frau zu bringen. In diesen Fällen scheint nicht selten das ‚Windhundprinzip' (Wer sich als Erste*r anmeldet, darf teilnehmen), das ‚Abkömmlichkeitsprinzip' (Wer aus dem

Kreis der Kolleginnen und Kollegen hat überhaupt Zeit?) oder das ‚Belohnungsprinzip' (Wer hätte es denn einmal verdient, eine Weiterbildung zu absolvieren?) darüber zu entscheiden, wer noch auf die Schnelle ein Weiterbildungsangebot in Anspruch nehmen kann.

Aufgrund der fehlenden organisationalen Einbindung werden nicht nur Fragen der Erfolgskontrolle, sondern auch Fragen der Übertragung der Weiterbildungsinhalte in die berufliche Praxis (insbesondere bei externen Weiterbildungen) weitestgehend ausgeblendet. Gelingt ein Transfer – was eher die Ausnahme als die Regel ist[2] –, scheint dies vom besonderen Engagement des*der Einzelnen, anderen günstigen Umständen oder schlichtweg vom Zufall abzuhängen.

Die Konsequenzen einer solch unzureichenden Verknüpfung von Weiterbildungsaktivitäten und Leitungshandeln sind weitreichend. Auf Ebene der Mitarbeitenden führt sie zu Unverständnis oder gar Frust, weil Fachkräfte zu Weiterbildungen ‚geschickt' werden, die möglicherweise gar nicht ihren eigenen Interessen entsprechen, oder aber weil – trotz positiver Lernerfahrungen und guten Willens – die Übertragung der Weiterbildungsinhalte in den beruflichen Alltag nicht oder nur sehr eingeschränkt erfolgt.

Auf Ebene des Teams kann die mangelnde Verknüpfung von Weiterbildungsaktivitäten und Leitungshandeln zu Unstimmigkeiten führen, da der Eindruck entsteht, dass – warum auch immer – ständig jemand ‚auf Weiterbildung' ist und infolgedessen die Arbeit von anderen Teammitgliedern übernommen werden muss, oder aber es werden Unstimmigkeiten erzeugt, weil das im Zuge der Weiterbildung Erlernte nicht zu den etablierten Handlungsroutinen im Team passt und folglich als Störung wahrgenommen wird.

Auf Ebene der Leitungskräfte spiegelt sich die mangelnde Verknüpfung von Weiterbildungsaktivitäten und Leitungshandeln ebenfalls zurück, da hier der Eindruck entsteht, dass die (oftmals impliziten) Erwartungen hinsichtlich der absolvierten Weiterbildung nicht oder nur unzureichend erfüllt wurden und folglich die Investition in die Weiterbildung der Mitarbeitenden scheinbar sinnlos war.

Betrachtet man Weiterbildung als den Teilbereich der Personalentwicklung, der maßgeblich dazu beiträgt, die Qualifikationen und Kompetenzen[3] der Mitarbeitenden kontinuierlich an die veränderten Anforderungen der Umwelt anzupassen (‚Anpassungsfunktion' von Weiterbildung) und attestiert man der

---

[2] Eine ausführlichere Auseinandersetzung mit dem ‚Transferproblem' erfolgt in Abschn. 2.3.3.

[3] Zur Differenzierung zwischen Qualifikationen und Kompetenzen vgl. Abschn. 2.1.

Weiterbildung darüber hinaus das Potenzial, auch zur Steigerung der organisationalen Lernfähigkeit beizutragen (‚Irritationsfunktion' von Weiterbildung) (vgl. Abschn. 2.2.2), dann wird offensichtlich, dass sich keine Einrichtung der Sozialen Arbeit dauerhaft erlauben kann, die Planung und Inanspruchnahme von Weiterbildungen vom Handeln der Leitungskräfte zu entkoppeln.

Hilfestellung zur stärkeren Steuerung von Angeboten der betrieblichen Weiterbildung bieten auf den ersten Blick Ansätze des Weiterbildungsmanagements. Anhand einer Fülle von Instrumenten und ‚Tools' scheinen Weiterbildungsbedarfe punktgenau festgestellt, Ziele bis ins Detail geplant, Transferprozesse umfassend gesichert und der Erfolg einer Weiterbildung auf den Cent genau quantifizierbar zu sein. Auf den zweiten Blick wird allerdings offenkundig, dass Ansätze des Weiterbildungsmanagements nicht selten lediglich eine – mehr oder weniger – unverbundene Ansammlung von Methoden darstellen, die allesamt nicht nur von einem hohen Steuerungsoptimismus, sondern auch einer gewissen Theorieleere geprägt sind. Leitungskräften wird folglich vorgegaukelt, das Weiterbildungsgeschehen ließe sich mit solchen Ansätzen in gewisser Weise trivialisieren. Nicht ohne Ernüchterung wird dann in der Praxis festgestellt, dass die Steuerung von Weiterbildungsangeboten weitaus komplexer ist und sich folglich nicht derart ‚in den Griff' bekommen lässt, wie es bisweilen innerhalb des Weiterbildungsmanagements suggeriert wird.

Manager*innen in Organisationen der Sozialen Arbeit stehen folglich vor der paradoxen Anforderung, dass sie einerseits stärker steuernd in das Weiterbildungsgeschehen eingreifen müssten, sie hierfür aber andererseits ein Steuerungsinstrumentarium und ein grundlegendes Steuerungsverständnis benötigen, das der Komplexität des Gegenstands auch gerecht wird. Die hier vorgestellte systemtheoretische Betrachtung von Ansätzen des Weiterbildungsmanagements soll dazu beitragen, diesen ‚Spagat' zu ermöglichen.

Um das Potenzial (aber auch die Grenzen) eines systemtheoretischen Weiterbildungsmanagements aufzuzeigen, wird in Kap. 2 zunächst der Steuerungsgegenstand – die betriebliche Weiterbildung in Einrichtungen der Sozialen Arbeit – genauer beleuchtet. Hierbei wird argumentativ aufgezeigt, dass Angebote der betrieblichen Weiterbildung nicht nur eine Anpassungsfunktion einnehmen können, sondern auch das Potenzial besitzen, im Zuge ihrer Irritationsfunktion zur Steigerung der organisationalen Lernfähigkeit beizutragen. Inwieweit die Anpassungs- bzw. Irritationsfunktion der betrieblichen Weiterbildung in der Praxis der Sozialen Arbeit umgesetzt werden kann, hängt maßgeblich davon ab, wie gut der Transfer vom Lern- in das Funktionsfeld gelingt. Basierend auf der Annahme, dass gelingender Transfer eher unwahrscheinlich ist, findet eine dezidiertere Betrachtung des ‚Transferproblems' statt.

Auch um das Transferproblem adäquat bearbeiten zu können, genießen Ansätze des Weiterbildungsmanagements abseits der Sozialen Arbeit eine größere Beachtung. Was Weiterbildungsmanagement überhaupt ist und welche Grundlogik dem ‚traditionellen' – eher betriebswirtschaftlich orientierten – Weiterbildungsmanagement zugrunde liegt, wird in Kap. 3 erörtert. Hierbei wird insbesondere den Teilprozessen ‚Bedarfsanalyse' und ‚Ziele setzen' vor Beginn sowie ‚Erfolgskontrolle' und ‚Transfersicherung' nach Beendigung einer Weiterbildung Beachtung geschenkt.

Basierend auf der o. g. Kritik, dass ‚traditionelle' Ansätze des Weiterbildungsmanagements von einem hohen Steuerungsoptimismus und einer gewissen Theorieleere geprägt sind, wird in Kap. 4 vorgestellt, was die Grundannahmen und die Zielsetzung eines systemischen Verständnisses von Weiterbildungsmanagement kennzeichnet und inwiefern sich dieses vom traditionellen Weiterbildungsmanagement abgrenzt.

Kap. 5 widmet sich der konkreten Umsetzung eines systemischen Weiterbildungsmanagements. Zu diesem Zweck werden nicht nur die in Kap. 3 vorgestellten Teilprozesse des Weiterbildungsmanagements (Bedarfsanalyse und Ziele setzen vor Beginn sowie Erfolgskontrolle und Transfersicherung nach Abschluss eines Angebots der betrieblichen Weiterbildung) systemtheoretisch eingeordnet, es findet zugleich der Versuch statt, die o. g. Irritationsfunktion von Angeboten der betrieblichen Weiterbildung kontinuierlich mitzudenken. Darüber hinaus wirbt ein systemisches Weiterbildungsmanagement dafür, die Kolleginnen und Kollegen aus dem Team stärker in den Weiterbildungsprozess des*der Einzelnen einzubinden.

Die abschließende Betrachtung eines systemtheoretischen Weiterbildungsmanagements erfolgt in Kap. 6. Zu diesem Zweck werden einerseits traditionelle und systemtheoretische Ansätze des Weiterbildungsmanagements pointiert gegenübergestellt, andererseits werden Leitorientierungen eines systemischen Weiterbildungsmanagements skizziert, die Leitungskräften im Feld der Sozialen Arbeit Orientierung bei der Umsetzung des hier skizzierten Verständnisses von Weiterbildungsmanagement bieten sollen.

Weiterbildung in Organisationen der Sozialen Arbeit 2

Zusammenfassung

In diesem Kapitel wird zunächst die betriebliche Weiterbildung von anderen Formen der Weiterbildung abgegrenzt. Neben der originären Anpassungsfunktion von Angeboten der betrieblichen Weiterbildung wird diesen – insbesondere dann, wenn sie extern stattfinden – auch eine Irritationsfunktion attestiert. Gelingt es, die individuell erlebten Irritationserfahrungen der sich weiterbildenden Mitarbeitenden in die organisationale Kommunikation zu bringen, kann die betriebliche Weiterbildung auch zur Steigerung der organisationalen Lernfähigkeit beitragen. Inwieweit solche Angebote ihre Anpassungs- und Irritationsfunktion entfalten können, hängt maßgeblich davon ab, inwieweit der Transfer vom Lern- in das Funktionsfeld gelingt. Welche Formen von Transfer zu konstatieren sind, warum zu Recht von einem, Transferproblem gesprochen werden kann und welche Konsequenzen sich hieraus für die Steuerung von betrieblicher Weiterbildung ableiten lassen, wird nachfolgend aufgezeigt.

Lernziele

- Sie kennen unterschiedliche Weiterbildungsdefinitionen und können die betriebliche Weiterbildung von anderen Formen der Weiterbildung abgrenzen.
- Sie wissen, dass Angebote der betrieblichen Weiterbildung im Kern eine Anpassungsfunktion in Organisationen der Sozialen Arbeit einnehmen.

- Sie können erklären, warum insbesondere externe Weiterbildung auch eine Irritationsfunktion einnehmen und inwieweit diese Irritationsfunktion auch zur Steigerung der organisationalen Lernfähigkeit beitragen kann.
- Sie können unterschiedliche Arten von Transfer differenzieren und sind in der Lage, auf der Basis von empirischen Daten zu erklären, warum von einem, Transferproblem gesprochen werden muss.
- Sie können argumentativ aufzeigen, warum Ansätze des Weiterbildungsmanagements in Organisationen der Sozialen Arbeit notwendig erscheinen.

2.1 Weiterbildung – eine begriffliche Ein- und Abgrenzung

Der Begriff der Weiterbildung ist als äußerst schillernd zu bezeichnen. Dies führt sowohl in Publikationen als auch in der Praxis der Sozialen Arbeit dazu, dass Begriffe wie Fortbildung, Weiterbildung, Fort- und Weiterbildung, betriebliche Weiterbildung oder bisweilen auch Training parallel verwendet werden, wenngleich bisweilen dasselbe oder möglicherweise auch ganz anderes gemeint wird.[1]

Um die betriebliche Weiterbildung – die hier im Fokus der Betrachtung steht – in dieser Begriffsvielfalt einordnen zu können, findet nachfolgend eine begriffliche Ein- und Abgrenzung statt.

Wie Abb. 2.1 zu entnehmen ist, kann der Begriff der Weiterbildung als übergeordnete Instanz für eine Vielzahl von Weiterbildungsspezifika betrachtet werden. Eine der wohl gängigsten Weiterbildungsdefinitionen bietet der Deutsche Bildungsrat. Er versteht unter Weiterbildung die „Fortsetzung oder Wiederaufnahme organisierten Lernens nach Abschluss einer unterschiedlich ausgedehnten ersten Ausbildungsphase" (Deutscher Bildungsrat 1970, S. 197).

---

[1] So setzen einige Autoren den Begriff der Weiterbildung mit dem Begriff der Fortbildung gleich (vgl. Peter 2002, S. 125), andere wiederum plädieren für eine klare Trennung der Begrifflichkeiten, da Fortbildungen als kurzfristige Bildungsmaßnahmen bezeichnet werden, während Weiterbildungen als berufsbegleitende, längerfristige Veranstaltungen gelten, die i. d. R. mit einem Zertifikat oder Ähnlichem abschließen (vgl. Fachlexikon der Sozialen Arbeit 2017, S. 308). Da sich sowohl in der Fachliteratur als auch in der Praxis der Sozialen Arbeit keine eindeutige Abgrenzung vornehmen lässt, werden die Begriffe Fortbildung und Weiterbildung nachfolgend synonym verwendet.

2.1 Weiterbildung – eine begriffliche Ein- und Abgrenzung

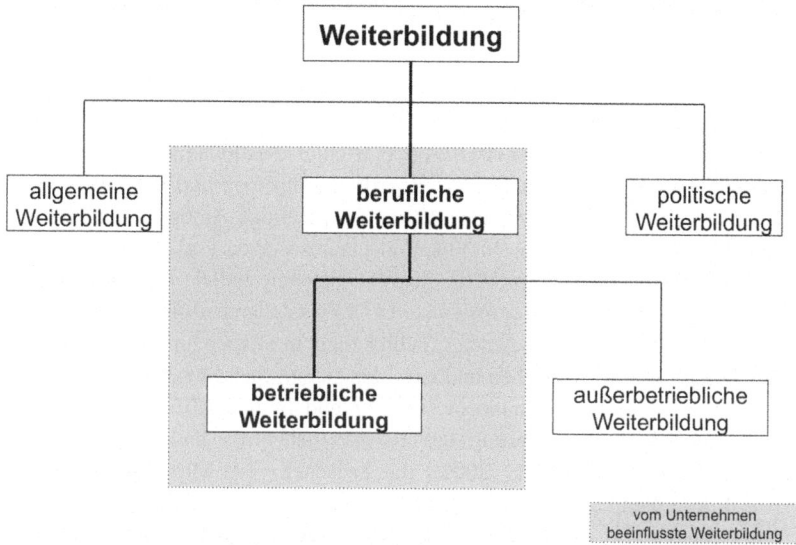

Abb. 2.1 Einordnung der betrieblichen Weiterbildung. (Quelle: eigene Darstellung nach Pawlowsky und Bäumer 1996, S. 10)

Einen alternativen definitorischen Zugang bietet beispielsweise Becker. Er versteht unter Weiterbildung „(...) die Förderung der Allgemeinbildung als Aneignung von grundlegenden Erkenntnissen, Schlüsselqualifikationen, Einstellungen und Werten, die in jedem Lebensbereich notwendig sind, in jedem Lebensbereich erworben und die in anderen Lebensbereichen eingesetzt werden können" (Becker 2005, S. 185).

Wenngleich beide Definitionen äußerst weit gefasst sind, weisen sie dennoch auf unterschiedliche Formen von Weiterbildung hin. Während die Definition des Deutschen Bildungsrats Weiterbildung in Zusammenhang mit einer (unterschiedlich ausgedehnten) ersten (Berufs-)Ausbildung stellt, findet bei Becker eine solche Zuordnung nicht statt, da hier Weiterbildung als grundsätzliche – und damit losgelöst von einer beruflichen Erstausbildung – Aneignung von Erkenntnissen, Qualifikationen, Kompetenzen etc. gesehen wird. Die sich hier abzeichnenden Varianten eines Verständnisses von Weiterbildung werden in der

Regel in der Differenzierung zwischen *allgemeiner* und *beruflicher* Weiterbildung fortgeführt.[2]

> **Exkurs: Qualifikation oder Kompetenz?**
> Im wissenschaftlichen Diskurs lassen sich unterschiedliche Zugänge konstatieren, ob und wenn ja wie die Begriffe Kompetenz und Qualifikation zueinander in Beziehung stehen. Während sich einige Autoren dafür aussprechen, Kompetenz und Qualifikation gleichzusetzen (vgl. Bader 2017, S. 21; Berthel und Becker 2010, S. 394), betonen andere die deutlichen Unterschiede der beiden Begrifflichkeiten. So verstehen beispielsweise Sauter und Staudt unter Kompetenzen „Fähigkeiten, in offenen, unüberschaubaren, komplexen, dynamischen und zuweilen chaotischen Situationen kreativ und selbstorganisiert zu handeln" (Sauter und Staudt 2016, S. 1). Eine weitergehende Differenzierung des Kompetenzbegriffs findet sich u. a. bei Heyse und Erpenbeck (2004), die zwischen personaler Kompetenz, sozial- kommunikativer Kompetenz sowie Fach- und Methodenkompetenz unterscheiden. Bei Qualifikationen hingegen steht der konkrete (berufliche) Anwendungsbezug im Vordergrund, da es sich hierbei um „Fähigkeiten zur Bewältigung konkreter (in der Regel beruflicher) Anforderungssituationen" (Arnold 2001, S. 176) handelt. Qualifikationen werden in einem solchen Verständnis dem Konzept der Kompetenz untergeordnet. Folglich kann der Akt der Qualifizierung auch als „ein zeitlich befristeter Teilprozess der Kompetenzentwicklung" (Gessler 2008, S. 47) betrachtet werden. Insbesondere die „inflationären Differenzierungen von Kompetenzen" (Arnold 2001, S. 176) tragen allerdings dazu bei, dass der Kompetenzbegriff mehr

---

[2] Neben der allgemeinen und der beruflichen Weiterbildung wird die politische Weiterbildung als dritter Teilbereich der Weiterbildung betrachtet (vgl. Schiersmann 2007, S. 24). Da in der Weiterbildungspraxis die politische Weiterbildung als Teilbereich der allgemeinen Weiterbildung gilt – i. d. R. sind auch die gleichen Weiterbildungsträger hierfür zuständig, z. B. die Volkshochschulen – soll nachfolgend nur zwischen den beiden Dimensionen allgemeine und berufliche Weiterbildung unterschieden werden. Mit Blick auf Weiterbildungsangebote in der Sozialen Arbeit wird jedoch Peter zugestimmt, der die Meinung vertritt, dass Weiterbildung in der Sozialen Arbeit immer auch politische Bildung ist. Er erklärt dies wie folgt: „Wer es beruflich mit Menschen zu tun hat, deren Handeln immer auch in den jeweiligen Verhältnissen begründet ist, in denen sie leben, kann nur schwer umhin, diese Lebensverhältnisse und -bedingungen nicht auch in die berufliche bzw. professionelle Betrachtung mit einzubeziehen" (Peter 2002, S. 146).

2.1 Weiterbildung – eine begriffliche Ein- und Abgrenzung

und mehr an Kontur verloren hat und folglich die eindeutige Differenzierung zwischen Kompetenz und Qualifikation erschwert wird. Hinzu kommt, so Erpenbeck und Sauter, dass Kompetenzen, verstanden als Fähigkeiten, selbstorganisiert und kreativ Herausforderungen zu bewältigen, „(…) die meisten Bildungsverantwortlichen nur in Sonntagsreden" interessiere (Erpenbeck und Sauter 2016, S. 2). Insbesondere innerhalb der betrieblichen Weiterbildung dominieren primär die konkreten Qualifikationen, die aufseiten der Organisationsmitglieder benötigt werden, um zur Erreichung der organisationalen Zielsetzung beizutragen.

Das hier skizzierte Weiterbildungsmanagement für das Feld der Sozialen Arbeit orientiert sich an dem o. g. Kompetenzbegriff von Sauter und Staudt, wonach Angebote der betrieblichen Weiterbildung Fachkräfte der Sozialen Arbeit darin stärken sollen, in komplexen Situationen kreativ und selbstorganisiert zu handeln. Gleichwohl ist der ‚Aufhänger' für die Inanspruchnahme von betrieblicher Weiterbildung häufig eher an den konkreten Qualifikationen der Mitarbeitenden orientiert. Da vordergründig die Qualifikationen, nachgelagert aber stets auch die Kompetenzen der Mitarbeitenden im Fokus stehen, werden nachfolgend die Begrifflichkeiten Qualifikationen und Kompetenzen gemeinsam verwendet, ähnlich wie Käpplinger es vorschlägt, wenn er von „Mitarbeiterqualifikationen und -kompetenzen" (Käpplinger 2016, S. 210) spricht.

Unter *allgemeiner Weiterbildung* werden solche Weiterbildungsangebote zusammengefasst, die der Förderung der Allgemeinbildung dienen. Hier geht es also um die Aneignung grundlegender Erkenntniskategorien und -methoden, Schlüsselqualifikationen, Einstellungen und Handlungen, die in jedem Lebensbereich notwendig sind und gewonnen werden können, wie beispielsweise logisches Denken, Flexibilität, Urteilsfähigkeit oder Verantwortungsbereitschaft (vgl. Pawlowsky und Bäumer 1996, S. 8).

Wie der Begriff der *beruflichen Weiterbildung* bereits vermuten lässt, steht hier die Verbindung von Weiterbildung und beruflichem Handeln im Vordergrund. Nach Ansicht von Becker und Hecken ist berufliche Weiterbildung

„(…) jeder Bildungsvorgang nach einer vorherigen schulischen bzw. beruflichen Ausbildung, der nach der Aufnahme der ersten Berufstätigkeit stattfindet. Berufliche

Weiterbildung umfasst alle organisierten und damit auch institutionalisierten Lernprozesse, die entweder an eine in einem formellen Erstausbildungsvorgang erworbene oder an eine durch Berufserfahrung gewonnene Qualifikation anknüpfen und eine weitere berufliche Bildung intendieren. Berufliche Weiterbildung ist – generell gesehen – einerseits an vorhergehende Ausbildung und Bildungsabschlüsse einer formalen Erstausbildung und andererseits an eine langjährige Arbeitsmarktintegration gebunden" (Becker und Hecken 2010, S. 370).

Zielstellung der beruflichen Weiterbildung ist es, „(…) entwicklungsbedingte Abweichungen der sich anschließenden Berufsphase auszugleichen und die zur Bewältigung und Gestaltung der neuen beruflichen Herausforderungen notwendige Innovationskraft zu sichern" (Schulze-Krüdener 2005, S. 850).

Werden Angebote der beruflichen Weiterbildung durch den*die Arbeitgeber*in durchgeführt und/oder veranlasst – was i. d. R. auch eine (vollständige oder teilweise) Übernahme der Kosten beinhaltet[3] –, spricht von man von ‚betrieblicher' Weiterbildung (vgl. Becker 2005, S. 186).

„Betriebliche Weiterbildung sind demnach Weiterbildungsmaßnahmen, die vorausgeplantes, organisiertes Lernen darstellen und die vollständig oder teilweise von Unternehmen für ihre Beschäftigten finanziert werden. Neben den Lehrveranstaltungen (Lehrgänge, Kurse und Seminare) als Weiterbildung im engeren Sinne umfasst die betriebliche Weiterbildung auch andere Formen von Weiterbildungsmaßnahmen, beispielsweise arbeitsplatznahe Formen der Qualifizierung, selbstgesteuertes Lernen und Informationsveranstaltungen" (Destatis 2017, S. 7).

Hiermit stellt die betriebliche Weiterbildung ein zentrales Element der Personalentwicklung dar (vgl. Mayerhofer und Michelitsch-Riedel 2009, S. 424). Zugleich gilt es jedoch, betriebliche Weiterbildung und Personalentwicklung nicht gleichzusetzen, da die Personalentwicklung die Gesamtheit aller Maßnahmen umfasst, die Mitarbeitende in ihren Entwicklungsprozessen von der Auswahl bis zum Ausscheiden aus dem Unternehmen begleiten (vgl. Hölzle 2017, S. 80 f.).

„Trainings off the Job", also Angebote der betrieblichen Weiterbildung, die außerhalb der eigenen Organisation z. B. bei externen Weiterbildungsanbietern stattfinden, stellen nach wie vor die gängigste Form der Inspruchnahme von

---

[3] Die Finanzierung von Angeboten der betrieblichen Weiterbildung kann sich hierbei unmittelbar auf die Finanzierung von Kursgebühren oder andere direkte Kosten beziehen oder meinen, dass zeitliche Ressourcen bereitgestellt werden, die dann als indirekte Kosten im Sinne von Arbeitsausfall und Abwesenheit vom Arbeitsplatz anfallen (vgl. Käpplinger 2016, S. 31).

betrieblicher Weiterbildung dar (vgl. Schellschmidt 2008, S. 206). In den nachfolgenden Ausführungen dominiert daher auch diese Form der betrieblichen Weiterbildung, die verkürzt als externe Weiterbildung bezeichnet wird.

2.2 Die zentralen Funktionen der betrieblichen Weiterbildung

Dass Weiterbildungen generell wichtig sind, kann als Binsenweisheit betrachtet werden. Wer studiert hat, der weiß, dass ein Hochschulstudium zwar „berufs*fähig*, aber noch nicht berufs*fertig*" (Merten 1998, S. 25) macht. Insbesondere bei Berufseinsteiger*innen wird, neben einer systematisierten Einarbeitung vor Ort, häufig auf Weiterbildungsangebote zurückgegriffen, um die eigenen Fertigkeiten und Fähigkeiten den konkreten Erfordernissen der Praxis vor Ort anzupassen. Eben jene (1) *Anpassungsfunktion* der betrieblichen Weiterbildung, die nicht nur für Berufseinsteiger*innen bedeutsam erscheint, kann als Kernstück der betrieblichen Weiterbildung betrachtet werden. Über diese – i. d. R. individuumsbezogene – Perspektive hinaus können Angebote der betrieblichen Weiterbildung allerdings auch (2) eine *Irritationsfunktion* erfüllen, die darauf ausgerichtet ist, zur kritischen Reflexion (und ggf. auch Modifikation) von bestehenden Handlungsroutinen anzuregen.[4] Innerhalb dieser Irritationsfunktion steht folglich auch nicht länger nur das einzelne Individuum, sondern vielmehr auch das Organisationssystem mit seinen Handlungsroutinen im Mittelpunkt der Betrachtung.

2.2.1 Anpassungsfunktion

In ihrer Anpassungsfunktion ist die betriebliche Weiterbildung in erster Linie darauf ausgerichtet, beobachtete Diskrepanzen hinsichtlich der geforderten und

---

[4] Neben der Anpassungs- und Irritationsfunktion nehmen Angebote der betrieblichen Weiterbildung nicht selten auch eine *Katharsis*- sowie *Substitutionsfunktion* ein. Während Weiterbildungen in ihrer *Katharsisfunktion* dazu beitragen, „(…) Kraft zu schöpfen und Abstand vom oftmals belastenden beruflichen Alltag zu bekommen" (Sausele-Bayer 2011, S. 169), treten Weiterbildungen in ihrer *Substitutionsfunktion* als Austauschgut beispielsweise für fehlende Möglichkeiten zur besonderen Honorierung von erbrachten Leistungen auf. Wenn das überdurchschnittliche Engagement von Mitarbeitenden also nicht durch Leistungsprämien oder Ähnliches honoriert werden kann, dann können Angebote der betrieblichen Weiterbildung stattdessen als Zeichen der Wertschätzung in Betracht kommen.

tatsächlich vorhandenen Qualifikationen und Kompetenzen der Mitarbeitenden bestmöglich zu schließen (vgl. Mayerhofer und Michelitsch-Riedl 2009, S. 426, Münchhausen et al. 2021, S. 135).

Wenngleich hierbei stets das einzelne Organisationsmitglied im Zentrum der Beobachtung steht, sind zwei verschiedene Beobachtungsperspektiven zu unterscheiden: (1) eine eher nach innen gerichtete Perspektive sowie (2) eine auch nach außen gerichtete Perspektive (Abb. 2.2).

(1) Anpassung: Perspektive innen
Aus der eher nach innen gerichteten Perspektive ist die betriebliche Weiterbildung in erster Linie darauf ausgerichtet, lokalisierte Diskrepanzen zwischen den erforderlichen und vorhandenen Qualifikationen und Kompetenzen der Mitarbeitenden zu schließen. Im Kern ist die betriebliche Weiterbildung hier „(…) eher kurzfristig orientiert und zielt auf den Erwerb von aktuell benötigten Qualifikationen" (Mayerhofer und Michelitsch-Riedl 2009, S. 431) ab.

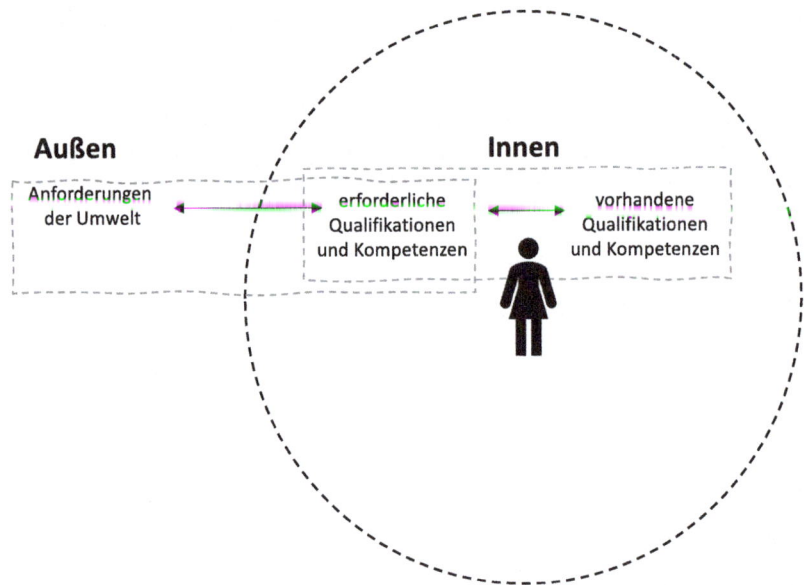

Abb. 2.2 Anpassungsperspektiven der betrieblichen Weiterbildung. (Quelle: eigene Darstellung)

2.2 Die zentralen Funktionen der betrieblichen Weiterbildung

Ausgehend von zuvor definierten Soll-Qualifikationen (als Mitarbeiter*in eines Allgemeinen Sozialen Dienstes eines Jugendamts *sollte* man beispielsweise mit dem SGB VIII vertraut sein) findet folglich ein Abgleich der tatsächlich vorhandenen (Ist-)Qualifikationen statt. Wird hier eine Diskrepanz zwischen Soll und Ist festgestellt, können Angebote der betrieblichen Weiterbildung zur Reduktion der diagnostizierten Diskrepanzen in Betracht kommen.[5]

Die Auseinandersetzung mit den erforderlichen und tatsächlich vorhandenen Qualifikationen und Kompetenzen der Mitarbeitenden ist im Feld der Sozialen Arbeit von besonderer Bedeutsamkeit, da hier personenbezogene Dienstleistungen erbracht werden (vgl. Merchel 2009a, S. 45). Einrichtungen der Sozialen Arbeit können daher auch als Front-Line-Organizations bezeichnet werden, da „(...) die Handlungen zwischen Klienten und Personal abgeschottet und entfernt von den Aktivitäten der Leitung und des Managements der Einrichtungen und Dienste stattfinden und das Führungspersonal auf die Mitteilungen und Informationen des Personals angewiesen ist, wenn es wissen will, was an der ‚Front' passiert" (Klatetzki 2010, S. 17).

Dieser Front-Line-Charakter von Einrichtungen der Sozialen Arbeit trägt dazu bei, dass die Qualität der jeweils zu erbringenden Leistungen – trotz Koproduktionscharakter – entscheidend „(...) von der Qualifikation, der Kompetenz und der Leistungsbereitschaft der in ‚vorderster Reihe tätigen' Mitarbeiter" (Merchel et al. 2012, S. 21) abhängt.[6] Um die Qualität der sozialen Dienstleistungen bestmöglich gewährleisten zu können, erscheint es unabdingbar, dass sich Leitungskräfte kontinuierlich mit den geforderten und vorhandenen Qualifikationen und Kompetenzen der Mitarbeitenden auseinandersetzen (vgl. Klaus 2008, S. 141).

Orientierung – zumindest bei der Festlegung von gewünschten (Soll-) Kompetenzen – bieten hier Kompetenzprofile, wie sie beispielsweise von Pamme und Merchel für den Allgemeinen Sozialen Dienst der Jugendämter entwickelt wurden (vgl. Pamme und Merchel 2014). Differenziert nach verschiedenen Kompetenzbereichen (Fachkompetenzen, Methodenkompetenzen, Sozialkompetenzen und persönliche Eignungsvoraussetzungen), führen Pamme und Merchel zahlreiche Kompetenzen auf, über die Fachkräfte im Allgemeinen Sozialen Dienst der Jugendämter verfügen sollten, um professionelle Arbeit leisten zu können. In der Kategorie Fachkompetenz verweisen sie beispielsweise auf Rechtskenntnisse (hier insbesondere Sozialgesetzgebung, insb. SGB VIII, FamFG, SGB II u. a.) (vgl. ebd. S. 210).

---

[5] Eine detailliertere Auseinandersetzung mit Ansätzen der Bedarfsanalyse findet in Abschn. 3.2.1 statt.

[6] Auch Hölzle geht davon aus, dass die Qualität des Personals „(...) die wesentliche Basis für die Qualität der Dienstleistung dar[stellt, S.G.]" (Hölzle 2017, S. 12).

Insbesondere die Kenntnisse der aktuellen Rechtsprechung können als Ausdruck dessen betrachtet werden, dass einmal formulierte Soll-Anforderungen der kontinuierlichen Reflexion und ggf. auch Modifikation bedürfen. Damit richtet sich die Anpassungsfunktion der betrieblichen Weiterbildung nicht nur nach innen, sondern zugleich nach außen (vgl. Abb. 2.2).

(2) Anpassung: Perspektive außen
Einrichtungen der Sozialen Arbeit sind umweltabhängige soziale Gebilde, die – zwecks Sicherung des eigenen Überlebens – kontinuierlich beobachten müssen, welche Erwartungen vonseiten der Umwelt an das organisationale Handeln gerichtet sind. Umwelt kann hierbei nicht als dingliche, objektive Einheit betrachtet werden, vielmehr konstruieren sich Organisationen ihre Umwelten selbst, indem sie einigen Ereignissen außerhalb der Organisation Beachtung schenken – diese also mit Relevanz aufladen – und anderen nicht (vgl. Gesmann und Merchel 2021, S. 29 ff.). Verändern sich die Anforderungen der Umwelten, kann dies auch Veränderungsdruck hinsichtlich der Qualifikationen und Kompetenzen der Organisationsmitglieder bedeuten.

Neben der o. g. Anpassungsfunktion nach innen ist die betriebliche Weiterbildung daher auch kontinuierlich gefordert, die Perspektive nach außen zu richten: einerseits, um mögliche Veränderungen der Umwelten frühzeitig zu beobachten, andererseits, um diese Veränderungen als Impuls zur kritischen Reflexion von bereits vorentschiedenen Soll-Kompetenzen aufseiten der Mitarbeitenden zu betrachten. Bei der Umweltbeobachtung kann es hilfreich sein, zwischen verschiedenen Ebenen von Umwelt zu differenzieren. Während die *Makroebene* beispielsweise das Politik-, Kultur- und Rechtssystem umfasst, bezieht sich die *Mesoebene* beispielsweise auf andere Einrichtungen der Sozialen Arbeit, Verbände und Parteien oder aber bedeutsame Kooperationspartner. Auf der *Mikroebene* hingegen können die Klientinnen und Klienten verortet werden (vgl. Miller 2001, S. 40 f.).

> *Rückbezug zum Praxisbeispiel*
>
> Bei einer großen Dienstbesprechung berichtet Frau Sondermann, Leiterin des ASD der Stadt Musterhausen von der Einführung des Landeskinderschutzgesetzes in Nordrhein-Westfalen *(Veränderung auf Makroebene)*. „Nunmehr sind wir u. a. gefordert, Netzwerke zur interdisziplinären Zusammenarbeit bei uns in Musterhausen einzurichten", so Frau Sondermann. Nach der großen Dienstbesprechung geht Frau Sondermann direkt auf Frau Brandenburg zu: „Liebe Frau Brandenburg, mit ihren 15 Jahren Berufserfahrung hier bei uns im ASD sind Sie ja schon ein ‚alter Hase'. Meines Erachtens wäre niemand

2.2 Die zentralen Funktionen der betrieblichen Weiterbildung 17

besser geeignet als Sie, um das ‚Netzwerk Kinderschutz' hier bei uns in Musterhausen zu initiieren. Die Landesjugendämter Rheinland und Westfalen bieten hierzu eine Weiterbildung an. Da können Sie sich die nötigen Qualifikationen aneignen, wie man heute tragfähige Netzwerke aufbaut. Sollten Sie Unterstützung benötigen, lassen Sie es mich gerne wissen."

Einerseits freut sich Frau Brandenburg über diese anspruchsvolle Aufgabe. Schon immer hat sie sich dafür stark gemacht, dass ein guter Kinderschutz auch ein funktionierendes Netzwerk vor Ort benötigt. Auf der anderen Seite fragt sie sich, woher sie die Zeit hierfür nehmen soll, insbesondere da sie bereits in der folgenden Woche an einer Weiterbildung zum Thema ‚Zoom, Miro & Co' teilnehmen muss.

Hintergrund dieser Weiterbildung sind die pandemiebedingten Herausforderungen bei der Durchführung der ‚AG 78', also der Arbeitsgemeinschaft zwischen dem Jugendamt und den anerkannten Trägern der freien Jugendhilfe. Während diese Treffen in der Vergangenheit immer im örtlichen Ratssaal stattgefunden haben, zwingt die Corona-Pandemie nun auch den ASD dazu, auf virtuelle Plattformen wie beispielsweise ‚Zoom' auszuweichen, um mit den Trägern in der Kommune im Austausch zu bleiben *(Veränderung auf Mesoebene)*. Da Frau Brandenburg weder Zoom kennt noch jemals mit einer Webcam gearbeitet hat, war sie froh, als sie von dem internen Weiterbildungsangebot hörte.

Gleichwohl befürchtet Frau Brandenburg, dass diese ganzen Zusatzweiterbildungen dazu führen, dass ihr kaum noch Zeit für die Weiterbildung bleibt, die ihr wirklich am Herzen liegt. Schon lange wünscht sie sich, an einer Weiterbildung zum Thema ‚Kinder psychisch kranker Eltern' teilzunehmen. Während Frau Brandenburg zu Beginn ihrer beruflichen Laufbahn im ASD nur wenig Kontakt zu psychisch erkrankten Eltern hatte, hat sie heute manchmal den Eindruck, dass sie kaum noch auf Eltern trifft, die nicht psychische Auffälligen vorweisen *(Veränderung auf Mikroebene)*. Was es für Kinder bedeutet, wenn ein Elternteil oder beide Elternteile psychisch krank sind, kann Frau Brandenburg nur erahnen.

Da Weiterbildungsbedarfe nunmehr immer zunächst mit der Teamleitung vor Ort rückgekoppelt werden müssen, beschließt Frau Brandenburg, die nächste Gelegenheit für ein Gespräch mit ihrer Teamleiterin zu nutzen, um ihren Weiterbildungswunsch anzusprechen.◄

Die o. g. Praxisbeispiele machen deutlich, dass die Formulierung von Soll-Kompetenzen nicht als statischer, sondern vielmehr als dynamischer Prozess betrachtet werden muss. Verändern sich die Anforderungen der Umwelten, dann gilt es auch die bereits vorentschiedenen Soll-Kompetenzen der Mitarbeitenden kritisch auf den Prüfstand zu stellen, sie mit den Erwartungen der Umwelt abzugleichen und ggf. an diese anzupassen. Zugleich wird hierdurch erneut die Suche nach möglichen Diskrepanzen zwischen den (neuen) Soll- und den vorhandenen (Ist-)Kompetenzen auf der Ebene der einzelnen Mitarbeitenden eröffnet.

2.2.2 Irritationsfunktion

Spätestens seit den 1990er-Jahren ist deutlich geworden, dass die Gestaltung des organisationalen Wandels und damit verbunden die Initiierung von Phasen der Organisationsentwicklung auch in Einrichtungen und Diensten der Sozialen Arbeit eine zentrale Managementaufgabe darstellt (vgl. Grunwald 2009, S. 121). Ein Blick in die jüngere Vergangenheit offenbart, dass diese Anforderung nicht an Bedeutung verloren hat: Die große Anzahl von geflüchteten Menschen insbesondere in den Jahren 2015 und 2016, der seit Jahren vorherrschende Fachkräftemangel im Feld der Sozialen Arbeit, die starke Zunahme von Kirchenaustritten, die weltweite Covid-19-Pandemie, die stetig voranschreitende Digitalisierung oder die bereits benannte SGB-VIII-Reform im Jahr 2021 können hier beispielhaft für relevante Veränderungen innerhalb der Umwelten von Einrichtungen der Sozialen Arbeit genannt werden. Bisweilen entsteht gar der Eindruck, dass der Abstand zwischen Phasen der Organisationsentwicklung immer kürzer wird. Instabilität wird damit zum Dauerzustand in Organisationen der Sozialen Arbeit (vgl. Brandl 2021, S. 62; Göring 2017, S. 56).

Hiermit verbunden steigt die Anforderung, die Umwelt kontinuierlich und systematisiert zu beobachten, Relevantes von nicht Relevantem abzugrenzen und die bestehenden Handlungsroutinen mit den veränderten Anforderungen der Umwelt abzugleichen und bei Bedarf entsprechende (Organisations-)Veränderungsprozesse einzuleiten. Die Verantwortung für die Beobachtung der Umwelt wird häufig primär dem Personenkreis übertragen, der qua Rolle für die Leitung der Organisation zuständig ist. Nicht ohne Grund – so könnte man meinen – sind Leitungspersonen im Organigramm auch an der Spitze der Organisation verortet. Von hier aus lässt sich das Feld (also die Umwelt) am besten beobachten, so zumindest die weit verbreitete Annahme. Wenngleich sich das Bild der heroischen Führungskraft hartnäckig in Köpfen vieler Personen in Leitungsfunktion hält, sieht die Praxis nicht selten genau andersherum aus:

„Das Problem des Topmanagers ist – entgegen verbreiteter Vorurteile –, dass er in der Regel schlecht informiert ist. Er hat nicht den besseren Überblick, die relevanteren

2.2 Die zentralen Funktionen der betrieblichen Weiterbildung

Informationen – im Gegenteil, er erhält nur gefilterte Informationen" (Simon 2013, S. 263)

Leitungskräfte, die die Beobachtungskompetenz der Organisation mit ihrer eigenen subjektiven Beobachtungskompetenz gleichsetzen, sorgen zwangsläufig dafür, dass die eigene Organisation zu einer (beobachtungs-)*beschränkten* Organisation wird (vgl. Simon 2013, S. 33). Die Auseinandersetzung mit Fragen des organisationalen Wandels findet in solch *beschränkten* Organisationen nicht selten zu spät oder gar nicht statt (vgl. Gesmann und Merchel 2021, S. 149).

Als Gegenentwurf zu solch beschränkten Organisationen können lernfähige Organisationen betrachtet werden. Lernfähige Organisationen haben in ihren Strukturen Beobachtungsmechanismen verankert, die kontinuierlich – und über die individuelle Beobachtungskompetenz der Leitungskraft hinausgehend – dafür Sorge tragen, dass die Organisation mit Beobachtungen – konkreter: mit Irritationen – versorgt werden. Lernfähige Organisationen sind folglich von der Grundannahme geprägt, dass die „(...) Steigerung der Wandlungsfähigkeit von Organisationen (...) letztlich an das Ausmaß gebunden [ist, S.G.], in dem sie sich mit Überraschungen versorgen können und damit in einem gesunden Maße irritierbar bleiben" (Wimmer 2004, S. 138).[7] In lernfähigen Organisationen herrscht folglich nicht ‚permanente Revolution', vielmehr die grundlegende Bereitschaft, Irritationen bewusst herbeizuführen, und auf deren Basis die vorhandenen (formalisierten und informalen) Handlungsroutinen auf den Prüfstand zu stellen. Ob eine Veränderung der Handlungsroutinen stattfindet (in diesem Fall könnte man sagen, dass die Organisation bewusst gelernt hat) oder ob die Handlungsroutinen beibehalten werden (verstanden als die bewusste Entscheidung für Nicht-Lernen), ist hierbei stets auf Neue zu entscheiden. Lernfähige Organisationen sind folglich darauf ausgerichtet, über ein hohes Maß an Veränderungsbereitschaft zu verfügen, was nicht zwangsläufig bedeutet, dass sie sich kontinuierlich verändern.

Wenngleich Angebote der betrieblichen Weiterbildung in erster Linie einer individuumbezogenen Anpassungslogik folgen, können sie zugleich – insbesondere dann, wenn sie außerhalb der eigenen Organisation stattfinden – auch eine Irritationsfunktion für Einrichtungen der Sozialen Arbeit einnehmen. (Abb. 2.3).

Treffen bei externen, offen ausgeschriebenen Weiterbildungen – wie sie beispielsweise von Akademien, Hochschulen oder anderen Bildungsanbietern für

---

[7] Das Maß an Irritierbarkeit kann dann als gesund beschrieben werden, wenn es die Verarbeitungskapazitäten der Organisation nicht überschreitet. Es geht folglich um „maßvolle Irritation" (Merchel 2004, S. 117), auf deren Basis vorhandene Routinen kritisch reflektiert werden.

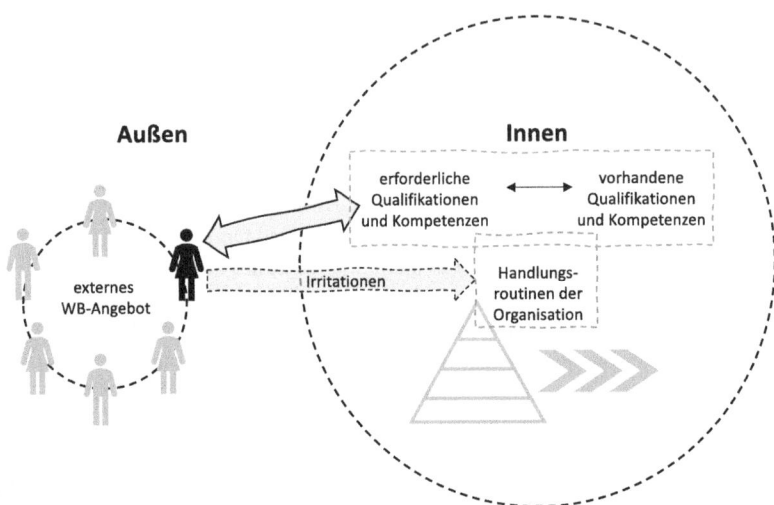

Abb. 2.3 Irritationsfunktion von Angeboten der betrieblichen Weiterbildung. (Quelle: eigene Darstellung)

Fachkräfte der Sozialen Arbeit angeboten werden – unterschiedliche Professionen und Berufsgruppen aus unterschiedlichen Institutionen[8] aufeinander, dann können solche Formate fast *nicht* nicht irritieren (vgl. Gesmann und Merchel 2021, S. 302).

Rückbezug zum Praxisbeispiel

Im Gespräch mit ihrer Teamleiterin spricht Frau Brandenburg ihren Wunsch nach der Teilnahme an einer Weiterbildung zum Thema ‚Kinder psychisch kranker Eltern' an. Frau Brandenburgs Teamleiterin überlegt lange und sagt dann: „In Ordnung, Frau Brandenburg, ich finde, dass sie sich diese Weiterbildung einmal verdient haben. Ihren Weiterbildungsantrag unterschreibe ich und leite diesen an die ASD-Leiterin Frau Sondermann weiter." Frau Brandenburg

---

[8] Abhängig vom jeweiligen Weiterbildungsinhalt können bei externen Weiterbildungsangeboten Mitarbeitende von öffentlichen Trägern auf Mitarbeitende von freien Trägern treffen, genauso wie Mitarbeitende von gemeinnützigen Organisationen auf Mitarbeitende aus gewerblichen Organisationen oder aber Freiberufler*innen auf angestellte Mitarbeiter*innen treffen können. Bisweilen treffen auch berufstätige Fachkräfte auf Studierende bzw. erfahrene auf unerfahrene Fachkräfte.

2.2 Die zentralen Funktionen der betrieblichen Weiterbildung

will bereits zurück in ihr Büro gehen, als die Teamleiterin noch ergänzt: „Frau Brandenburg, Sie wissen ja, dass gerade ein Weiterbildungsmanagement bei der Stadt Musterhausen eingeführt wird. Zukünftig wird sich hier rund um die Beantragung von Weiterbildungen einiges verändern." Irritiert ob dieser Aussage kehrt Frau Brandenburg in ihr Büro zurück. Dennoch freut sie sich, an der Weiterbildung teilnehmen zu können.

Drei Wochen später ist es dann so weit, die zweitägige Weiterbildung zum Thema ‚Kinder psychisch kranker Eltern' findet an einer Hochschule in NRW statt. Neben Frau Brandenburg nehmen elf weitere Fachkräfte aus der Sozialen Arbeit teil. Von den insgesamt zwölf Weiterbildungsteilnehmenden sind – inklusive Frau Brandenburg – vier Fachkolleginnen und Kollegen in Allgemeinen Sozialen Diensten von Jugendämtern beschäftigt. Vier weitere Teilnehmende der Veranstaltung arbeiten als Sozialpädagogische Familienhelfer*innen (kurz: SPFH) bei freien Trägern der Kinder- und Jugendhilfe. Darüber hinaus nehmen drei Erzieherinnen sowie eine Familienrichterin an der Weiterbildung teil.

Innerhalb der zwei Weiterbildungstage hat Frau Brandenburg zahlreiche Möglichkeiten – auch abseits des offiziellen Lehrplans – mit den anderen Weiterbildungsteilnehmenden in Kontakt zu kommen. Hierbei stellt Frau Brandenburg u. a. fest, dass in den anderen Kommunen sehr unterschiedliche Zugänge vorliegen, wie mit psychisch erkrankten Eltern umgegangen wird. Während der zwei Tage bringt sich auch immer wieder die Familienrichterin in die Weiterbildung ein. Sie berichtet am Rande, wie schlecht vorbereitet bisweilen ASD-Mitarbeiterinnen und -Mitarbeiter vor Gericht erscheinen, und gibt zugleich zahlreiche Tipps, wie beispielsweise Gutachten und Stellungnahmen so verfasst werden können, dass sie für das Familiengericht anschlussfähig erscheinen. Wenngleich diese Informationen wenig mit dem eigentlichen Thema der Weiterbildung zu tun haben, macht sich Frau Brandenburg viele Notizen, schließlich weiß sie ja von den vielen neuen Kolleginnen und Kollegen aus ihrem ASD, wie schwer diesen der Auftritt vor Gericht fällt.

Am Ende der zwei Weiterbildungstage ist Frau Brandenburg sehr zufrieden. Nicht nur weil die Weiterbildungsinhalte gut vermittelt wurden, sondern auch weil sie zahlreiche Anregungen erhalten hat, kritisch auf ihren ASD zu schauen. Deutlich wird dies u. a. an ihren Mitschriften. Dreimal hat sich Frau Brandenburg die Frage aufgeschrieben: ‚Warum machen wir das so?'◄

Gelingt es diese individuellen Irritationen in die eigene Organisation zu übertragen, sie folglich im Kreis von Kolleginnen und Kollegen (z. B. während einer Teamsitzung) zum Thema zu machen, dann kann betriebliche Weiterbildung nicht nur im Sinne ihrer Anpassungsfunktion wirksam werden, sondern auch dazu beitragen, die organisationale Lernfähigkeit zu steigern.

Inwiefern die betriebliche Weiterbildung neben ihrer originären Anpassungsfunktion auch eine Irritationsfunktion einnehmen kann, steht und fällt damit, inwiefern die Verbindung zwischen Lernfeld und Funktionsfeld gelingt. Damit geraten zwangsläufig Fragen des Weiterbildungstransfers in den Fokus der Betrachtung, wobei die Anpassungsfunktion einerseits und die Irritationsfunktion von betrieblicher Weiterbildung andererseits zwei unterschiedliche Arten von Transfer (Transfer I. und II. Ordnung) notwendig machen.

Unterscheidung Transfer I. und II. Ordnung
Bei einem **Transfer I. Ordnung** steht die Übertragung der Weiterbildungsinhalte vom Lern- in das Funktionsfeld im Mittelpunkt. Hierbei bildet eine zuvor festgestellte Diskrepanz zwischen benötigten und vorhandenen Qualifikationen und Kompetenzen aufseiten des*der einzelnen Mitarbeitenden den Referenzpunkt. Wenngleich die jeweiligen Kolleginnen und Kollegen aus dem Team als transferrelevante Größe eingeordnet werden, folgt ein Transfer I. Ordnung der klassischen Anpassungsfunktion der betrieblichen Weiterbildung und ist daher in erster Linie am sich weiterbildenden Individuum orientiert.

Ein **Transfer II. Ordnung** basiert auf der Annahme, dass insbesondere extern stattfindende Angebote der betrieblichen Weiterbildung *nicht* nicht irritieren können. Die während einer Weiterbildung individuell erfahrenen Irritationen werden hierbei nicht als lästiges Nebenprodukt, sondern als Ressource betrachtet, um bestehende (formale oder informale) Handlungsroutinen innerhalb der eigenen Organisation auf den kritischen Prüfstand zu stellen. Ein Transfer II. Ordnung folgt damit der o. g. *Irritationsfunktion* von Angeboten der betrieblichen Weiterbildung und wählt das jeweilige Team bzw. die Organisationseinheit als Referenzpunkt, da hier die Handlungsroutinen kondensiert sind. Im Rahmen eines Transfers II. Ordnung wird der*die sich weiterbildende Mitarbeiter*in als Irritationsinstanz betrachtet, inwiefern dieses Potenzial genutzt wird, entscheidet sich aber innerhalb des Teams bzw. der Organisationseinheit.

2.3 Zur Bedeutsamkeit des Weiterbildungstransfers innerhalb ... 23

Unabhängig davon, ob nun ein Transfer I. oder ein Transfer II. Ordnung angestrebt wird, scheint eine dezidiertere Auseinandersetzung mit dem Phänomen Weiterbildungstransfer unumgänglich, wie nachfolgend aufgezeigt wird.

2.3 Zur Bedeutsamkeit des Weiterbildungstransfers innerhalb der betrieblichen Weiterbildung

Generell kann die Transferphase als bedeutsamste Phase in einem Weiterbildungsprozess beschrieben werden, da sich hier entscheidet, ob zuvor Erlerntes auch tatsächlich Anwendung im jeweiligen Funktionsfeld findet. Folglich ist der Erfolg einer Weiterbildungsmaßnahme erst dann gesichert, wenn „(…) der erzielte Lernzuwachs (…) in der alltäglichen Tätigkeit seinen Niederschlag finden kann" (Bank 1997, S. 127).

Spricht man der betrieblichen Weiterbildung das Potenzial zu, neben der Anpassungsfunktion auch in ihrer Irritationsfunktion zur Steigerung der organisationalen Lernfähigkeit in Einrichtungen der Sozialen Arbeit beizutragen, dann erhält hier der Transfer von individuellen Lern- bzw. Irritationserfahrungen in das jeweilige soziale (Sub-)System (i. d. R. das Team) eine zentrale Bedeutung.

Was genau unter Weiterbildungstransfer zu verstehen ist, welche unterschiedlichen Formen des Transfers differenziert werden können und warum die Fachliteratur zu Recht von einem Transferproblem spricht, wird nachfolgend aufgezeigt.

2.3.1 Zum Begriff des Transfers

Der Begriff des Transfers ist umgangssprachlich bekannt. Es findet ein Geld*transfer* von einem Konto auf ein anderes statt, in der Bundesliga wird ein*e Spieler*in von einer Mannschaft zu einer anderen *transferiert*, beim Urlaub wird der *Transfer* vom Flughafen zum Hotel gleich mitgebucht und ein gewisser Anteil der Klientinnen und Klienten der Sozialen Arbeit erhalten *Transfer*leistungen. Stets geht es darum, etwas (das Geld, den/die Fußballspieler*in, den/die Urlauber*in) von A nach B zu übertragen. Transfer kann somit zunächst einmal wortwörtlich mit Übertragung[9] übersetzt werden.

---

[9] Die Wurzeln liegen hier im lateinischen Verb *transferre* (*trans*: hinüber; *ferre*: tragen, bringen).

Mit Blick auf Angebote der betrieblichen Weiterbildung wird in der Regel von Lerntransfer, Weiterbildungstransfer oder Trainingstransfer gesprochen (vgl. Schmid 2006, S. 199). Gemeint ist hiermit die Übertragung von Gelerntem aus der Lernsituation in die Arbeitssituation (vgl. Faulstich 1998, S. 193). Müller, Nagel und Ihlein bezeichnen folglich den Transfer als „(…) Brücke vom Lernen zum Anwenden" (Müller et al. 2007, S. 194). Da es um die Übertragung von Erlerntem geht, setzt ein Lerntransfer zunächst entsprechende Lernerfolge voraus:

„Wenn ‚nichts' gelernt wird, dann kann auch ‚nichts' auf eine veränderte Situation übertragen werden. Ein Lernerfolg ist damit Voraussetzung für einen Lerntransfer" (Stender 2009, S. 189).

Im Unterschied zum Geldtransfer, bei dem das übertragene Geld am Zielort (dem jeweiligen Bankkonto des Empfängers bzw. der Empfängerin) keine weiteren Aktivitäten vollziehen muss, zeichnet sich der Transfer in der betrieblichen Weiterbildung dadurch aus, dass das Erlernte nicht archiviert, sondern im beruflichen Alltag umgesetzt, generalisiert und auf Dauer angewandt werden soll (vgl. Karg 2006, S. 73; Baldwin und Ford 1988, S. 65).

2.3.2 Arten von Transfer

Grundsätzlich können eine Vielzahl von Transferarten[10] unterschieden werden. Am häufigsten wird in der Fachliteratur jedoch zwischen *positivem* und *negativem* sowie – als Konkretisierung von *positivem* Transfer – zwischen *horizontalem* und *vertikalem* Transfer differenziert (Meißner 2012, S. 31 ff.; Becker 2011, S. 332 f.).

Ein *positiver* Lerntransfer liegt vor, „(…) wenn Lerninhalte aus der Weiterbildungsmaßnahme ins Funktionsfeld übertragen und effektiv Verwendung finden. Der Qualifikationsgrad des Teilnehmers bzw. der Teilnehmerin ist nach der Maßnahme höher als vor der Maßnahme. Ist jedoch das Gegenteil der Fall

---

[10] So unterscheidet Schmid beispielsweise zwischen positivem und negativem, vertikalem und lateralem, nahem und weitem, spezifischem und unspezifischem, literalem und figuralem, low-road und high-road, spontanem und intendiertem sowie proaktivem und retroaktivem Transfer. Bilanzierend kommt Schmid nach intensiver Literaturrecherche zu dem Ergebnis, dass ungefähr 50 differente Formen von Transfer lokalisiert werden können (vgl. Schmid 2006, S. 204 ff.).

2.3 Zur Bedeutsamkeit des Weiterbildungstransfers innerhalb ...

und behindert das Gelernte den*die Weiterbildungsteilnehmer*in in seiner*ihrer Arbeit, so ist der Transfer *negativ*" (Meißner 2012, S. 32).[11]

Im Falle eines positiven Lerntransfers kann weitergehend zwischen einem *horizontalen* bzw. *lateralen* und einem *vertikalen* Transfer unterschieden werden (vgl. Bank 1997, S. 133). Von *horizontalem Transfer* kann dann gesprochen werden, wenn ein gewisser Anteil der erworbenen Kompetenzen in der eigenen Organisation Anwendung findet. Fälschlicherweise wird in der betrieblichen Weiterbildung ein solcher horizontaler Transfer in der Regel als von vornherein gegeben unterstellt (vgl. Stender 2009, S. 190). Wie noch zu zeigen sein wird, scheint aber gelingender Lerntransfer auch im Sinne eines horizontalen Transfers eher die Ausnahme als die Regel zu sein (vgl. Abschn. 2.3.3).

Führt die Übertragung der Lerninhalte vom Lern- in das Funktionsfeld zu weiterführenden Lerneffekten, sodass beispielsweise Problemstellungen höherer Komplexität gelöst werden können, spricht man von einem vertikalen Transfer (vgl. Meißner 2012, S. 32). Falls ein*e Mitarbeiter*in, die*der bei einer EDV-Weiterbildung eigentlich nur den Umgang mit Power Point erlernen soll, beiläufig auch lernt, wie man Präsentationen geschickt aufbaut und ansprechend vor einer Großgruppe einsetzt, hat ein vertikaler Transfer stattgefunden (vgl. Stender 2009, S. 190).

Abb. 2.4 fasst die Differenzierung zwischen positivem und negativem sowie horizontalem und vertikalem Transfer zusammen.

Ob es sich beim jeweiligen Lerntransfer *nur* um einen horizontalen oder vielleicht doch um einen vertikalen Transfer handelt, wird sich in der Praxis wohl kaum eindeutig bestimmen lassen und dient eher einer analytischen Einordnung. Fest steht allerdings, dass betriebliche Weiterbildung generell einen positiven Lerntransfer anstrebt, die Wahrscheinlichkeit für einen solchen gelingenden Transfer[12] insbesondere bei externen Weiterbildungsangeboten aber als gering eingeschätzt wird, zumindest belegen dies die Ergebnisse zahlreicher Studien, sodass zu Recht von einem „Transferproblem" (Neuberger 1994, S. 183) gesprochen werden kann.

---

[11] Findet weder ein positiver noch ein negativer Lerntransfer statt, dann spricht man von einem *Null-Transfer* (vgl. Bergmann und Sonntag 2006, S. 358).

[12] Wenn im weiteren Verlauf dieser Arbeit von gelingendem Transfer die Rede ist, ist hiermit ein positiver Lerntransfer gemeint.

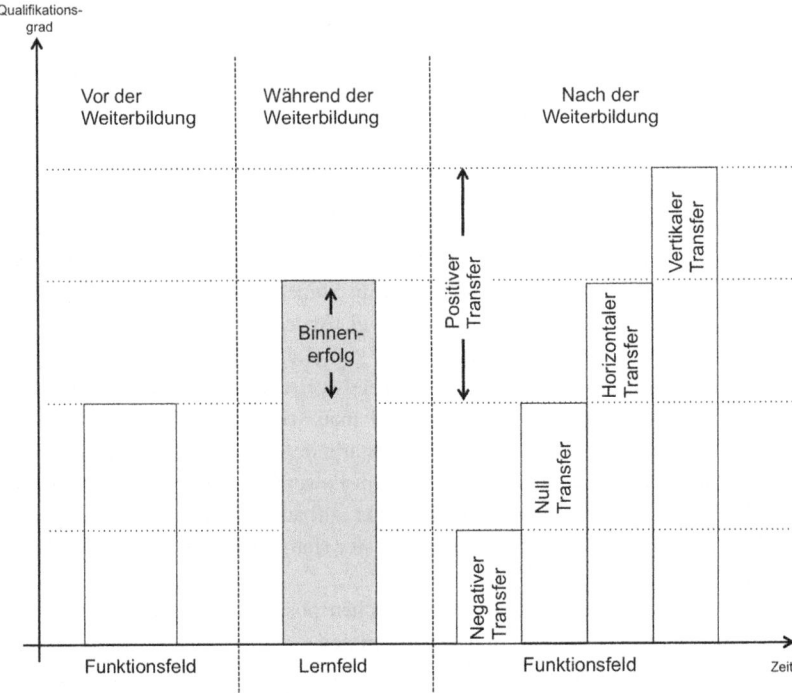

Abb. 2.4 Mögliche Verlaufsformen von Lerntransfer. (Quelle: eigene Darstellung nach Meißner 2012, S. 33)

2.3.3 Zum Transferproblem

Die bisherigen Ausführungen dürften deutlich gemacht haben, dass der Erfolg von Angeboten der betrieblichen Weiterbildungen „(…) nicht im Binnenbereich des Lernfeldes, sondern im erfolgreichen Transfer vom Lernfeld in das Funktionsfeld" (Pawlowsky und Bäumer 1996, S. 146) liegt. Eben jener Transfer der Lernerfahrungen vom Lern- in das Funktionsfeld scheint besonders schwierig zu sein, wenn eine Lernsituation sozial, sachlich und zeitlich „besondert" (Neuberger 1994, S. 183) ist, wenn also der*die Lernende aus seinen*ihren alltäglichen beruflichen Netzwerken herausgerissen werden und als Einzelne*r und einander Fremde mit den jeweiligen Weiterbildungsinhalten konfrontiert werden, wenn nicht Alltagssituationen bearbeitet werden, sondern Spezialfragen, die vom Alltag

2.3 Zur Bedeutsamkeit des Weiterbildungstransfers innerhalb ...

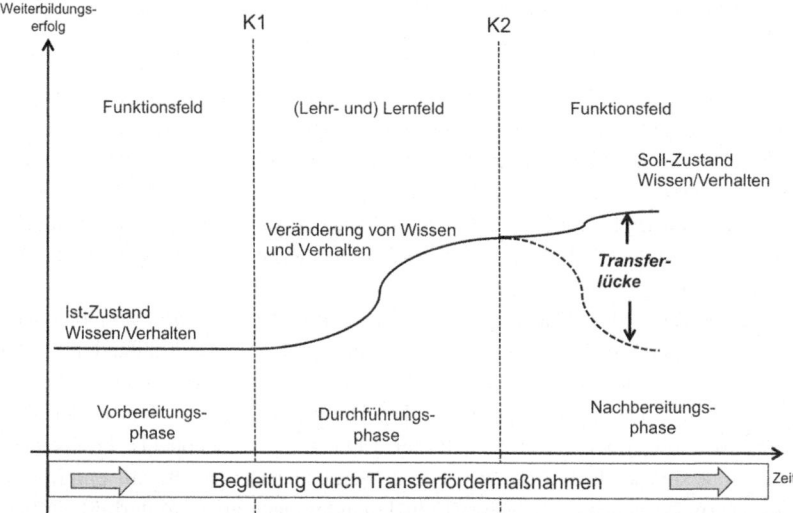

Abb. 2.5 Das Problem der Transferlücke. (Quelle: eigene Darstellung nach Pawlowsky und Bäumer 1996, S. 148)

isoliert sind, wenn das jeweilige Lernen als eine relativ kurze und prägnant von der Normalsituation abgehobene Einheit orientiert ist, kurz: insbesondere dann, wenn betriebliche Weiterbildung extern stattfindet (vgl. Neuberger 1994, S. 183). In diesem Fall droht eine „Transferlücke" (Pawlowsky und Bäumer 1996, S. 148) zu entstehen, die wie in Abb. 2.5 skizziert dargestellt werden kann (vgl. Jung 2006, S. 307).

In der Fachliteratur finden sich zahlreiche Versuche, die Größe von solchen Transferlücken zu quantifizieren. So unternimmt bspw. Bergel in ihrer Studie den Versuch, den Grad des Nicht-Gelingens zu quantifizieren, und kommt zu dem Ergebnis, dass es 77 % der Seminarteilnehmenden nicht gelingt, erlernte Inhalte in ihren Arbeitsalltag zu transferieren (vgl. Bergel 2007, S. 11). Kauffeld verweist auf Studien, wonach 80 % der Weiterbildungen trotz zufriedener Teilnehmendender am Lerntransfer scheitern (vgl. Kauffeld 2016, S. 4). Zu ähnlichen Ergebnissen kommen Broad und Newstrom:

> „Most of that investment in organizational training and development is wasted because most of the knowledge and skills gained in training (well over 80 %, by some

estimates) is not fully applied by those employees on the job" (Broad und Newstrom 1998, S. ix).

Auch Pawlowsky und Bäumer gehen davon aus, dass 80 % aller weiterbildungsaktiven Unternehmen in Deutschland große Probleme beim Transfer vom Lern- in das Funktionsfeld haben (vgl. Pawlowsky und Bäumer 1996, S. 154). Hummel benennt Untersuchungen, wonach Transferquoten von lediglich 10 % zugrunde gelegt werden (vgl. Hummel 2001, S. 65) und verweist hiermit auf identische Zahlen, wie sie auch Baldwin und Ford konstatieren (vgl. Baldwin und Ford 1988, S. 63).

Gris bewertet das Transferproblem monetär und nimmt an, dass bei jährlichen Investitionen in die betriebliche Weiterbildung in Deutschland in Höhe von 27 Mrd. EUR rund 21,6 Mrd. EUR unnütz ausgegeben werden (vgl. Gris 2009, S. 53). Demgegenüber wirkt die These von Becker, 50 % der Bildungsarbeit sei „für die Katz'!" (Becker 1993, S. 133), schon fast bescheiden. Interessant sind auch die Ergebnisse von Weinbauer-Heidel, die auf empirische Daten verweist, wonach 85 % der Teilnehmenden nach einer Weiterbildung keinen Transferfolg vorweisen können. Von diesen 85 % haben immerhin 70 % den Versuch unternommen, das Erlernte in die Praxis zu übertragen, stellen diese Bemühungen aufgrund des mangelnden Erfolgs dann allerdings wieder ein (vgl. Weinbauer-Heidel 2016, S. 10).

Inwiefern sich ein Konstrukt wie das des Lerntransfers tatsächlich derart präzise quantifizieren lässt, kann an dieser Stelle nicht eindeutig beantwortet werden. Die bisherigen Ausführungen zum Transferbegriff und die Unterscheidung zwischen verschiedenen Transferarten lassen jedoch bereits erahnen, „(...) wie komplex sich die Transferproblematik darstellt" (Ulbrich 1999, S. 39).

Deutlich dürfte hingegen sein, dass die betriebliche Weiterbildung sowohl ihre originäre Anpassungsfunktion als auch ihre Irritationsfunktion und die damit verbundene Möglichkeit, zur Steigerung der organisationalen Lernfähigkeit beizutragen, nur dann erfüllen kann, wenn der Transfer der Lern- bzw. Irritationserfahrungen vom Lern- in das Funktionsfeld erfolgreich ist. Die hier nur ausschnittartig vorgestellten empirischen Daten zum Weiterbildungstransfer machen allerdings deutlich, dass „gelingender Transfer (...) eher unwahrscheinlich" (Gesmann und Merchel 2021, S. 301) ist. Inwiefern Ansätze des Weiterbildungsmanagements auch dazu beitragen können, diese Unwahrscheinlichkeit zu erhöhen, gilt es nachfolgend aufzuzeigen.

2.4 Konsequenzen für die Steuerung der betrieblichen Weiterbildung

Dass die Mitarbeitenden das wichtigste Kapital darstellen, hört man fast bei jeder Festtagsrede in Organisationen der Sozialen Arbeit. Diese Erkenntnis verwundert nur begrenzt, bieten Organisationen der Sozialen Arbeit doch im Kern personenbezogene Dienstleistungen an, deren Qualität – trotz Koproduktion durch den Klienten bzw. die Klientin – stets in besonderer Weise von der Motivation, dem Engagement sowie den Qualifikationen und Kompetenzen der Mitarbeitenden abhängt (vgl. Friedrich 2010, S. 9). Die Feststellung, dass Mitarbeitende – und folglich auch Angebote der betrieblichen Weiterbildung – wichtig sind, kann daher als ‚alter Hut' betrachtet werden. Was allerdings neu ist, ist die deutliche Verknappung der Ressource Personal. Während vor einigen Jahren Sozialarbeiter*innen durchaus Schwierigkeiten hatten, die für sie passende Stelle zu finden, hat sich dieses Prinzip nunmehr vollends umgedreht. Heute sind es die Einrichtungen und Dienste, die große Mühe haben, Personal zu finden. Prognosen für die Zukunft geben hier wenig Grund zur Hoffnung. Zu diesem Ergebnis kommt auch Wöhrle, wenn er ernüchternd feststellt:

„Der Fachkräftemangel wird zunehmen und die Schwierigkeiten, gut qualifiziertes Personal zu gewinnen, werden wachsen" (Wöhrle 2019, S. 21 ff.).

Die Verknappung der Ressource Personal führt folglich dazu, dass auch im Feld der Sozialen Arbeit zusehends der „war for talents" (Busold 2019) Einzug hält. Hierdurch gewinnen nicht nur Fragen der Personalgewinnung an Bedeutung, auch das Halten von Personal – neudeutsch als „Retention Management" (Lipkau 2019, S. 165) bezeichnet – etabliert sich mehr und mehr zu einer zentralen Herausforderung für Leitungskräfte. In diesem Zusammenhang gewinnt auch die betriebliche Weiterbildung an Bedeutung, nicht nur, weil sie mitunter als ‚Incentive' zum Einsatz kommt und so zum Halten des Personals beiträgt, sondern insbesondere, weil sie das zentrale Managementinstrument darstellt, um die Qualifikationen und Kompetenzen der Mitarbeitenden an die sich verändernden Umweltanforderungen anzupassen (vgl. Hölzle 2017, S. 5).

Die sich verändernden Erwartungen der Umwelt fordern aber nicht nur dazu auf, die Qualifikationen und Kompetenzen der Mitarbeitenden kontinuierlich auf den Prüfstand zu stellen, sie machen es auch notwendig, die etablierten Handlungsroutinen innerhalb der Einrichtungen und Dienste der Sozialen Arbeit regelmäßig einer kritischen Reflexion zu unterziehen. Die hier beschriebene

Irritationsfunktion der betrieblichen Weiterbildung kann einen zentralen Beitrag leisten, um die organisationale Lernfähigkeit – und damit verbunden die Veränderungsbereitschaft von Organisationen der Sozialen Arbeit – zu steigern. Inwieweit die betriebliche Weiterbildung ihre Anpassungs- und Irritationsfunktion entfalten kann, ist nicht nur daran gekoppelt, dass die ‚richtigen' Mitarbeitenden zur ‚richtigen' Zeit die (für sie und die Organisation) ‚richtigen' Weiterbildungen besuchen, es ist insbesondere daran gekoppelt, dass der Transfer vom Lern- in das Funktionsfeld gelingt. Dass ein gelingender Transfer als eher unwahrscheinlich zu bewerten ist, wurde argumentativ aufgezeigt.

Es scheint folglich auf der Hand zu liegen, dass es einer stärkeren Steuerung von Angeboten der betrieblichen Weiterbildung in Organisationen der Sozialen Arbeit bedarf. Umso mehr verwundert es, dass in der Praxis der Sozialen Arbeit häufig noch das Prinzip des ungeplanten „Durchwurstelns" (Neuberger und Wimmer 1998, S. 23) zu dominieren scheint, wie es einleitend skizziert wurde (vgl. Kap. 1). Folglich herrscht in vielen Organisationen der Sozialen Arbeit ein gewisser „Weiterbildungstunnelblick" (Gesmann 2012, S. 131), der sich dadurch charakterisieren lässt, dass externe Angebote der betrieblichen Weiterbildung primär auf die Phase der Durchführung reduziert werden, somit kaum organisational eingebettet sind. Leitungsinitiierte transferfördernde Maßnahmen scheinen sowohl vor Beginn als auch nach Beendigung einer Weiterbildung in vielen Organisationen Mangelware zu sein. Ebenso scheint eine konsequente Einbindung der jeweiligen Kolleginnen und Kollegen aus dem Team in das Weiterbildungsgeschehen des*der Einzelnen eher die Ausnahme als die Regel darzustellen. Dass die betriebliche Weiterbildung unter diesen Bedingungen im Sinne ihrer Anpassungs- und Irritationsfunktion wirksam wird, darf durchaus bezweifelt werden.

Inwiefern Ansätze des Weiterbildungsmanagements dazu beitragen, die betriebliche Weiterbildung stärker in das Steuerungshandeln von Leitungskräften einzubinden, gilt es nachfolgend aufzuzeigen.

Literatur

Arnold, R. (2001). Kompetenz. In R. Arnold & S. Nolda (Hrsg.), *Wörterbuch Erwachsenenpädagogik* (S. 176). Bad Heilbrunn: Klinkhardt.
Bader, V. (2017). *Lerntransfermanagement. Eine explorative Studie zu Einsatz und Ausgestaltung der Sicherung des Lerntransfers in der innerbetrieblichen Weiterbildung*. Lohmar: Josef Eul.
Baldwin, T. & Ford, K. J. (1988). Transfer of Training. A Review and directions for future Research. *Personal Psychology,* 41, S. 63–105.

Literatur

Bank, V. (1997). *Controlling in der betrieblichen Weiterbildung.* Köln: Botermann und Botermann.

Becker, F. G. (1993). Explorative Forschung mittels Bezugsrahmen – ein Beitrag zur Methodologie des Entdeckungszusammenhangs. In F. G. Becker & A. Martin (Hrsg.), *Empirische Personalforschung. Methoden und Beispiele* (S. 111–128). München: Hampp.

Becker, M. (2005). *Personalentwicklung. Bildung, Förderung und Organisationsentwicklung in Theorie und Praxis.* Stuttgart: Schäffer-Poeschel.

Becker, M. (2011). *Systematische Personalentwicklung. Planung, Steuerung und Kontrolle im Funktionszyklus.* Stuttgart: Schäffer-Poeschel.

Becker, R. & Hecken, A. E. (2010). Berufliche Weiterbildung – theoretische Perspektiven und empirische Befunde. In R. Becker (Hrsg.), *Lehrbuch der Bildungssoziologie* (S. 367–410). Wiesbaden: VS.

Bergel, St. (2007). Ohne Lernkultur geht es nicht. Studie zum Bildungstransfer. *managerSeminare*, 116 (S. 11).

Bergmann, B. & Sonntag, K. (2006). Transfer. Die Umsetzung und Generalisierung erworbener Kompetenzen in den Arbeitsalltag. In K. Sonntag (Hrsg.), *Personalentwicklung in Organisationen* (S. 355–388). Göttingen: Hogrefe.

Berthel, J. & Becker, F. G. (2010). *Personal-Management. Grundzüge für Konzeptionen betrieblicher Personalarbeit.* Stuttgart: Schäffer-Poeschel.

Brandl, P. (2021). *Organisationsentwicklung Transformations- und Change-Management. Nutzenstiftende Veränderungen bei sozialen Dienstleistungen gestalten.* Regensburg: Walhalla.

Broad, M. L. & Newstrom, J. W. (1998). *Transfer of Training. Action-Packed Strategies to Ensure High Payoff from Training Investments.* New York: Perseus Books.

Busold, M. (2019). *War for Talents. Erfolgsfaktoren im Kampf um die Besten.* Wiesbaden: Springer Gabler.

Destatis (2017). *Berufliche Weiterbildung in Unternehmen. Fünfte Europäische Erhebung über die berufliche Weiterbildung in Unternehmen (CVTS5).* Wiesbaden: Statistisches Bundesamt.

Deutscher Bildungsrat (1970). Empfehlungen der Bildungskommission, Strukturplan für das Bildungswesen. Stuttgart: Ernst Klett.

Erpenbeck, J. & Sauter, W. (2016). *Stoppt die Kompetenzkatastrophe! Wege in eine neue Bildungswelt.* Berlin Heidelberg: Springer.

Fachlexikon der Sozialen Arbeit (2017). Baden-Baden: Nomos.

Faulstich, P. (1998). *Strategien der betrieblichen Weiterbildung. Kompetenz und Organisation.* München: Vahlen.

Friedrich, A. (2010). *Personalarbeit in Organisationen Sozialer Arbeit. Theorie und Praxis der Professionalisierung.* Wiesbaden: VS.

Gairing, F. (2017). *Organisationsentwicklung als Lernprozess von Menschen und Systemen.* Stuttgart: Kohlhammer.

Gesmann, St. (2012). Systemisches Weiterbildungsmanagement als Bindeglied zwischen individuellem und organisationalem Lernen. In H. Bassarak (Hrsg.), *Personal im Sozialmanagement. Neueste Entwicklungen in Forschung, Lehre und Praxis* (S. 125–146). Wiesbaden: VS.

Gesmann, St. & Merchel, J. (2021). *Systemisches Management in Organisationen der Sozialen Arbeit. Handbuch für Studium und Beruf.* Heidelberg: Carl-Auer.

Gessler, M. (2008). Das Kompetenzmodell. In R. Bröckermann & M. Müller-Vorbrüggen (Hrsg.), *Handbuch Personalentwicklung. Die Praxis der Personalbildung, Personalförderung und Arbeitsstrukturierung* (S. 43–62). Stuttgart: Schäffer-Poeschel.

Gris, R. (2009). Weiter bilden, weiter lügen? Warum entgegen aller Erkenntnisse ein Großteil der Beratungs- und Trainingsarbeit immer noch Verschwendung ist. In *OrganisationsEntwicklung* (3), S. 52–57.

Grunwald, K. (2009). Zum Management von Einrichtungen der Sozialen Arbeit aus organisationssoziologischer Perspektive. In K. Grunwald (Hrsg.), *Vom Sozialmanagement zum Management des Sozialen? Eine Bestandsaufnahme* (S. 85–138). Baltmannsweiler: Schneider.

Heyse, V. & Erpenbeck, J. (2004). Vorwort. In V. Heyse & J. Erpenbeck (Hrsg.), *Kompetenztraining. 64 Informations- und Trainingsprogramme* (S. 1–2). Stuttgart: Schäffer-Poeschel.

Hölzle, Ch. (2017). *Personalmanagement in Einrichtungen der Sozialen Arbeit. Grundlagen und Instrumente.* Weinheim: Beltz Juventa.

Hummel, Th. R. (2001). *Erfolgreiches Bildungscontrolling. Praxis und Perspektiven.* Heidelberg: Sauer.

Jung, H. (2006). *Personalwirtschaft.* München: Oldenbourg.

Käpplinger, B. (2016). *Betriebliche Weiterbildung aus der Perspektive von Konfigurationstheorien.* Bielefeld: Bertelsmann.

Karg, U. (2006). *Betriebliche Weiterbildung und Lerntransfer. Einflussfaktoren auf den Lerntransfer im organisationalen Kontext.* Bielefeld: Bertelsmann.

Kauffeld, S. (2016). *Nachhaltige Weiterbildung. Betriebliche Seminare und Trainings entwickeln, Erfolge messen, Transfer sichern.* Heidelberg: Springer.

Klatetzki, Th. (2010). Zur Einführung. Soziale personenbezogene Dienstleistungsorganisationen als Typus. In Th. Klatetzki (Hrsg.), *Soziale personenbezogene Dienstleistungsorganisationen. Soziologische Perspektiven* (S. 7–24). Wiesbaden: VS.

Klaus, H. (2008). Qualitätsentwicklung durch Personalentwicklung. Oder: Vom organisationalen Umgang mit Unbestimmtheit und Unbestimmbarkeit. In V. Brinkmann (Hrsg.), *Personalentwicklung und Personalmanagement in der Sozialwirtschaft* (S. 141–162). Wiesbaden: VS.

Lipkau, R. (2019). Retention Management. In M. Busold (Hrsg.), *War for Talents. Erfolgsfaktoren im Kampf um die Besten* (S. 165–176). Wiesbaden: VS Verlag.

Mayerhofer, H. & Michelitsch-Riedl, G. (2009). Personalentwicklung. In H. Kasper & W. Mayrhofer (Hrsg.), *Personalmanagement Führung Organisation* (S. 405–462). Wien: Linde.

Meißner, A. (2012). *Lerntransfer in der betrieblichen Weiterbildung. Theoretische und empirische Exploration der Lerntransferdeterminanten im Rahmen des Training off-the-job.* Lohmar: Eul.

Merchel, J. (2009a). *Sozialmanagement. Eine Einführung in Hintergründe, Anforderungen und Gestaltungsperspektiven des Managements in Einrichtungen der Sozialen Arbeit.* Weinheim: Juventa.

Merchel, J., Pamme, H. & Khalaf, A. (2012). *Personalmanagement im Allgemeinen Sozialen Dienst. Standortbestimmung und Perspektiven für Leitung.* Weinheim: Beltz Juventa.

Merten, R. (1998). Zum Verhältnis von Theorie und Praxis. Strukturprobleme des sozialarbeiterischen/sozialpädagogischen Studiums. *Der pädagogische Blick,* 1, S. 16–26.

Miller, T. (2001). *Systemtheorie und Soziale Arbeit. Entwurf einer Handlungstheorie.* Stuttgart: Lucius und Lucius.

Müller, U., Nagel, C. & Ihlein, M. (2007). Transfermanagement. In G. Schweizer (Hrsg.), *Lernen am Unterschied. Bildungsprozesse gestalten, Innovationen vorantreiben* (S. 191–220). Bielefeld: Bertelsmann.

Münchhausen, G.; Schmitz, S. & Schönfeld, G. (2021). *Betriebliche Weiterbildung, Lernformen und Kompetenzanforderungen – Ergebnisse der Betriebsfallstudien der CVTS5-Zusatzerhebung in Deutschland.* Bonn: Bundesinstitut für Berufsbildung.

Neuberger, O. (1994). *Personalentwicklung.* Stuttgart: Enke.

Neuberger, O. & Wimmer, P. (1998). *Personalwesen 2. Personalplanung Beschäftigungssysteme Personalkosten Personalcontrolling.* Stuttgart: Enke.

Pamme, H. & Merchel, J. (2014). *Personalentwicklung im Allgemeinen Sozialen Dienst (ASD). Konzeptionelle Herangehensweisen und Arbeitshilfen.* Berlin: Lambertus.

Pawlowsky, P. & Bäumer, J. (1996). *Betriebliche Weiterbildung. Management von Qualifikation und Wissen.* München: Beck.

Peter, H. (2002). Weiterbildung in der Sozialen Arbeit. In J. Schulze-Krüdener, H. G. Humfeldt & R. Merten (Hrsg.), *Mehr Wissen – mehr Können?* (S. 125–148). Baltmannsweiler: Schneider Hohengehren.

Sausele-Bayer, I. (2011). *Personalentwicklung als pädagogische Praxis.* Wiesbaden: VS.

Sauter, W. & Staudt, A.-K. (2016). *Kompetenzmessung in der Praxis. Mitarbeiterpotenziale erfassen und analysieren.* Wiesbaden: Springer Gabler.

Schellschmidt, K.-D. (2008). Training off the job. In R. Bröckermann & M. Müller-Vorbrüggen (Hrsg.), *Handbuch Personalentwicklung. Die Praxis der Personalbildung, Personalförderung und Arbeitsstrukturierung* (S. 203–220). Stuttgart: Schäffer Poeschel.

Schiersmann, Ch. (2007). *Berufliche Weiterbildung.* Wiesbaden: VS.

Schmid, Ch. (2006). *Lernen und Transfer. Kritik der didaktischen Steuerung.* Bern: Hep.

Schulze-Krüdener, J. (2005). Fort- und Weiterbildung für die Soziale Arbeit. In W. Thole (Hrsg.), *Grundriss Soziale Arbeit. Ein einführendes Handbuch* (S. 849–862). Wiesbaden: VS.

Simon, F. B. (2013). *Gemeinsam sind wir blöd!? – Die Intelligenz von Unternehmen, Managern und Märkten.* Heidelberg: Carl-Auer.

Stender, J.; Knippel, A. & Reemtsma-Theis, M. (2009). *Betriebliches Weiterbildungsmanagement. Ein Lehrbuch.* Stuttgart: Hirzel.

Ulbrich, M. (1999). Transferprozeß-Management in der betrieblichen Weiterbildung. Erste Ergebnisse einer Untersuchung in Industrie und Dienstleistung. In W. Wittwer (Hrsg.), *Transfersicherung in der beruflichen Weiterbildung. Empirische Befunde – Konzepte – Transferinstrumente* (S. 39–84). Frankfurt am Main: Peter Lang.

Weinbauer-Heidel, I. (2016). *Was Trainings wirklich wirksam macht. 12 Stellhebel der Transferwirksamkeit.* Hamburg: Tredition.

Wimmer, R. (2004). *Organisation und Beratung. Systemtheoretische Perspektiven für die Praxis.* Heidelberg: Carl-Auer.

Wöhrle, A. (2019). Personalsituation in der Sozialwirtschaft und Herausforderungen für das Personalmanagement. In A. Wöhrle, P. Gruna, L. Kohlhoff, G. Kortendieck, B. Nöbauer, A. Tabatt-Hirschfeldt & R. Zillmann (Hrsg.), *Personalmanagement – Personalentwicklung* (S. 11–38). Baden-Baden: Nomos.

3 Weiterbildungsmanagement als Ansatz zur Steuerung der betrieblichen Weiterbildung

Zusammenfassung

Nachfolgend wird aufgezeigt, was Ansätze des traditionellen Weiterbildungsmanagements konkret auszeichnet, welche Instrumente auf operativer Ebene zum Einsatz kommen können und von welchem Steuerungsverständnis diese hierbei geleitet werden. Da sich bei externen Angeboten der betrieblichen Weiterbildung die Durchführung der konkreten Veranstaltungen außerhalb der eigenen Einrichtung – und damit auch außerhalb des direkten Steuerungsradius von Leitungskräften – vollzieht, wird der Durchführungsphase von Weiterbildungen nur am Rande Beachtung geschenkt. Stattdessen werden insbesondere die einzelnen Teilphasen des Weiterbildungsmanagements vor Beginn einer Weiterbildung (hier: Bedarfe analysieren sowie Ziele setzen) sowie nach deren Beendigung (Erfolgskontrolle und Transfersicherung) dezidierter betrachtet. Welche Chancen und Grenzen dem Weiterbildungsmanagement eingeräumt werden kann, um die betriebliche Weiterbildung zu steuern, soll abschließend zusammengefasst werden. Hierbei wird auch der Frage nachgegangen, inwieweit traditionelle Ansätze des Weiterbildungsmanagements Anknüpfungspunkte bieten, damit die betriebliche Weiterbildung im Zuge ihrer Irritationsfunktion zur Steigerung der organisationalen Lernfähigkeit beitragen.

Lernziele

- Sie können definieren, was Weiterbildungsmanagement ist, und sind zugleich mit den Unschärfen des Begriffs vertraut.

© Der/die Autor(en), exklusiv lizenziert an Springer Fachmedien Wiesbaden GmbH, ein Teil von Springer Nature 2022
S. Gesmann, *Systemisches Weiterbildungsmanagement in Organisationen der Sozialen Arbeit*, Basiswissen Sozialwirtschaft und Sozialmanagement,
https://doi.org/10.1007/978-3-658-38322-0_3

- Sie kennen den Funktionszyklus der betrieblichen Weiterbildung und können diesen innerhalb des Weiterbildungsmanagements als analytisches ‚Navigationssystem' anwenden.
- Sie können die einzelnen Teilprozesse des Weiterbildungsmanagements begrifflich einordnen und voneinander abgrenzen.
- Sie können konkrete Ansätze und Instrumente benennen, die innerhalb der einzelnen Teilprozesse des Weiterbildungsmanagements zum Einsatz kommen.
- Sie sind mit möglichen Problemfeldern bei der Anwendung von Ansätzen des Weiterbildungsmanagements vertraut.

3.1 Grundlagen des Weiterbildungsmanagements

3.1.1 Zum Begriff des Weiterbildungsmanagements

Zwecks Steuerung der betrieblichen Weiterbildung hat sich seit den 1990er-Jahren neben anderen Ansätzen[1] der des Weiterbildungsmanagements etabliert (vgl. Meisel 2011, S. 427; Stender 2009, S. 58). Im Kern widmet sich das Weiterbildungsmanagement der Frage, welche betrieblichen Aktivitäten zur Planung, Steuerung und Organisation von Angeboten der betrieblichen Weiterbildung erforderlich sind. Es geht also um die Herausforderung, die betriebliche Weiterbildung so zu ‚managen', dass sie die an sie gerichteten Ziele bestmöglich erreichen kann (vgl. Stender 2009, S. 56).

Ausführlicher umschreiben Fredersdorf und Glasmacher das Charakteristikum von Ansätzen des Weiterbildungsmanagements. Sie verstehen hierunter

---

[1] Zur Steuerung der betrieblichen Weiterbildung werden zum Teil auch die Begriffe *Bildungsmanagement* (Müller 2010, S. 13), *Bildungsprozessmanagement* (vgl. Milling 2010, S. 283), *Transfermanagement* (vgl. John 2010, S. 207) oder *Bildungscontrolling* (vgl. Pech 2001, S. 6) verwendet. Da sich der Begriff des Bildungsmanagements jedoch gleichzeitig auf das Führen und Leiten einer Bildungsorganisation oder Bildungsabteilung (z. B. Volkshochschulen oder Schulen) sowie auf das Planen, Organisieren, Gestalten und Überprüfen von Bildungsprozessen bezieht (vgl. Böttcher und Merchel 2010, S. 19) und die Begriffe Bildungsprozessmanagement, Transfermanagement und Bildungscontrolling als Teilelemente eines Weiterbildungsmanagements eingeordnet werden können, wird im weiteren Verlauf dieser Arbeit dem Begriff des Weiterbildungsmanagements der Vorzug gewährt.

3.1 Grundlagen des Weiterbildungsmanagements

„(...) ein Steuerungssystem (...), das betriebliche Weiterbildung wie außerbetriebliche Erwachsenenbildung umfassend plant, organisiert, verwaltet und ressourcenorientiert umsetzt. (...) Weiterbildungsmanagement verortet sich demnach im Unternehmenssystem und leitet seine zentrale Mission davon ab. Es analysiert betriebsinterne und gesellschaftliche Zustände und identifiziert den betrieblichen und individuellen Bildungs- und Entwicklungsbedarf. Es erstellt bedarfsorientierte Bildungsveranstaltungen, hinterfragt deren Erfolg und stellt den Nutzen für das Unternehmen wie für dessen Mitarbeiter dar" (Fredersdorf und Glasmacher 2008, S. 246).

Diese Definition von Weiterbildungsmanagement weist auf zwei zentrale Dimensionen hin: Zum Ersten bezeichnet sie Weiterbildungsmanagement als Steuerungssystem. Da Leitungskräfte die Verantwortung für eben jene Steuerungsaufgaben übernehmen, wird deutlich, dass die Steuerung der betrieblichen Weiterbildung als eine „nicht-delegierbare Managementaufgabe" (Arnold et al. 1999, S. 184) zu betrachten ist.

Zudem weisen Fredersdorf und Glasmacher auf zentrale inhaltliche Funktionsbereiche des Weiterbildungsmanagements (Erfassung des Bildungs- und Entwicklungsbedarfs, Erstellung bedarfsorientierter Veranstaltungen, Prüfung des Erfolgs sowie die Aufforderung zum Nachweis eines Nutzens von Angeboten der betrieblichen Weiterbildung) hin, die weit über die reine Phase der Weiterbildungsdurchführung hinausgehen. Da jeder dieser Funktionsbereiche dezidierte Steuerungsanforderungen an Leitungskräfte stellt, sollen die zentralen Funktionsbereiche des Weiterbildungsmanagements nachfolgend dezidierter betrachtet werden. Orientierung hierfür bietet das Modell des Funktionszyklus nach Becker (2005, S. 555).

3.1.2 Der Funktionszyklus als *Navigationssystem*

Sowohl in der Wissenschaft als auch in der Praxis lässt sich eine Vielzahl von unterschiedlichen Phasen-, Zyklus- und Ablaufmodellen vorfinden, die sich darum bemühen, die einzelnen zu steuernden Phasen des Weiterbildungsprozesses genauer zu betrachten (vgl. Berthel und Becker 2022, S. 599; Sieber Bethke 2003, S. 77; Kolb et al. 2010, S. 49; Käpplinger 2009a, S. 2).

Exemplarisch für die Vielzahl von Modellen sei hier auf das Modell des Funktionszyklus von Becker hingewiesen, das aufgrund seiner Verbreitung im Fachdiskurs Orientierung für die weiteren Ausführungen bieten soll (vgl. Abb. 3.1).

Wenngleich andere Autorinnen und Autoren die einzelnen Teilprozesse innerhalb des Funktionszyklus anders benennen (vgl. Faulstich 1998, S, 56), die

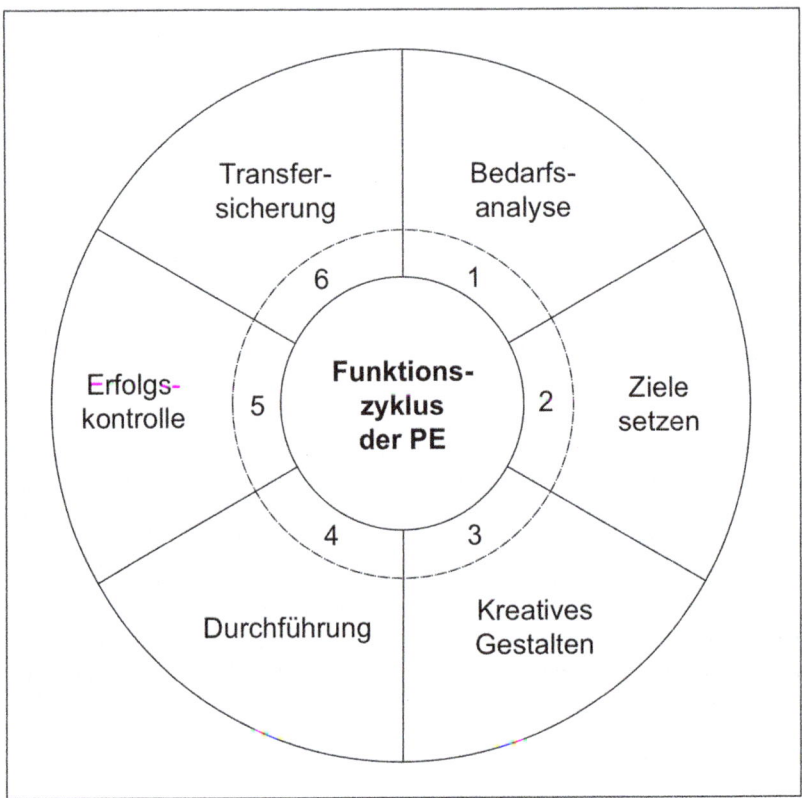

Abb. 3.1 Funktionszyklus der betrieblichen Weiterbildung nach Becker. (Quelle: Eigene Darstellung nach Becker 2005, S. 555)

Reihenfolge der Teilprozesse zum Teil anders ordnen (vgl. Stender 2009, S. 60), auf einzelne Teilprozesse verzichten bzw. diese zusammenlegen (vgl. Kolb et al. 2010, S. 491) oder aber zusätzliche Teilprozesse einfügen (vgl. Berthel und Becker 2022, S. 599 f.), kann generelle Einigkeit darüber konstatiert werden, dass sich die einzelnen Teilprozesse des Weiterbildungsprozesses zeitlich aufeinanderfolgenden Phasen der *Vorbereitung* (Teilprozess 1 und 2), der *Durchführung* (Teilprozess 3 und 4) und der *Nachbereitung* (Teilprozess 5 und 6) zuordnen lassen. Hiermit orientiert sich der o. g. Funktionszyklus im Kern an der dem klassischen Managementprozess entnommenen Trias aus Planung, Organisation

3.1 Grundlagen des Weiterbildungsmanagements

(bzw. Durchführung) und Kontrolle (bzw. Evaluation) (vgl. Schreyögg und Koch 2020, S. 6).

> **Rückbezug zum Praxisbeispiel**
>
> Im ASD der Stadt Musterhausen herrscht schlechte Stimmung. Nicht nur dass die hohe Mitarbeitendenfluktuation einfach nicht abebben will, nun geistert auch noch das Schreckgespenst Haushaltssicherung durch die Kommune. Immer wieder verweist der Kämmerer in diesem Zusammenhang auf die stark gestiegenen Kosten für Hilfen zur Erziehung im ASD. Im Zuge möglicher Einsparungsnotwendigkeiten geraten auch die Weiterbildungsbudgets des ASD ins Visier.
>
> Um zu verhindern, dass es hier zu deutlichen Kürzungen kommt, beschließt Frau Sondermann – Leiterin des ASD – den Bereich der Fort- und Weiterbildung nunmehr deutlich stärker zu steuern. Auf der Suche nach entsprechenden Instrumenten ist sie auf den Ansatz des Weiterbildungsmanagements gestoßen. Im Gespräch mit dem Jugendamtsleiter berichtet Frau Sondermann von ihren Plänen: „Mit dem Ansatz des Weiterbildungsmanagements haben wir nun die Möglichkeit, das Weiterbildungsgeschehen deutlich besser zu steuern. Angefangen mit ordentlichen Bedarfsanalysen, an deren Ende eine eindeutige Zielformulierung steht, bis hin zu Maßnahmen der Erfolgskontrolle und der Transfersicherung, damit wir zum einen wissen, was die Weiterbildung überhaupt gebracht hat. und zum anderen sicherstellen können, dass die Kolleginnen und Kollegen das Erlernte auch dauerhaft anwenden können. Ich bin mir sicher, dass wir damit das Weiterbildungsgeschehen bei uns im ASD in den Griff bekommen." Der Jugendamtsleiter runzelt die Stirn: „Aha, Weiterbildungsmanagement ist jetzt also die Lösung … ich bin gespannt."◄

Nachfolgend soll insbesondere den Phasen des Funktionszyklus Beachtung geschenkt werden, denen in Bezug auf externe Angebote der betrieblichen Weiterbildung das größte Potenzial zugesprochen wird, als Leitungskraft steuernd auf das Weiterbildungsgeschehen Einfluss zu nehmen. Daher findet die weitere Fokussierung primär auf die Phase vor Beginn einer Weiterbildung (hier konkret: Bedarfsanalyse und Ziele setzen) sowie auf die Phase nach Beendigung einer Weiterbildung (hier konkret: Erfolgskontrolle und Transfersicherung) statt.

3.2 Weiterbildungsmanagement in der Umsetzung

Als besonders steuerungsrelevanten Teilprozessen des Weiterbildungsmanagements wird nachfolgend der Bedarfsanalyse und dem Setzen von Zielen vor Beginn sowie der Erfolgskontrolle und Transfersicherung nach Beendigung einer Weiterbildung Beachtung geschenkt. Zu diesem Zweck findet zunächst 1) stets eine kurze begriffliche Einordnung statt. Daran anschließend wird 2) die Funktion des jeweiligen Teilprozesses innerhalb des Weiterbildungsmanagements detaillierter beleuchtet, um hierauf aufbauend 3) konkrete Ansätze und Instrumente vorzustellen. Mögliche Problemfelder hinsichtlich der konkreten Umsetzung der Teilprozesse schließen 4) die jeweiligen Ausführungen ab.

3.2.1 Bedarfsanalyse

(1) Begriffliche Einordnung
Die Phase der Bedarfsanalyse ist darauf ausgerichtet, möglichst präzise den konkreten Bildungsbedarf[2] bestimmen zu können. Unter Bildungsbedarf kann sehr allgemein „das in einer bestimmten Lage an Bildung Benötigte und Gewünschte" (Schlutz 2010, S. 44) verstanden werden. Becker wird hier präziser und verknüpft die eher individuumbezogene mit der organisationalen Perspektive, indem er Bildungsbedarf wie folgt definiert:

> „Bildungsbedarf (…) erfasst den Teil der menschlichen Lern- und Entwicklungsbedürfnisse und der betrieblichen Qualifikationserfordernisse, die (…) zur Sicherung der betrieblichen Leistungsfähigkeit erforderlich sind und deshalb auch mit finanziellen und personellen Ressourcen ausgestattet sind" (Becker 2011, S. 31).

Zwecks Bestimmung des Bildungsbedarfs findet i. d. R. eine „Lückenanalyse" (Berthel und Becker 2022, S. 606) statt, d. h., es wird ein Soll-Ist-Vergleich vorgenommen, bei dem die zur Erreichung der Organisationsziele erforderlichen Qualifikationen (Soll) mit den tatsächlich vorhandenen Qualifikationen (Ist) abgeglichen werden. Wird hier eine Lücke festgestellt, so liegt ein Bedarf, nicht aber zwingend ein Weiterbildungsbedarf vor. Erst wenn Angebote der betrieblichen Weiterbildung als geeigneter Modus zur Schließung der Diskrepanz in Betracht kommen, kann zu Recht von einem Weiterbildungsbedarf gesprochen werden (vgl. Jechle et. al. 1994, S. 7).

---

[2] Bisweilen wird statt Bildungsbedarf auch von einem Qualifizierungs- oder Weiterbildungsbedarf gesprochen.

3.2 Weiterbildungsmanagement in der Umsetzung

Im Rahmen der Bestimmung des Weiterbildungsbedarfs kann darüber hinaus zwischen *reaktiven* und *proaktiven* Ansätzen der Bedarfsanalyse unterschieden werden. Während in der reaktiven Bedarfsanalyse der Gegenwartsbezug dominiert (Welche Qualifikationen sind zurzeit erforderlich?), richten proaktive Ansätze der Bedarfsanalyse den Fokus stärker auf die nähere Zukunft (vgl. Stender 2009, S. 112). Zusammenfassend verstehen sich Ansätze der Bedarfsanalyse als Ergänzung (bzw. Gegenentwurf) zur klassischen Angebotsorientierung, bei der die betriebliche Weiterbildung eher den Charakter eines Bauchladens bzw. Versandhauskatalogs hat, aus dem sich der*die einzelne Mitarbeiter*in das aussucht, was er*sie für geeignet oder interessant hält (vgl. Faulstich 1998, S. 106; Pawlowsky und Bäumer 1996, S. 81).

(2) Funktion innerhalb des Weiterbildungsmanagements
Innerhalb des Weiterbildungsmanagements ist der Bedarfsanalyse eine zentrale Bedeutung zu attestieren, da sie das Fundament für die weitere Planung, Durchführung und Erfolgskontrolle der betrieblichen Weiterbildung darstellt (vgl. Arnold und Lermen 2004, S. 9). Aus den lokalisierten Weiterbildungsbedarfen werden konkrete Ziele abgeleitet, die wiederum die Ausgangslage dafür bilden, den (Miss-)Erfolg eines Angebots der betrieblichen Weiterbildung bestimmen zu können. Hummel ist daher auch der Überzeugung, dass nur solche Unternehmen, „(…) die verlässliche Aussagen zum Qualifikationsbedarf und, daraus abgeleitet, zum Qualifizierungsbedarf der Mitarbeiter treffen können, (…) in der Lage [sind, S.G.], die erforderlichen Investitionen in das Humankapital zielgerichtet und ökonomisch zu bemessen und sinnvoll einzusetzen" (Hummel 2001, S. 49). Nicht weniger plakativ beschreibt Becker den Zusammenhang zwischen Bedarfsanalyse und Erfolgskontrolle.

> „Gelingt die Bedarfsanalyse, dann kann auch die Erfolgskontrolle gelingen. Unterbleibt die Bedarfsanalyse, dann sinkt die Qualität aller nachfolgenden Phasen" (Becker 2011, S. 21).

Wird bei der Bestimmung des Weiterbildungsbedarfs auch den Wünschen und Bedürfnissen der Mitarbeitenden ausreichend Beachtung geschenkt, so können Bedarfsanalysen darüber hinaus auch zur Steigerung der (Lern-)Motivation beitragen (vgl. Becker 2011, S. 354).

(3) Ansätze und Instrumente

Für die konkrete Umsetzung von Bedarfsanalysen werden in der Fachliteratur zahlreiche Methoden vorgeschlagen, mit denen sowohl die Ist- als auch die Soll-Qualifikationen erfasst werden können (vgl. Kauffeld 2016, S. 24 f.; Gonschorrek 2003, S. 14; Lang 2006, S. 15 ff.).

Grundlegend kann hierbei zwischen *Analyseverfahren* (bei denen auf vorhandene Daten, wie z. B. Kennzahl, Personalakten, aber auch Fehl- und Krankenzeiten zurückgegriffen wird) und *Erhebungsverfahren* (mithilfe derer Primärdaten erhoben werden) differenziert werden (vgl. Stender 2009, S. 138). Im Rahmen der Erhebungsverfahren nehmen Beobachtungsmethoden, aber auch Workshops eine besondere Bedeutung ein. Das in der Praxis am meisten eingesetzte Instrument stellt aber die Befragung der Mitarbeitenden dar – zumeist in Form von Interviews oder Fragebogenerhebungen (vgl. Berthel und Becker 2010, S. 413).

Wenngleich viele Methoden der Bedarfsanalyse eher einen reaktiven Charakter vorweisen, lassen sich auch proaktive Ansätze konstatieren, wie beispielsweise Szenario-Techniken, mit deren Hilfe der Versuch unternommen wird, mögliche „Zukünfte" (Klug 2011, S. 40) zu entwickeln, um aus diesen dann konkrete Anforderungen hinsichtlich der Qualifikationen der Mitarbeitenden abzuleiten.

Rückbezug zum Praxisbeispiel

Wie im Gespräch mit dem Jugendamtsleiter bereits angedeutet, hat Frau Sondermann, Leiterin des ASD des Jugendamts der Stadt Musterhausen, nunmehr beschlossen, die betriebliche Weiterbildung im ASD mithilfe von Ansätzen des Weiterbildungsmanagements deutlich stärker zu steuern. Im Zuge des Weiterbildungsmanagements werden Angebote der betrieblichen Weiterbildung daher seit Anfang des Jahres nur noch bewilligt, wenn vorab u. a. eine Bedarfsanalyse stattgefunden hat. Da Frau Sondermann die Zeit dafür fehlt, mit allen ASD-Kolleginnen und -Kollegen Bedarfsanalysen durchzuführen, sollen die jeweiligen Teamleiterinnen und Teamleiter vor Ort die Bedarfsanalyse umsetzen. Orientierung hierbei bietet eine Prozessbeschreibung, die ein Kollege aus dem Controlling freundlicherweise angefertigt hat. Zudem wurden auf die Schnelle auch Kompetenzprofile für die Mitarbeitenden im ASD erstellt. Diesen Kompetenzprofilen können die Teamleiterinnen und Teamleiter nun genau entnehmen, was eine ASD-Kollegin bzw. ein ASD-Kollege können sollte.

Da Frau Brandenburg mit der Teilnahme an der Weiterbildung ‚Kinder psychisch kranker Eltern' sehr zufrieden war, möchte sie nunmehr gerne an der Vertiefungsweiterbildung ‚Gesprächsführung mit psychisch erkrankten Eltern'

3.2 Weiterbildungsmanagement in der Umsetzung

teilnehmen. Nachdem sie ihrer Teamleiterin das entsprechende Anmeldeformular vorgelegt hat, erinnert diese Frau Brandenburg daran, dass von nun an vor Genehmigung einer Weiterbildung durch Frau Sondermann eine Bedarfsanalyse zu erfolgen hat. So sitzt Frau Brandenburg nun ihrer Teamleiterin gegenüber und beide blicken auf das ausgefüllte Kompetenzprofil, das im Zuge der Bedarfsanalyse stets Verwendung finden soll: „Frau Brandenburg, im Kompetenzprofil steht, dass Sie als ASD-Fachkraft über ausgeprägte Kommunikationskompetenzen verfügen sollten. Das passt doch irgendwie zu der von Ihnen gewünschten Weiterbildung. Wie würden Sie denn Ihre aktuelle Kommunikationskompetenz bewerten?" Frau Brandenburg ist unsicher, was sie antworten soll. Einerseits ist sie der Meinung, dass sie durchaus über eine ausgeprägte Kommunikationskompetenz verfügt, schließlich kann sie auf 15 Jahre Berufserfahrung im ASD zurückblicken, andererseits weiß sie, dass eine solche Selbsteinschätzung wenig Spielraum zuließe, um die gewünschte Weiterbildung genehmigen zu lassen. Daher antwortet sie: „Ich denke, dass ich schon recht gut kommunizieren kann, im Umgang mit psychisch erkrankten Eltern komme ich aber immer wieder an meine Grenzen. Hier möchte ich mich gerne noch besser aufstellen." An dem skeptischen Blick ihrer Teamleiterin erkennt Frau Brandenburg, dass diese mit ihrer Antwort noch nicht zufrieden ist. Daher wundert es Frau Brandenburg auch nicht, dass ihre Teamleiterin noch einmal nachfasst: „Frau Brandenburg, stellen Sie sich einmal vor, man könnte das Kommunikationsverhalten von ASD-Fachkräften auf einer Skala zwischen eins (sehr gut) und sechs (ungenügend) bewerten. Wo würden Sie sich auf dieser Skala einschätzen?" Frau Brandenburg überlegt lange und antwortet dann: „Ich finde das sehr schwer, meine Kompetenz mit so einer Skala einzuschätzen, aber wenn es zwingend notwendig ist, denke ich, dass ich mich bei einer Drei einordnen würde." Noch bevor Frau Brandenburg ihre Bewertung begründen kann, wird sie durch ihre Teamleiterin unterbrochen: „Perfekt, dann haben wir doch jetzt einen klaren Weiterbildungsbedarf. Ihre Kommunikationskompetenz *sollte* im besten Fall eins sein, sie *ist* aber nur eine drei. Dann erscheint es doch nur folgerichtig, dass Sie an einer Weiterbildung teilnehmen, die sich der Förderung ihres Kommunikationsverhaltens widmet, oder? Den Antrag zur Teilnahme an der Weiterbildung werde ich direkt an Frau Sondermann weiterleiten."◄

(4) Mögliche Problemfelder
Wenngleich Einigkeit hinsichtlich der Bedeutsamkeit von Bedarfsanalysen für das Weiterbildungsmanagement herrscht und zudem eine große Vielzahl von Tools und Ansätzen vorliegt, um Bedarfsanalysen in der Praxis durchzuführen, darf dies nicht

darüber hinwegtäuschen, dass sich zahlreiche Problemfelder rund um die Bestimmung des Weiterbildungsbedarfs ranken, wie sie im o. g. Praxisbeispiel bereits angedeutet wurden. Besonders ins Gewicht fallen hierbei die a) eher technokratische Ausrichtung von Ansätzen der Bedarfsanalyse, b) die oftmals fehlende Differenzierung zwischen Bedarf und Bedürfnis und die c) in der Regel eher reaktive Vorgehensweise, die Ansätzen der Bedarfsanalyse zugrunde liegt.

(a) Die Bedarfsanalyse als technokratisches Phantom
Wenn Bedarfsanalysen auf die simple Formel *Soll – Ist = Bedarf* reduziert werden, wird implizit davon ausgegangen, dass „(…) Bedarf als feste Größe ermittelbar, bestimmbar und messbar [ist, S.G.]" (Faulstich 1998, S. 105). Es wird somit unterstellt, dass „(…) der Bedarf objektiv gegeben ist und durch intensive Bemühungen erkannt werden kann" (Neuberger 1994, S. 163).

Diese intensiven Bemühungen spiegeln sich in der Entwicklung immer neuer Instrumente und Methoden zur Durchführung von Bedarfsanalysen wider. Die Vielzahl von Analyseinstrumenten suggerieren nicht nur, dass diese „(…) direkt und ohne spezielles know how ‚als Paket' eingesetzt werden können" (Müller und Stürzl 1992, S. 111), sondern täuschen mit Blick auf die Bestimmung des Weiterbildungsbedarfs auch ein hohes Maß an Beherrschbarkeit vor. Der gesamte Prozess der Bestimmung des Weiterbildungsbedarfs wird hierbei „(…) nach dem Vorbild rationaler Planung konzipiert" (Neuberger 1994, S. 161). Sollten hierbei dennoch Probleme auftreten, gilt es gemäß dem Motto ‚mehr von demselben' noch ausgeklügeltere Analyseinstrumente zu entwickeln.

Solche Ansätze der Bedarfsanalyse verkennen, dass Bildungsbedarf „(…) keine dingliche Größe ist, die ‚an sich' gegeben ist" (Neuberger 1994, S. 165). Ein Weiterbildungsbedarf ist „(…) also nicht einfach *da,* sondern muß *gesehen* und *definiert* (ausgegrenzt) und *bestimmt* werden" (ebd., S. 164).

Wenn Bildungsbedarf somit nichts ist, was offen und abrufbereit in irgendwelchen Datenbanken bereitliegt und sich einfach ‚abfragen' lässt, sondern als das Ergebnis eines Aushandlungsprozesses definiert und bestimmt werden muss, dann müssen hierbei unterschiedliche Akzentuierungen im Definitions- und Bestimmungsprozess berücksichtigt werden, die jeweils zu einem anderen Ergebnis hinsichtlich der Feststellung eines Weiterbildungsbedarfs kommen können. So weist Neuberger auf Unterschiedlichkeiten hin, die sich aus der zeitlichen Dimension (Geht es um die Bestimmung eines aktuellen oder zukünftigen Bedarfs?), aus Formen der Gewichtung (Was wird gerade als dringend empfunden?), aus Fragen der Zielinhalte (Wird eher eine defizit- oder eine chancenorientierte Perspektive eingenommen?), aus Fragen der Definitionsmacht (Wer diagnostiziert aus welcher Position und mit welcher Motivation wie den Bedarf?) und aus der sprachlichen

3.2 Weiterbildungsmanagement in der Umsetzung

Formulierung des Bedarfs (Wird ein objektiver Bedarf festgestellt oder werden Hinweise zusammengetragen, die in der gemeinsamen Betrachtung als Bedarf formuliert werden können?) ergeben (vgl. Neuberger 1994, S. 165 ff.).

(b) Zur unzureichenden Differenzierung zwischen Bedarf und Bedürfnis
Möglicherweise kann die oftmals nur unzureichende Differenzierung zwischen *Bildungsbedarf* und *Bildungsbedürfnis* als eine direkte Konsequenz des o. g. technokratischen Verständnisses hinsichtlich der Bestimmung des Weiterbildungsbedarfs betrachtet werden.

Während in Bezug auf den *Bildungsbedarf* primär die jeweilige Aufgabenerfüllung innerhalb der Organisation im Vordergrund steht, zielen die *Bildungsbedürfnisse* auf die individuellen Lernwünsche der Organisationsmitglieder ab (vgl. Gonschorrek 2003, S. 311). Auf die möglichen Spannungsfelder zwischen Bedarf und Bedürfnis weisen zahlreiche Autorinnen und Autoren hin (vgl. Hummel 2001, S. 63; Becker 2011, S. 34). Pawlowsky und Bäumer gehen sogar davon aus, dass die Hauptkonfliktlinie innerhalb der Bedarfsermittlung „(…) in der Regel zwischen dem betrieblichen Weiterbildungsbedarf – zumeist definiert durch Vorgesetzte oder Weiterbildungsreferenten – und den individuellen Weiterbildungsbedürfnissen der Mitarbeiter [verläuft, S.G.]" (Pawlowsky und Bäumer 1996, S. 103).

Wenngleich es somit auf der Hand zu liegen scheint, dass im Rahmen der Bedarfsanalyse zwischen Bedarf und Bedürfnis differenziert und mögliche Spannungsfelder thematisiert werden sollten, scheint die Praxis der Bedarfsanalysen – so denn solche überhaupt stattfinden – entweder von einem „Harmoniemodell" (Arnold 1997, S. 135) geprägt zu sein, bei dem die individuellen und organisationalen Interessen gleichgesetzt werden, oder von einer einseitigen Festlegung, bei der häufig primär die Organisationsperspektive dominiert. Neuberger stellt hierzu fest, dass Weiterbildungsbedarfsanalysen in gewisser Weise ‚unpersönlich' sind, da „(…) sie meist (…) nicht von den Entwicklungswünschen einzelner Personen ausgehen, sondern organisationale Bedarfe und ‚Notwendigkeiten' (Ziele, Effekte) im Auge haben" (Neuberger 1994, S. 42). Noch deutlicher formuliert es Allespach:

> „In der betrieblichen Weiterbildung dominieren i. d. R. der/die Vorgesetzte; der Bildungsbedarf wird meist auf Grund einer deduktionstheoretischen Herleitung über technische und arbeitsorganisatorische Veränderungen bestimmt und der Betrieb entscheidet in aller Regel, wer, was, wozu und in welcher Form zu lernen hat. Die Berücksichtigung von subjektiven Lernbegründungen findet nur in Ausnahmefällen statt und subjektive Bedeutungen werden nicht selten ersetzt durch Macht und Unterwerfung" (Allespach 2005, S. 61).

Dass eine solch einseitige Dominanz der Organisationsperspektive weitgehende Auswirkungen auch auf die Teilnahme- und Lernmotivation der Weiterbildungsteilnehmenden mit sich bringt, scheint hierbei häufig wissentlich in Kauf genommen zu werden.

(c) Zum primär reaktiven Vorgehen in der Bedarfsanalyse
Neben einer einseitigen Betrachtung der organisationalen Bedarfe scheinen sich Ansätze der Bedarfsanalyse auch durch eine primär kurzfristige bzw. vergangenheitsorientierte Perspektive auszuzeichnen. Zwar kann – wie bereits ausgeführt – grundsätzlich zwischen reaktiver und proaktiver Bedarfsanalyse unterschieden werden, blickt man allerdings in die Praxis der betrieblichen Weiterbildung, so lässt diese deutlich an Proaktivität vermissen (vgl. Pieler 2000, S. 7).

Während zwar Großbetriebe, die zum Teil über eigene Weiterbildungsabteilungen verfügen, bemüht sind, die Weiterbildungsbedarfe mehr oder weniger systematisiert und vorausschauend zu erfassen, gibt es eben jene Expertinnen und Experten in Klein- und Mittelbetrieben (und in diese Kategorie dürften sicherlich auch viele Einrichtungen und Dienste der Sozialen Arbeit fallen) in der Regel nicht. Hier wird die Bedarfsanalyse durch Programmplanung ersetzt, die „(…) eher punktuell als umfassend, eher reaktiv als proaktiv" (Höffer-Mehlmer 2011, S. 996) betrieben wird. Mit einem solch primär reaktiven Vorgehen läuft die betriebliche Weiterbildung Gefahr, auf einen ‚Reparaturbetrieb' reduziert zu werden, der immer dann zum Einsatz kommt, wenn es einer entsprechenden „Personal-Wartung oder -Instandsetzung" (Neuberger 1994, S. 165) bedarf.

3.2.2 Ziele setzen

(1) Begriffliche Einordnung
Um die Ergebnisse der Bedarfsanalyse zu konkretisieren, wird in der gängigen Fachliteratur zum Weiterbildungsmanagement empfohlen, die Ergebnisse der Bedarfsanalyse in konkrete Ziele zu übertragen. Als Ziel wird hierbei „(…) das konkrete Entwicklungsergebnis [bezeichnet, S.G.], das mit den zu wählenden Inhalten und den anzuwendenden Methoden der Personalentwicklung erreicht werden soll" (Becker 2011, S. 119). Gleichwohl scheint Uneinigkeit darüber zu herrschen, wer denn nun qua Rolle für die Festlegung von Zielen zuständig ist. Während einerseits die Position vertreten wird, dass die Festlegung von Zielen die Aufgabe der jeweiligen Referentin bzw. des Referenten sei (vgl. Braun 2010, S. 144), verstehen andere die Zielfestlegung stets als Leitungsaufgabe, die der

3.2 Weiterbildungsmanagement in der Umsetzung

didaktisch/methodischen Planung zwingend vorauszugehen hat (vgl. Becker 2011, S. 19).

Diese gewisse Unschärfe hinsichtlich der Zuständigkeit setzt sich auch in Bezug auf das jeweilige Verständnis von Zielen fort. Während einige Autorinnen und Autoren primär von *Weiterbildungszielen* sprechen und hierbei ein eher weites Zielverständnis bekunden (vgl. Tredop 2008, S. 24; Hummel 2001, S. 35), bevorzugen andere Autorinnen und Autoren den Begriff der *Lernziele,* mithilfe derer konkret festgelegt werden soll, „(…) welche Lernergebnisse bzw. beobachtbaren Verhaltensänderungen beim Lernenden als Resultat von Lerntätigkeiten bzw. Lehr-/Lernveranstaltungen angestrebt werden" (Steinbach-Nordmann 2001, S. 208). Von Lernzielen lassen sich wiederum *Anwendungsziele,* bisweilen auch als „Lerntransferziele" (Bader 2017, S. 74) bezeichnet, abgrenzen, die sich auf die konkrete Anwendung des Erlernten im Funktionsfeld fokussieren (vgl. Pawlowsky und Bäumer 1996, S. 162).

Ob nun im Weiterbildungsmanagement dem Begriff der Weiterbildungsziele oder aber den Begriffen der Lern- oder Anwendungsziele der Vorzug gegeben wird, scheint letztlich nachranging, bedeutsamer ist hingegen, dass sich a) Leitungskräfte aktiv an der jeweiligen Zielformulierung beteiligen, b) hierbei organisationale und individuelle Bedürfnisse und Bedarfe bestmöglich in Einklang gebracht werden und c) zwischen Lernort und Anwendungsort differenziert wird.

(2) Funktion innerhalb des Weiterbildungsmanagements
Im Modell eines idealtypischen Weiterbildungsprozesses bilden die Teilprozesse ‚Bedarfsanalyse' und ‚Ziele setzen' nicht nur das Fundament für die nachfolgenden Teilprozesse ‚Kreatives Gestalten' sowie ‚Durchführung', sondern auch für den Teilprozess ‚Erfolgskontrolle', der wiederum dem Steuerungshandeln von Leitungskräften zugeordnet werden kann (vgl. Becker 2005, S. 555).

Um den Erfolg einer betrieblichen Weiterbildung bestimmen zu können, erscheint die Auseinandersetzung mit zuvor festgelegten Zielen unumgänglich (vgl. Müller und Stürzl 1992, S. 104).

„Fortbildungserfolg – verstanden als Zielerreichung – läßt sich somit nur beschreiben, wenn über die mit der betrieblichen Fortbildung angestrebten Ziele Klarheit besteht" (Simon-Christ 1990, S. 337).

In diesem Zusammenhang scheint zu gelten: Je SMART[3](er) die Ziele vorab definiert werden, desto präziser kann im Nachgang deren Erreichungsgrad bestimmt

---

[3] SMART als Akronym für: spezifisch, messbar, akzeptabel, realistisch und terminierbar (vgl. Becker 2011, S. 139).

werden. Zugleich eröffnet sich hier ein Dilemma, das Tredop wie folgt treffend beschreibt: „Auf der einen Seite ist man im Sinne einer vollständigen Planbarkeit bestrebt, möglichst exakt anzugeben, welches beobachtbare Endverhalten die Teilnehmer (…) zeigen sollen (…). Auf der anderen Seite ist es jedoch nicht wünschenswert, nur vollständig operationale Weiterbildungsziele anzuerkennen und Feinziele zu messen, da dies ein zu starres Korsett darstellen würde" (Tredop 2008, S. 24).

Während die enge Verbindung zwischen vorab formulierten Zielen und dem Teilprozess ‚Erfolgskontrolle' naheliegend ist, verweisen andere Autorinnen und Autoren auch auf die Zusammenhänge zwischen der Festlegung von Zielen (hierbei richtet sich der Fokus auf konkrete Lernziele) und dem Teilprozess der ‚Transfersicherung'. So stellt Hummel fest:

> „Nur wenn Feinlernziele mit genügender Genauigkeit bestimmt worden sind, lassen sich Lernbeispiele entwickeln, die in enger Beziehung zu der Situation am Arbeitsplatz stehen. Ist diese Voraussetzung nicht erfüllt, so ist der Transfer des Gelernten an den Arbeitsplatz gefährdet" (Hummel 2001, S. 76).

In Hummels Ausführungen ist das hohe Maß an Steuerungsoptimismus erkennbar, das von vielen Vertreterinnen und Vertreter der ‚Lernziel-Schule' implizit zugrunde gelegt wird. Wenn Ziele vor Beginn einer Weiterbildung nur weitreichend genug geplant sind, stellt sich zunächst der Lernerfolg und anschließend – der linear-kausalen Logik folgend – auch der Transfererfolg *fast von allein* ein. Auf das hier nur skizzierte Steuerungsverständnis wird im weiteren Verlauf dezidierter Bezug genommen.

(3) Ansätze und Instrumente
Insbesondere im Umgang mit konkreten Lernzielen liegen unterschiedliche Ansätze dazu vor, wie diese im Zuge des Weiterbildungsmanagements konkrete Verwendung finden können. Ähnlich wie von Spiegel mit Blick auf das methodische Handeln in der Sozialen Arbeit zwischen verschiedenen Zielebenen unterscheidet[4], schlägt Möller in Bezug auf die betriebliche Weiterbildung vor, zwischen Richtziel, Grobziel und Feinziel zu unterscheiden (vgl. Möller 1976, S. 72 ff.).

Als *Richtziele* werden allgemeine und generelle Ziele der betrieblichen Weiterbildung bezeichnet. Sie sind in der Regel auf einem hohen Abstraktionsniveau

---

[4] Von Spiegel unterscheidet zwischen *Wirkungszielen,* die eher langfristig angelegt sind und eine grobe Richtung vorgeben, *Teilzielen,* die konkreter formuliert und realistisch terminiert sind, und *Handlungszielen,* die konkrete Arbeitsziele darstellen (vgl. Spiegel 2021, S. 119 ff.).

3.2 Weiterbildungsmanagement in der Umsetzung

formuliert und daher kaum zu operationalisieren. Aus den jeweiligen Richtzielen gilt es *Grobziele* abzuleiten, die eindeutiger und präziser formuliert sind. Die Grobziele wiederum gilt es weitergehend zu konkretisieren, sodass letztlich Feinziele benannt werden können, die so spezifisch beschrieben sind, dass sie eine Überprüfung des Zielerreichungsgrads nach Absolvierung einer Weiterbildung ermöglichen (vgl. Becker 2011, S. 129).

Neben der Differenzierung in Lernzielebenen (Richt-, Grob- und Feinziel) wird in der gängigen Fachliteratur zwischen unterschiedlichen Lernzielbereichen unterschieden. Demnach können auf einer analytischen Ebene kognitive, affektive und psychomotorische Lernziele voneinander differenziert werden (vgl. Bloom 1972, S. 20). Unter *kognitiven Lernzielen* werden in der Regel intellektuelle Fertigkeiten verstanden, wie z. B. Denken, Problemlösen, Erinnern oder Reproduzieren von Wissen. Während sich *affektive Lernziele* in der Regel auf Einstellungen, Haltungen, Interessen und Wertungen beziehen, fokussieren *psychomotorische Lernziele* manuell-motorische Fertigkeiten.

Rückbezug zum Praxisbeispiel

Eigentlich ging Frau Brandenburg davon aus, dass ihr Antrag auf Teilnahme an der Weiterbildung ‚Gesprächsführung mit psychisch erkrankten Eltern' der ASD-Leiterin Frau Sondermann bereits vorliege. Jetzt aber steht Frau Brandenburgs Teamleiterin erneut mit dem Antrag in ihrem Büro: „Frau Brandenburg, es ist mir ein wenig unangenehm, aber wir haben ganz vergessen, konkrete Ziele vor Beginn der Weiterbildung zu vereinbaren", so die Teamleiterin. „Lassen Sie uns dies noch schnell machen, damit ich den Antrag zwecks finaler Genehmigung an Frau Sondermann per Hauspost weiterleiten kann." Frau Brandenburg und ihre Teamleiterin setzen sich gemeinsam an den Tisch. Vor ihnen liegt das Antragsformular für Weiterbildungen, auf dessen Rückseite konkrete Ziele vor Beginn einer Weiterbildung vermerkt werden sollen. „Gott sei Dank ist uns das Formulieren von Zielen ja aus zahlreichen Hilfeplangesprächen bekannt", so die Teamleiterin mit einem unsicheren Lächeln. Dennoch kommt das Gespräch zwischen der Teamleiterin und Frau Brandenburg nur schwer in die Gänge. Nach einigen Minuten schlägt Frau Brandenburgs Teamleiterin schließlich vor: „Wir hatten im Zuge der Bedarfsanalyse doch festgestellt, dass Sie Ihre Kommunikationskompetenz auf einer Skala zwischen eins und sechs auf der Stufe drei eingeschätzt haben. Sollen wir dann als Ziel nicht einfach festhalten, dass Sie Ihre Kommunikationskompetenz nach der Weiterbildung um mindestens eine ‚Note' verbessert haben?"

Wenngleich sich ein solches Ziel für Frau Brandenburg nicht stimmig anfühlt, schließlich wüsste sie ad hoc gar nicht, was konkret anders wäre, wenn sie ihre Kommunikationskompetenz um eine ‚Note' verbessert hätte, stimmt sie dem Vorschlag ihrer Teamleiterin zu. Schließlich hat sie wichtigere Dinge zu tun, als künstliche Ziele zu formulieren, nur damit sie an einer Weiterbildung teilnehmen kann, von der eigentlich jede und jeder weiß, dass diese notwendig ist.◄

(4) Mögliche Problemfelder
Ähnlich wie bereits hinsichtlich des Teilprozesses der Bedarfsanalyse konstatiert, lassen sich auch mit Blick auf das Formulieren von Zielen vor Beginn einer Weiterbildung zahlreiche Problemfelder konstatieren, von denen einige bereits im o. g. Praxisbeispiel skizziert wurden. Nachfolgend wird insbesondere auf a) die unterstellte Harmonie von individuellen und organisationalen Zielen, b) die Problemfelder bei der Operationalisierung von Zielen und c) die mögliche Einengung von Lernerfahrungen eingegangen.

(a) Zur unterstellten Harmonie zwischen individuellen und organisationalen Zielen
In Bezug auf die Problemfelder der Bedarfsanalyse wurde bereits auf die fehlende Differenzierung zwischen (eher organisational geprägtem) Bedarf und (eher individuell geprägtem) Bedürfnis verwiesen. Findet im organisationalen Alltag kein reflektierter Umgang mit der Differenz aus Bedürfnis und Bedarf statt, besteht das Risiko, dass auch institutionelle und individuelle Ziele von betrieblicher Weiterbildung als deckungsgleich betrachtet werden, was aber wohl „(...) eher einer Sozialutopie als der Realität" (Nork 1991, S. 51) entspricht.

Zudem findet in einem Großteil der Veröffentlichungen zur Formulierung von Lernzielen die Differenzierung von *impliziten* und *expliziten* Zielen nur am Rande Erwähnung. Welche vielfältigen impliziten Vorstellungen mit einem aus Leitungssicht explizit formulierten Ziel verbunden sein können, hat u. a. Neuberger treffend dargestellt. So können Angebote der betrieblichen Weiterbildung von Leitungskräften implizit genutzt werden als Dank oder Belohnung für Mitarbeitende, die sich besonders bewährt haben, als Ersatz für erhoffte Gegenleistungen, die verwehrt werden mussten (anstatt einer Gehaltserhöhung), als Incentive, um zu höherer Leistung zu motivieren, als Zwischenlösung, um Zeit zu überbrücken (bis für die Fachkraft eine neue Position im Unternehmen gefunden wurde), als Auszeit vom stressigen Berufsalltag bzw. Urlaubsersatz etc. (vgl. Neuberger 1994, S. 283 f.).

Legt man die möglichen Differenzen zwischen impliziten und expliziten Zielen sowie zwischen organisationalen und individuellen Zielen zugrunde, erscheint es nicht allzu abwegig, dass innerhalb der betrieblichen Weiterbildung „Zielkonflikte wahrscheinlicher sind als Zielharmonie" (Neuberger 1994, S. 163).

(b) Zur überzogenen Vorstellung hinsichtlich der Operationalisierung von Lernzielen

Auf die Zusammenhänge zwischen den Teilprozessen ‚Ziele setzen' und ‚Erfolgskontrolle' wurde bereits hingewiesen. Demnach ist eine konsequente Erfolgskontrolle nur möglich, wenn die vorab definierten Ziele weitgehend operationalisiert werden (vgl. Hummel 2001, S. 76). Insbesondere im Rahmen der Lernzieldiskussion existieren zahlreiche Ansätze, die sich der Operationalisierung von Lernzielen widmen. Während die Operationalisierung von psychomotorischen und – im begrenzten Umfang – kognitiven Lernzielen durchaus hilfreich erscheint, gelangen Ansätze der Operationalisierung von affektiven Lernzielen schnell an ihre Grenzen (vgl. Simon-Christ 1990, S. 345). So scheint beispielsweise der Versuch, Feinziele für Angebote der betrieblichen Weiterbildung zu definieren, die primär auf die Reflexion des beruflichen Handelns ausgerichtet sind, wenig erfolgversprechend zu sein. Darüber hinaus kann durch die Operationalisierung von Lernzielen der irrtümliche Eindruck entstehen, Angebote der betrieblichen Weiterbildung ließen sich vollständig und umfassend planen.

> „Die Lernzielorientierung war getragen von der Annahme, dass auch im Bereich des menschlichen Lernens eine fast ingenieurhafte Exaktheit und Kontrollierbarkeit der Abläufe möglich ist. Als grundlegender Schritt der Planung von Lehr-Lernprozessen wurde deshalb die Bestimmung und auch die Formulierung der Lernziele angesehen" (Arnold et al. 1999, S. 79).

Ein solcher ‚Operationalisierungswahn' verkennt nicht nur, dass sich Mitarbeitende nicht einer ingenieurhaften Exaktheit und Kontrollierbarkeit unterwerfen lassen, er unterschätzt auch die damit einhergehenden Auswirkungen auf die Teilnahmemotivation von Mitarbeitenden. Wenn Weiterbildungsbudgets nur noch dann freigegeben werden, wenn zuvor exakt bestimmt wird, welches Wissen, Können oder welche Haltung nach Absolvierung der Weiterbildung verändert sein soll, ist damit zu rechnen, dass trotz hoher intrinsischer Motivation bei vielen Fachkräften der Sozialen Arbeit deren Bereitschaft zur Inanspruchnahme von Angeboten der betrieblichen Weiterbildung deutlich nachlässt.

(c) Zur Gefahr der Einengung von Lernerfahrungen

Neben der grundsätzlichen Frage, ob – und in welchem Maße – es sinnvoll erscheint, Ziele der betrieblichen Weiterbildung zu operationalisieren, kann eine zu weitgehende Operationalisierung dazu führen, dass sich Leitungskräfte ausschließlich auf solche Ziele fokussieren, die zuvor auch als solche beabsichtigt waren und die zudem messbar erscheinen (in Abb. 3.2 wäre dies der Fall A).

Dass darüber hinaus – insbesondere bei externen Angeboten der betrieblichen Weiterbildung – auch durchaus beabsichtigte Lerneffekte eintreten können, die nicht messbar (Fall C) sind, bzw. Lerneffekte, die zwar messbar, aber nicht beabsichtigt (Falls B) oder aber weder beabsichtigt noch messbar (Fall D) sind, droht hierbei aus dem Blick zu geraten. Überzogene Vorstellungen hinsichtlich der Operationalisierung von Lernzielen bergen somit die Gefahr, die betriebliche Weiterbildung jeglicher Flexibilität und gestalterischer Freiheit zu berauben. Dass insbesondere nicht beabsichtigte Lerneffekte – vorausgesetzt sie werden kommuniziert – das Potenzial bieten, zur Irritation der etablierten Kommunikations- und Entscheidungsmuster beizutragen (Irritationsfunktion der betrieblichen Weiterbildung – vgl. Abschn. 2.2.2), wird hierbei vollends ausgeblendet. Eine einseitige Konzentration auf beabsichtigte und messbare Lerneffekte kann folglich dazu führen, dass diese Ressource ungenutzt und die betriebliche Weiterbildung auf ihre reine Anpassungsfunktion reduziert bleibt.

Lerneffekte	beabsichtigt	nicht beabsichtigt
eindeutig messbar	A	B
nicht messbar	C	D

Abb. 3.2 Lerneffekt-Matrix. (Quelle: Eigene Darstellung nach Bronner und Schröder 1983, S. 131)

3.2.3 Erfolgskontrolle

(1) Begriffliche Einordnung
Grundlegend zielt der Teilprozess der Erfolgskontrolle darauf ab, systematisiert zu überprüfen, „(...) ob die mit der Bedarfsanalyse ermittelten und mit der Zielplanung konkretisierten Defizite im Wissen, Können, Fertigkeiten und Verhalten lernend beseitigt wurden" (Becker 2011, S. 277). Als Alternative zum Begriff der Erfolgskontrolle hat sich in der betrieblichen Weiterbildung der Begriff der Evaluation etabliert, möglicherweise auch, weil dieser semantisch nicht so stark durch das Kontrollparadigma vorgeprägt ist. Evaluation kann verstanden werden als „(...) ein – in der Regel organisational verankertes – systematisiertes und transparentes Vorgehen der Datensammlung zu einem bestimmten Gegenstandsbereich/Sachverhalt mittels intersubjektiver und gültiger Erhebungsverfahren, das auf der Basis vorher formulierter Kriterien eine genauere Bewertung des Gegenstands/Sachverhalts ermöglichen und in der Praxis verwertbare Diskussions- und Entscheidungshilfen zur Verbesserung bzw. Weiterentwicklung des untersuchten Gegenstands/Sachverhalts liefern soll" (Merchel 2019, S. 20).

Unter den Evaluationsansätzen hat sich im Feld der betrieblichen Weiterbildung insbesondere das Vier-Ebenen-Modell von Kirkpatrick und Kirkpatrick (2006) etabliert, das Kauffeld als das „bekannteste und in der Praxis am weitesten verbreitete Evaluationskonzept" (Kauffeld 2016, S. 112) bezeichnet. Zur Ermittlung des Weiterbildungserfolgs schlagen Kirkpatrick und Kirkpatrick eine Unterscheidung in vier (Erfolgs-)Ebenen vor: a) Reaction (hier steht die Zufriedenheit der Weiterbildungsteilnehmenden im Vordergrund), b) Learning (hier wird der konkrete Lernerfolg fokussiert), c) Behavior (hier geht es um den Transfer des Erlernten in die betriebliche Praxis, beobachtbar in konkreten Verhaltensveränderungen) und d) Results (hier geht es auch um eine ökonomische Bewertung des Weiterbildungsangebotes) (vgl. Kirkpatrick und Kirkpatrick 2006, S. 21 ff.).[5] Insbesondere die letztgenannte Ebene der Results wird auch verstärkt in den Fokus der Betrachtung gerückt, wenn Ansätze des Bildungscontrollings in der Praxis als Modus der Erfolgskontrolle eingesetzt

---

[5] Einige Autorinnen und Autoren postulieren, dass die jeweiligen Ebenen in einer hierarchischen Ordnung aufeinander aufbauen, dass also z. B. ein hohes Maß an Zufriedenheit die Voraussetzung für einen entsprechenden Lernerfolg darstellt, der wiederum Bedingung dafür ist, dass das erlernte Verhalten später am Arbeitsplatz angewendet wird etc. (vgl. Nork 1991, S. 96). Andere Autorinnen und Autoren weisen darauf hin, dass der Erfolg der jeweils vorgelagerten Ebene zwar eine notwendige, aber keinesfalls hinreichende Bedingung für den Erfolg auf der nachfolgenden Ebene ist (vgl. Pieler 2000, S. 152). Neuberger geht sogar davon aus, dass die vier Ebenen im Modell von Kirkpatrick und Kirkpatrick in keiner eindeutigen Abfolge- und Verursachungs-Beziehung stehen (vgl. Neuberger 1994, S. 282).

werden. Gemäß dem Motto „Ergebnis statt Erlebnis" (Kauffeld 2016, S. 112) werden neben Fragen der Effektivität, auch die Kosten, die Effizienz und insbesondere die Rentabilität von eingesetzten Weiterbildungsbudgets auf den Prüfstand gestellt (vgl. Lang 2006, S. 30).[6]

(2) Funktion innerhalb des Weiterbildungsmanagements
Auch wenn zu Recht konstatiert werden kann, dass im Weiterbildungsmanagement eine „verwirrende Verwendung der Begriffe Erfolgskontrolle, Evaluation bzw. Evaluierung und Bildungscontrolling" (Arnold und Krämer-Stürzl 1995, S. 4) vorherrscht, ist allen genannten Ansätzen das Bemühen zugutezuhalten, den Erfolg einer betrieblichen Weiterbildung über die reine Ebene der Zufriedenheit hinaus zu bestimmen. Wenn Angebote der betrieblichen Weiterbildung nachweisen könnten, dass das erlernte Wissen und/oder Verhalten vom Lernfeld in das Funktionsfeld übertragen wurde, und wenn darüber hinaus auch der ökonomische Nutzen von Angeboten der betrieblichen Weiterbildung belegbar wäre (z. B. durch eine verbesserte Qualität personenbezogener Dienstleistungen oder eine Verringerung der Anzahl an Fehlern), dann würden vorhandene Weiterbildungsbudgets möglicherweise nicht als Erstes dem Rotstift zum Opfer fallen, wenn sich die wirtschaftlichen Rahmenbedingungen von Einrichtungen der Sozialen Arbeit verschlechtern. Eine stärkere Auseinandersetzung mit Fragen der Wirkung von betrieblicher Weiterbildung könnte auch dazu beitragen, dass die Investitionen in diesen Bereich von Leitungskräften zukünftig deutlich bewusster vorgenommen (oder aber verwehrt) werden.

Wenngleich bis dato zwar noch keine konkreten Hinweise vorliegen, dass die Überprüfung des ökonomischen Nutzens von betrieblicher Weiterbildung auch in Einrichtungen der Sozialen Arbeit Einzug hält, lassen die kontrovers geführten Diskussionen zur Wirkungsorientierung in der Sozialen Arbeit (vgl. Merchel 2009b, S. 74; Otto et. al. 2007, S. 14; Albus und Polutta 2008, S. 262) sowie erste Ansätze zur Berechnung eines Social Return on Investment (vgl. Schellberg 2010, S. 21; Mildenberg et al. 2012, S. 293) erahnen, dass es möglicherweise nur noch eine Frage der Zeit ist, bis auch in Organisationen der Sozialen Arbeit Angebote der betrieblichen Weiterbildung stärker hinsichtlich ihrer Effektivität und Effizienz bewertet werden.

---

[6] Hinsichtlich der Frage, ob Ansätze des Bildungscontrollings zur Professionalisierung der Erfolgskontrolle von Angeboten der betrieblichen Weiterbildung beitragen, scheiden sich die (Wissenschafts-)Geister. Während die einen schon davon träumen, mithilfe des Bildungscontrollings nun „die Effizienz der Bildung zu erfassen, sie in Kennzahlen abzubilden und gemäß Vorgaben zu steuern" (Schöni 2010, S. 430), stellen andere relativ nüchtern fest, dass der Begriff des Bildungscontrollings „viel Altes und wenig Neues beinhaltet" (Arnold und Krämer-Stürzl 1995, S. 5).

3.2 Weiterbildungsmanagement in der Umsetzung

(3) Ansätze und Instrumente

Auf die Bedeutsamkeit des Vier-Ebenen-Modells von Kirkpatrick und Kirkpatrick (2006) wurde bereits verwiesen. Nachfolgend sollen exemplarisch Ansätze und Instrumente skizziert werden, die auf den jeweiligen Ebenen des Modells zum Einsatz kommen können.

Auf der *Ebene der Ermittlung der Zufriedenheit* (Ebene 1: Reaction) kann zwischen der Zufriedenheit mit der Dozierenden bzw. dem Dozierenden, der jeweiligen Atmosphäre, den Inhalten, der Form etc. differenziert werden (vgl. Kauffeld 2016, S. 112). Zur Erfassung der Zufriedenheit werden in der Regel Fragebögen (sogenannte Happy-Sheets oder Happiness-Sheets) eingesetzt, in denen Punktwerte auf einer Zufriedenheitsskala angekreuzt werden (vgl. Kolb et al. 2010, S. 531). Daneben kommen auch Methoden wie das Stimmungsbarometer oder Blitzlichter zum Einsatz. Bisweilen werden solche Instrumente im Lernfeld auch um Feedbackgespräche zwischen Vorgesetzten und Mitarbeitenden im Funktionsfeld ergänzt (vgl. Stender 2009, S. 417).

Auf der *Ebene der Lernerfolgskontrolle* (Ebene 2: Learning) steht die Frage im Vordergrund, inwieweit die vorab gesetzten Lernziele tatsächlich erreicht wurden (vgl. Pawlowsky und Bäumer 1996, S. 168). Es liegt auf der Hand, dass eine solche Lernzielüberprüfung nur möglich ist, wenn vor Beginn einer Weiterbildung Einigkeit herrscht, welche Lernziele durch Absolvierung der Weiterbildung erreicht werden sollen und diese auch ausreichend operationalisiert wurden. Als Erhebungsinstrumente können auf dieser Ebene Wissenstests bei kognitiven Lernzielen sowie Arbeitsproben und Beobachtungen bei psychomotorischen Lernzielen eingesetzt werden (vgl. Solga 2011a, S. 381). Die Überprüfung von affektiven Lernzielen bereitet in der Regel größere Schwierigkeiten als die Überprüfung von kognitiven und psychomotorischen Lernzielen.

Ansätze zur Evaluation bzw. Erfolgskontrolle des Anwendungs- bzw. Transfererfolgs (Ebene 3: Behavior) widmen sich der Frage, in welchem Maße das erlernte Wissen/Verhalten vom Lernfeld in das Funktionsfeld übertragen werden konnte (vgl. Mudra 2004, S. 397). Um mögliche Verhaltensänderungen erfassen zu können, empfiehlt Becker, das Verhalten am Arbeitsplatz vor und nach Absolvierung einer Weiterbildung von den Teilnehmenden, deren Vorgesetzten sowie Kolleginnen und Kollegen einschätzen und systematisch aufbereiten zu lassen (vgl. Becker 2011, S. 273). Instrumente, die hier zum Einsatz kommen können, sind problemzentrierte Interviews, Follow-ups, Mitarbeitergespräche, aber auch Befragungen (der Mitarbeitenden, Kolleginnen und Kollegen oder Vorgesetzten) sowie Formen der Beobachtung (vgl. Stender 2009, S. 417). Bisweilen finden auch bereits auf dieser Ebene – und hier zeigt sich die Verbindung zur ökonomischen Erfolgsermittlung (Ebene 4: Results) – Erhebungen mit Kennziffern statt, wobei zwischen Betriebskennziffern und Personalkennziffern zu unterscheiden ist.[7]

Auf der *Ebene des ökonomischen Erfolgs* (Results) kommen insbesondere Kosten-Nutzen-Analysen, Investitionsrechnungen, Kennzahlen-Analysen und Kostenrechnungsverfahren zum Einsatz (vgl. Nork 1991, S. 89). Hinsichtlich der Bewertung der Effizienz von Angeboten der betrieblichen Weiterbildung hat insbesondere der Return on Investment (ROI) und die Berechnung einer Weiterbildungsrendite stark an Bedeutung gewonnen.[8]

Rückbezug zum Praxisbeispiel

Frau Brandenburg kehrt nach Absolvierung der Weiterbildung zum Thema ‚Gesprächsführung mit psychisch kranken Eltern' zufrieden zurück in ihren ASD. Erneut hatte sie das Glück, in der Seminargruppe auf nette und kompetente Fachkolleginnen und Fachkollegen zu treffen. Zudem war die Dozentin ausgezeichnet. Frau Brandenburg hatte bereits die Möglichkeit, die neuen Gesprächstechniken einmal anzuwenden. Vier Wochen nach Absolvierung der Weiterbildung bittet die Teamleiterin Frau Brandenburg um einen kurzen Austausch: „Frau Brandenburg, Sie wissen ja, dass wir unsere Weiterbildungsangebote hier im ASD mithilfe eines Weiterbildungsmanagements stärker steuern sollen. Hierzu gehört auch, dass wir den Erfolg von Weiterbildungen im Anschluss überprüfen müssen. Ich habe mir noch einmal unserer Vereinbarung zu Ihrer Weiterbildung angesehen. Wir hatten vereinbart, dass es Ziel sei,

---

[7] Wenngleich bei der Erfassung des Anwendungserfolgs somit ähnliche Instrumente zum Einsatz kommen wie bei der Erfassung des Lernerfolgs, gibt es einen wesentlichen Unterschied, da sich die Verfahren zur Ermittlung des Anwendungserfolgs ausschließlich auf das Funktionsfeld beziehen und somit die Problematik der Zurechenbarkeit von Messergebnissen entsprechend erschwert wird (vgl. Pawlowsky und Bäumer 1996, S. 174). Auch Nork verweist auf die Problematik, dass ein Nachweis kausaler Zusammenhänge zwischen dem Absolvieren einer Weiterbildung und dem anschließenden Verhalten des Weiterbildungsteilnehmenden sehr viel größere Probleme bereitet als die Erfassung des Lernerfolgs, da hier „(…) die vielfältigen Variablen, die das Verhalten beeinflussen, nicht hinreichend kontrolliert werden können und es äußerst problematisch ist, Auswirkungen der Weiterbildungsmaßnahmen von organisatorischen, strukturellen, ökonomischen und sozialen Veränderungen zu trennen" (Nork 1991, S. 29).

[8] Bisweilen wird daher das o. g. Vier-Ebenen-Modell von Kirkpatrick und Kirkpatrick um eine fünfte Ebene erweitert, die entweder „ökonomische Ebene" (Berthel und Becker 2010, S. 496) oder direkt „ROI" (Phillips und Schirmer 2008, S. 30) genannt wird und von Phillips und Schirmer – in aller Bescheidenheit – als „aussagekräftigste Stufe der Evaluation" (Phillips und Schirmer 2008, S. 28) bezeichnet wird.

3.2 Weiterbildungsmanagement in der Umsetzung

Ihre Kommunikationskompetenz um eine ‚Note' zu verbessern. Jetzt meine Frage an Sie: Wurde dieses Ziel erreicht?" Frau Brandenburg weiß nicht, was sie sagen soll. Zum einen kann sie so spontan selbst nicht einschätzen, was sich jetzt konkret verändert hat. Sie fühlt sich ‚irgendwie' sicherer in der Gesprächsführung mit Eltern, die psychisch erkrankt sind, aber hat sich deswegen wirklich ihre Kommunikationskompetenz um eine ‚Note' verbessert? Und macht es überhaupt Sinn, auf einmal ständig von Noten zu sprechen? Zum anderen fragt sie sich, ob nicht vielleicht andere besser einschätzen könnten, ob sich etwas konkret verändert hat. Müsste man also nicht eigentlich die Klientin befragen, mit der sie letzte Woche das Gespräch geführt hat? Ihre gedankliche Zerrissenheit scheint auch ohne Worte erkennbar zu sein. „Frau Brandenburg, ich kann mir vorstellen, dass das jetzt nicht einfach zu beantworten ist", so die Teamleiterin, „aber wir müssen jetzt schon entscheiden, ob die Weiterbildung erfolgreich war oder nicht. Unsere Weiterbildungsbudgets für das nächste Jahr sind daran gekoppelt, dass wir am Ende des Jahres eine gewisse Zielerreichungsquote vorlegen. Wenn Sie mich fragen, wirken Sie seit der Weiterbildung zufriedener. Ich denke daher, dass wir die Weiterbildung als Erfolg verbuchen können. Wenn Sie einverstanden sind, halte ich in dem Formular fest, dass das vorab vereinbarte Ziel vollständig erreicht wurde. Damit halten wir uns auch weitere lästige Nachfragen vom Hals", ergänzt die Teamleiterin mit einem Augenzwinkern. Frau Brandenburg überlegt noch kurz, ob nicht spätestens nun der Moment sei, die Sinnhaftigkeit des gesamten Weiterbildungsmanagements infrage zu stellen. Irgendwie wirkt das alles für sie technisch und kalt. Da Frau Brandenburg allerdings weiß, wie ungern Kritik an neuen Verfahren und Prozessen im ASD gehört wird, schluckt sie ihren Frust hinunter, stimmt dem Vorschlag der Teamleiterin zu und widmet sich dann dem, wofür sie eigentlich da ist: der Unterstützung von Kindern, Jugendlichen und deren Familien.◄

(4) Mögliche Problemfelder
Auch hinsichtlich der Erfolgskontrolle bzw. Evaluation von Angeboten der betrieblichen Weiterbildung lassen sich zahlreiche Problemfelder konstatieren, von denen bereits einige im o. g. Praxisbeispiel angedeutet worden sind. Exemplarisch seien hier a) das Problem der fehlenden Erfolgsdefinition, b) methodische Probleme und c) das Problem der eingeschränkten Kausalität weitergehend skizziert.

(a) Zum Problem der fehlenden Erfolgsdefinition
Um die Wirkung einer Intervention bzw. eines Handlungsprogramms generell bestimmen zu können, ist es erforderlich, „(...) dass das, was hinsichtlich seiner

Wirkung verglichen wird, genau identifizierbar und beschreibbar ist" (Heiner 2005, S. 488). Voraussetzung für eine nutzenbringende Erfolgskontrolle von Angeboten der betrieblichen Weiterbildung ist somit, dass vor Beginn einer Weiterbildung annähernd klar ist, „(…) welche Ziele für welche Beteiligten erreicht werden sollen (Konstruktebene), zu welchem Zeitpunkt die (partielle) Zielerreichung erwartet wird, woran man die Zielerreichung beobachten kann (Indikatorenebene)" (Thierau-Brunner et al. 2006, S. 330).

Eben jene Voraussetzungen werden in Bezug auf Angebote der betrieblichen Weiterbildung in der Regel nicht erfüllt. Durch die oftmals nur eingeschränkte Zielformulierung vor Beginn einer Weiterbildung wird einer klassischen Wirkungsevaluation von Grund auf das nötige Fundament entrissen. Pawlowsky und Bäumer sehen genau in dieser fehlenden Zielformulierung und der damit verbundenen Frage, wann eine Weiterbildung überhaupt erfolgreich war, daher auch das zentrale Problem der Erfolgsermittlung von Angeboten der betrieblichen Weiterbildung (vgl. Pawlowsky und Bäumer 1996, S. 160).

(b) Zu den methodischen Problemen der Erfolgsermittlung
Selbst wenn vor Beginn einer Weiterbildung Ziele vereinbart und somit mögliche Erfolgsparameter gesetzt worden sind, stellt sich im Rahmen der Erfolgskontrolle die Frage, *wie* der jeweilige Erfolg nach absolvierter Weiterbildung methodisch eindeutig bestimmt werden kann, da „(…) keine wissenschaftlich anerkannte und in der Praxis bewährte Methodik der Erfolgsermittlung [existiert, S.G.]" (Pawlowsky und Bäumer 1996, S. 168). Auch Becker konstatiert ernüchternd:

> „Die Erfolgskontrolle zeigt in der Praxis noch erhebliche methodische Mängel. Messpunkte sind nicht optimal bestimmt, Messverfahren messen nicht immer, was gemessen werden sollte, und der Zugang zu den eigentlichen Messwerten (Wissen, Können, Verhalten, Einstellungen) bleibt unvollständig" (Becker 2011, S. 300).

Während die Erfassung der Zufriedenheit von Weiterbildungsteilnehmenden noch handhabbar ist, da hierfür in der Regel auf standardisierte Fragebögen zurückgegriffen werden kann, steigt die Komplexität bereits um ein Vielfaches, wenn der Lernerfolg bestimmt werden soll. Hier sehen Arnold und Pätzold immense testtheoretische Schwierigkeiten, die dazu führen, „(…) dass unter dem Stichwort Lernerfolg mitunter weniger das gemessen wird, was interessiert, als das, was sich besonders gut in Tests messen lässt" (Arnold und Pätzold 2004, S. 104). Welche Auswirkungen der Einsatz von Lerntests im Zuge der Erfolgsermittlung auf die Teilnahmemotivation vor Beginn und die Gruppendynamik während einer Weiterbildung hat, kann an dieser Stelle genauso wenig eingeschätzt werden wie der

3.2 Weiterbildungsmanagement in der Umsetzung

Umgang mit möglichen schlechten Lerntestergebnissen nach Absolvierung einer Weiterbildung. Fest steht aber, dass sich die methodischen Probleme potenzieren, wenn nicht nur der Output, sondern auch der Outcome, also die Wirkung der jeweiligen Weiterbildungsaktivitäten im Handlungsfeld bewertet werden soll.

(c) Zum Problem der eingeschränkten Kausalität
Neben einer genauen Zielbeschreibung fordert Heiner in Bezug auf eine Wirkungsanalyse auch, dass „(…) die Wirkung eindeutig auf die untersuchten Interventionen und nicht auf Reifungseffekte oder andere Einflüsse zurückzuführen ist" (Heiner 2005, S. 488). Vorausgesetzt, vor Beginn einer betrieblichen Weiterbildung sind Ziele festgelegt worden, kann der Erfolg der Weiterbildung somit nur dann eindeutig bestimmt werden, wenn sichergestellt ist, dass die Wirkung (z. B. das veränderte Verhalten des sich weiterbildenden Mitarbeitenden) eindeutig und ausschließlich als Ergebnis der Intervention (in diesem Fall der Teilnahme an einem Angebot der betrieblichen Weiterbildung) zu bewerten ist.

Eben jene Kausalkette aus Intervention und Wirkung scheint sich aber bei der betrieblichen Weiterbildung nur schwer abbilden zu lassen. So stellt Pieler mit Blick auf die Ermittlung des Erfolgs von Weiterbildungsmaßnahmen fest, dass sich dieser in der Regel nur sehr vage ermitteln lässt:

> „Zumeist scheitert der Versuch einer exakten Erfolgsmessung am Nachweis der Kausalität, d. h. der eindeutigen Rückführung von Veränderungen der Kontrollgrößen auf Weiterbildungsmaßnahmen. So ist nach einer Verkäuferschulung ungewiß, ob die gestiegenen Verkaufszahlen auf die Schulung oder externe Faktoren, beispielsweise eine konjunkturell bedingte Steigerung der Kaufkraft, zurückzuführen ist" (Pieler 2000, S. 145 f.).

Auch Faulstich ist der Meinung, dass die „(…) Zurechnung des Erfolgs zu einzelnen Maßnahmen (…) aufgrund der Vielzahl in der Organisation verknüpfter Variablen kaum gegeben [ist, S.G.]" (Faulstich 1998, S. 211).

Ottmayer geht davon aus, dass ein lupenreiner Nachweis der kausalen Verbindung von Intervention und Wirkung nur im Zuge eines Vergleichsgruppenexperiments gegeben wäre. Da dies in der Regel nicht möglich ist, vergleicht er „(…) die Jagd nach dem zweifelsfreien Beleg für den kausalen Zusammenhang von Intervention und angestrebter Wirkung" mit der „Jagd nach einem Phantom" (Ottmayer et al. 2010, S. 278).[9]

---

[9] Insbesondere die Vertreter*innen von Ansätzen des Bildungscontrollings scheinen hiervon unbeeindruckt, werden doch fortlaufend neue Instrumente und Tools – gemäß dem Motto ‚mehr von demselben' – entwickelt, die suggerieren, die o. g. fehlende eindeutige Zuordnung

3.2.4 Transfersicherung

(1) Begriffliche Einordnung

Unter dem Begriff der Transfersicherung lassen sich sämtliche Maßnahmen subsumieren, die geplant sind, um den Weiterbildungstransfer zu unterstützen (vgl. Müller et al. 2007, S. 207). Maßnahmen der Transfersicherung sollen also „(…) die Anwendung des Gelernten am Arbeitsplatz gewährleisten, d. h. (…) das ‚Carry-over-Problem' der Übertragung des Gelernten vom Lern- in das Arbeitsfeld abzuschwächen bzw. zu lösen" (Becker 2011, S. 335).

Wenngleich transfersichernde Maßnahmen häufig erst nach Beendigung einer betrieblichen Weiterbildung einsetzen[10], gibt es auch Forderungen nach einem erweiterten Verständnis von Transfersicherung. So differenzieren beispielsweise Becker und Bader zwischen der Phase der *Transfervorsteuerung* (hiermit sind sämtliche Aktivitäten bis zum Beginn einer betrieblichen Weiterbildung gemeint) und der daran anschließenden Phase der *Transfersicherung* (verstanden als das Bündel von Maßnahmen, das nach Beendigung einer Weiterbildung greift) (vgl. Becker und Bader 2019, S. 434).

Ein solches erweitertes Verständnis von Transfersicherung wird bisweilen auch als *Transfermanagement* bezeichnet. Müller, Nagel und Ihlein verstehen unter Transfermanagement

„(…) einen umfassenden Prozess der ganzheitlichen und zielgerichteten Gestaltung und Steuerung des Bildungsprozesses mit dem Ziel einer langfristigen, nachhaltigen Bildungswirkung. Die Transfersicherung stellt dagegen einen zeitlich begrenzten Abschnitt in der Prozesskette dar, der sich an die ‚Lernveranstaltung' anschließt, um sicherzustellen, dass das Gelernte am Arbeitsplatz bzw. in der Lebenssituation umgesetzt werden kann. Transfermanagement ist der weitere, umfassendere Begriff" (Müller et al. 2007, S. 196).

Da der Begriff des Transfermanagements wiederum große Nähe zum hier verwendeten Begriff des Weiterbildungsmanagements aufweist, wird der Begriff der Transfersicherung – wie von Müller, Nagel und Ihlein vorgeschlagen – nachfolgend primär auf den zeitlich begrenzten Abschnitt nach Absolvierung einer Weiterbildung beschränkt.

überwinden zu können. Hierdurch wird nicht nur die von Heiner aufgestellte Anforderung an Wirkungsanalysen untergraben, sondern zugleich eine schleichende Veränderung hinsichtlich der normativen Bewertung des Erfolgs von Angeboten der betrieblichen Weiterbildung eingeführt.

[10] Auch im Modell des Funktionszyklus von Becker wird die Phase der Transfersicherung als letzte Phase des Weiterbildungszyklus verordnet (vgl. Abschn. 3.1.2).

3.2 Weiterbildungsmanagement in der Umsetzung

(2) Funktion innerhalb des Weiterbildungsmanagements
Im Rahmen des Funktionszyklus kann die Phase der Transfersicherung als besonders bedeutsam betrachtet werden, da eine Weiterbildung erst dann erfolgreich abgeschlossen ist, „(…) wenn der Transfer des Gelernten auf die Arbeitssituation dauerhaft (…) erfolgt ist und dauerhaft anforderungsgerechte Leistung sicherstellt" (Becker 2011, S. 335). Auch Bank weist darauf hin, dass selbst „(…) wenn alle bisher erörterten Schritte von der Bedarfsfeststellung bis zur Maßnahmendurchführung reibungslos vonstattengegangen sein sollten, (…) der Erfolg einer Weiterbildungsmaßnahme nicht gesichert [ist, S.G.], solange der erzielte Lernzuwachs nicht in der alltäglichen Tätigkeit seinen Niederschlag finden kann" (Bank 1997, S. 127).

Döring geht gar davon aus, dass mit der Transfer-Frage die „Gretchenfrage" (Döring 1988, S. 68) schlechthin gestellt wird, denn „(…) Lernergebnisse der betrieblichen Weiterbildung, die sich (…) nicht auf die Berufspraxis übertragen und dort umsetzen lassen, gehen sowohl an den Lerninteressen der Teilnehmer wie auch den Betriebsinteressen des Unternehmens vorbei" (Döring 1988, S. 68). Nicht weniger deutlich werden hier Becker und Bader:

> „Letztlich interessiert nicht die Qualifizierung an sich, sondern nur, ob die damit verfolgten Ziele nachhaltig und effizient erreicht werden sowie – besser als andere Maßnahmen – zur Wertschöpfung beitragen" (Becker und Bader 2019, S. 432).

Die Transfersicherung stellt folglich eine Schlüsselfunktion im Weiterbildungsprozess dar, da sie darüber entscheidet, inwieweit bei Angeboten der betrieblichen Weiterbildung die Lernergebnisse vom Lernfeld in das Funktionsfeld übertragen werden können. Wie groß die Notwendigkeit ist, solche Maßnahmen der Transfersicherung zu betreiben, wurde bereits unter dem Stichwort des Transferproblems skizziert (vgl. Abschn. 2.3.3).

(3) Ansätze und Instrumente
Um den Transfer der Weiterbildungsinhalte vom Lern- in das Funktionsfeld möglichst umfänglich zu sichern, liegt mittlerweile eine Fülle von Ansätzen und Instrumenten vor. Bei der Entwicklung dieser Ansätze orientieren sich zahlreiche Autoren an dem Transfermodell von Baldwin und Ford (1985). Basierend auf der umfangreichen Sekundäranalyse zahlreicher Studien zur Transferproblematik kommen Baldwin und Ford zu der Erkenntnis, dass der Weiterbildungstransfer häufig von drei Einflussfaktoren abhängt: 1) dem Können und Wollen (Motivation) aufseiten des Weiterbildungsteilnehmenden, 2) dem Design des Weiterbildungsangebots

TIME PERIODS

	Before	During	After
Manager			
Trainer			
Trainee			

ROLE-PLAYERS

Abb. 3.3 Die Transfer-Matrix nach Broad und Newstrom. (Quelle: Eigene Darstellung nach Broad und Newstrom 1998, S. 52)

sowie 3) der jeweiligen Arbeitsumgebung (hier stehen insbesondere mögliche Unterstützungsangebote im Funktionsfeld sowie konkrete Anwendungsmöglichkeiten im Vordergrund) (vgl. Baldwin und Ford 1988, S. 66 ff.).

Die Grundannahmen des Modells wurden von Broad und Newstrom (1998) aufgegriffen, die die genannten drei Einflussfaktoren (Weiterbildungsteilnehmer*in, Trainer*in sowie Leitungskraft) um drei Zeitpunkte (vor Beginn, während sowie nach Abschluss einer Weiterbildung) ergänzen. Die sich hieraus ergebende Transfer-Matrix, verweist auf insgesamt „nine possible role/time combinations" (Broad und Newstrom 1998, p. 52), um steuernd auf den Lerntransfer Einfluss zu nehmen (vgl. Abb. 3.3).

Systematisierte Bedarfsanalysen vor Beginn einer Weiterbildung, verbunden mit der Klärung, welche konkreten Transferziele durch das Angebot der betrieblichen Weiterbildung erreicht werden sollen, stellen transferunterstützende Maßnahmen vor Beginn eines Weiterbildungsangebots dar, genauso wie die frühzeitige Kontaktaufnahme durch den*die Trainer*in, der*die bereits vor Beginn einer Weiterbildung dazu anregt, sich mit den Inhalten der Veranstaltung auseinanderzusetzen (vgl. Sieber Bethke 2003, S. 67 ff.).

Eine möglichst große Nähe zwischen Lern- und Anwendungsfeld herzustellen, wechselnde Kontexte einzusetzen und den Weiterbildungsteilnehmenden auch generelle Prinzipien zu vermitteln, können als transferunterstützende Maßnahmen während einer Weiterbildung betrachtet werden, ebenso der Einsatz von Transferverträgen, die unmittelbar zum Ende einer Weiterbildung zum Einsatz kommen (vgl. Kauffeld 2016, S. 134 ff.).

3.2 Weiterbildungsmanagement in der Umsetzung

Die Schaffung einer unterstützenden Lerntransferatmosphäre, die regelmäßige Erörterung von Transferproblemen nach Abschluss einer Weiterbildung, das Gewähren von Freiräumen, um das Erlernte anzuwenden, Ansätze des Coachings durch Vorgesetzte oder aber Peer-Netzwerke, die sich bereits während einer Weiterbildung gebildet haben, sind exemplarisch als Ansätze zur Transfersicherung nach Abschluss einer Weiterbildung zu benennen (vgl. Solga 2011b, S. 361 f.).

Rückbezug zum Praxisbeispiel

Seit Frau Brandenburgs Teilnahme an der Weiterbildung zum Thema ‚Gesprächsführung mit psychisch erkrankten Eltern' sind nunmehr acht Wochen vergangen. Bis dato hatte Frau Brandenburg erst einmal die Gelegenheit, die Inhalte der Weiterbildung konkret umzusetzen. Hierbei hat sie schnell gemerkt, dass sie eigentlich mehr Zeit bräuchte, um die vermittelten Weiterbildungsinhalte in ihrem konkreten Arbeitsalltag anzuwenden. Da sowohl hierfür als auch für das Lesen der im Seminar empfohlenen weiterführenden Literatur im ASD-Alltag die Zeit fehlt, verblassen langsam die Erinnerungen an die Weiterbildung. Daher ist Frau Brandenburg fast ein wenig froh, dass sie bei der nächsten Teamsitzung von den Inhalten der Weiterbildung berichten soll. Diese ‚Spielregel' wurde im Zuge des neuen Weiterbildungsmanagements eingeführt, um den Transfer der Weiterbildungsinhalte zu sichern. Folglich müssen alle ASD-Kolleginnen und -Kollegen nach Abschluss einer Weiterbildung einen kleinen Impulsvortrag zu den Inhalten der Weiterbildung in ihrem Team halten.

Da Frau Brandenburg das letzte Mal während des Studiums einen Vortrag vor einer Gruppe gehalten hat, bereitet sie sich sorgfältig vor – kein leichtes Unterfangen, da die Inhalte von zwei Tagen in zwanzig Minuten präsentiert werden sollen. Auch die Seminarunterlagen kopiert Frau Brandenburg für alle Teamkolleginnen und -kollegen. Während der Teamsitzung merkt Frau Brandenburg, dass die Tagesordnung der Teamsitzung einmal wieder (zu) voll ist. Für den letzten Top ‚Bericht aus absolvierten Weiterbildungen' stehen folglich auch nicht wie geplant zwanzig, sondern lediglich zehn Minuten zur Verfügung. Schnell händigt Frau Brandenburg die kopierten Seminarunterlagen aus und fängt mit ihrem Impulsvortrag an. Schon nach wenigen Minuten hat Frau Brandenburg allerdings den Eindruck, dass kaum jemand zuhört. Einige Kolleginnen und Kollegen zeigen offen ihr Desinteresse, indem sie bereits E-Mails auf dem Laptop schreiben, andere blättern lustlos in den Seminarunterlagen. Zum Ende der zur Verfügung stehenden Zeit möchte Frau Brandenburg noch von den interessanten Rückmeldungen der Familienrichterin hinsichtlich des

Auftretens von Sozialarbeiterinnen und Sozialarbeitern vor Gericht berichten. Zwar hat dies nichts direkt mit den Weiterbildungsinhalten zu tun, Frau Brandenburg weiß aber, dass das Thema ‚Auftreten vor Gericht' insbesondere für die jüngeren ASD-Kolleginnen und -Kollegen eine große Herausforderung darstellt. Nach kurzer Zeit wird sie aber von ihrer Teamleiterin unterbrochen: „Vielen Dank Frau Brandenburg für Ihre interessanten Ausführungen. Was eine Familienrichterin über das Auftreten von ASD-Kolleginnen und -Kollegen vor Gericht denkt, ist zwar interessant, gehört aber nicht hierhin. Zudem haben wir die zur Verfügung stehende Zeit schon überschritten. Ich beschließe daher die heutige Teamsitzung wünsche Ihnen allen eine produktive Arbeitswoche." Frustriert kehrt Frau Brandenburg in ihr Büro zurück. Die ganze Arbeit, die sie sich mit der Vorbereitung des Impulsvortrags gemacht hat, war eigentlich umsonst. Jetzt kann Frau Brandenburg auch verstehen, warum über den Flurfunk bereits getuschelt wird, dass man Weiterbildungsangebote besser nur noch privat in Anspruch nimmt, dann entfällt auch der lästige Bericht anschließend im Team. ◄

(4) Mögliche Problemfelder
Auch mit Blick auf den Teilprozess der Transfersicherung bestehen zahlreiche Herausforderungen und Problemfelder, von denen einige bereits im o. g. Praxisbeispiel Erwähnung gefunden haben. Nachfolgend werden mit dem a) Problem des technischen Transfersicherungsverständnisses, b) dem ‚Appendix-Problem', c) dem Problem der primären Individuumorientierung und d) dem Problem der unzureichenden Transfertheorien vier besonders relevante Problemfelder exemplarisch beleuchtet.

(a) Problem des technischen Transfersicherungsverständnisses
Bei der Auseinandersetzung mit Ansätzen der Transfersicherung innerhalb der betrieblichen Weiterbildung entsteht bisweilen der Eindruck, dass hier implizit ein technisches Verständnis von Transfersicherung zugrunde gelegt wird. Ähnlich wie bei der Übertragung von Gegenständen von einem zum anderen Ort wird unterstellt, „(…) dass Wissen von einer Situation, in der es erworben wird, ohne Verluste abgelöst und übertragen werden kann" (Faulstich 1998, S. 195). Um zu verhindern, dass es zwischen dem Lernfeld und dem Anwendungsfeld – i. d. R. die jeweilige Organisation der Sozialen Arbeit – zu Transferverlusten kommt, gilt es die Lernerfahrung innerhalb des Lernfeldes nur ausreichend gut mit entsprechenden ‚Tools' zu sichern. Bisweilen kommen solche – äußerst steuerungsoptimistischen – Tools zur Transfersicherung auch bereits vor Beginn eines Weiterbildungsangebots zum Einsatz. Exemplarisch sei an dieser Stelle auf die „Transferstärke-Methode" von

Koch (2018) verwiesen. Hierbei handelt es sich um ein Diagnostik-Instrument, mit dessen Hilfe Mitarbeitende in die Lage versetzt werden sollen, ihre eigene Transferstärke zu bestimmen.[11] Welches Steuerungsverständnis hierbei zugrunde liegt, wird erkennbar, wenn Koch die Funktionsweise seiner Methode mit der eines Scanners vergleicht, mithilfe dessen „im Handumdrehen die Transferstärke" (Koch 2018, S. 19) von Menschen bestimmbar ist. Koch schlägt weiter vor, die Ergebnisse der Transfer-Stärke-Analyse in ein Dokument zu übertragen, das einem Flugzeugcockpit gleicht. Anhand dieses Cockpits sieht der Mitarbeitende „auf einen Blick, an welchen Stellschrauben er quasi drehen muss, um seinen Transfer sicherzustellen. Das Cockpit zeigt ihm, wie er aktuell ‚tickt' – insbesondere in welchen Punkten er sich noch nicht optimal steuert" (Koch 2018, S. 69).

Nicht weniger steuerungsoptimistisch klingt der Untertitel der Veröffentlichung von Weinbauer-Heidel zum Thema Transfersicherung: „12 Stellhebel der Transferwirksamkeit" (Weinbauer-Heidel 2016). Sie empfiehlt Leitungskräften und Trainer*innen:

> „Legen Sie sich eine Werkzeugkiste mit fertigen Transfertools zu möglichst vielen Stellhebeln zu, in die Sie je nach Bedarf hineingreifen können" (Weinbauer-Heidel 2016, S. 324).

Transfersicherung wird damit zu einem technisch beherrschbaren Prozess, der es lediglich notwendig macht, dass die eigene Werkzeugkiste ausreichend gut bestückt ist. Wie der Begriff der Transfer*sicherung* bereits suggeriert, wird Transfer als beherrschbar – und damit auch als sicherbar – interpretiert.

(b) Die Transfersicherung als Appendix
Wenngleich insbesondere die Transfer-Matrix von Broad und Newstrom die zahlreichen Möglichkeiten der Transfersicherung auch vor Beginn und während einer Weiterbildung aufzeigt und auch Becker und Bader mit dem Begriff der „Transfervorsteuerung" (Becker und Bader 2019, S. 434) darauf verweisen, dass transfersichernde Maßnahmen nicht erst nach Abschluss einer Weiterbildung greifen sollten, scheint die Praxis des Weiterbildungsmanagements doch eher davon geprägt zu sein, dass Ansätze der Transfersicherung – so sie denn überhaupt zum Einsatz kommen – als „nachgelagerte Phase verstanden" (Stender 2009, S. 61)

---

[11] Nach Ansicht von Koch ist die subjektive Transferstärke von vier Kriterien abhängig ist: 1) der eigenen Offenheit gegenüber Veränderungen, 2) dem Maß an Selbstverantwortung für den Umsetzungserfolg der Weiterbildungsinhalte, 3) der Qualität des Rückfallmanagements im Arbeitsalltag und 4) der Fähigkeit des positiven Selbstgesprächs bei Rückschlägen (vgl. Koch 2018, S. 35 ff.).

werden. Auch Koch verweist darauf, dass Unternehmen zwar mehr Lerntransfer einfordern, auf der anderen Seite hierfür aber kaum entsprechenden Aufwand nach Weiterbildungsangeboten betreiben wollen (vgl. Koch 2018, S. 16).

Wenngleich Becker, der maßgeblich das Modell des Funktionszyklus geprägt hat, meint, dass es falsch sei, die „(…) Transfersicherung aufgrund ihrer Stellung am Ende des Funktionszyklus als Aktivität zu verstehen, die erst nach Abschluss einer Personalentwicklungsmaßnahme einsetzt" (Becker 2011, S. 331), suggeriert die von ihm gewählte Darstellung genau diesen Eindruck. Hinzu kommt, dass Becker in seinen detaillierten Ausführungen zur Vorbereitungs- und Durchführungsphase das Thema Transfer kaum berücksichtigt.

Versteht man sowohl die Transfersicherung als auch Formen der Erfolgskontrolle als einen kontinuierlichen Akt innerhalb des gesamten Weiterbildungsprozesses, dann scheint das Modell des Funktionszyklus nur begrenzt geeignet, um diese Prozesshaftigkeit abzubilden. Auch Neuberger fordert daher:

> „Bei der Planung von PE-Maßnahmen sind Transfer und Evaluation ‚einzubauen' – sie sind nicht etwas, was ausschließlich ‚danach' (nach ‚Abschluß der Maßnahme') passiert" (Neuberger 1994, S. 283).

Phasenmodelle wie das von Berthel und Becker nehmen diese Kritik auf und ordnen Maßnahmen der Transfersicherung und der Evaluation flankierend dem gesamten Weiterbildungsprozess zu (vgl. Berthel und Becker 2010, S. 407).

(c) Zum Problem der primären Individuumorientierung
Reflektiert man kritisch die Fülle von Ansätzen der Transfersicherung, so zeigt sich, dass diese in der Arbeitsumgebung primär auf die Beziehung zwischen Weiterbildungsteilnehmenden und Vorgesetzten konzentriert sind. Die Einbindung der Kolleginnen und Kollegen aus dem Team erfährt hierbei erstaunlich wenig Beachtung.

Eine solche mangelnde Berücksichtigung der unmittelbaren Kolleginnen und Kollegen ist allerdings kaum tragbar, da die „(…) Interaktion des Teilnehmers mit seiner Arbeitsumgebung (…) über den Transfererfolg [entscheidet, S.G.]. Kollegen können gewollt oder ungewollt die Umsetzung des Lernertrages durch fehlende Befähigung oder Bereitschaft zur Unterstützung des Mitarbeiters bei seiner Aufgabenerfüllung hemmen. Die Befürchtung des Mitarbeiters, negative Reaktionen bei Kollegen auszulösen, wenn er Neuerungen, die er gelernt hat, anwendet, kann den Transfer behindern, während eine bestätigende und unterstützende Reaktion der Kollegen (…) die Übertragung des Gelernten in das Arbeitsfeld fördert" (Becker

2011, S. 349). Auch Meißner benennt die Bedeutsamkeit der unmittelbaren Kolleginnen und Kollegen beim Lerntransfer und verweist hierbei auf Studien, wonach die Unterstützung durch Teammitglieder sowohl einen signifikanten positiven Einfluss auf die Motivation vor einer Weiterbildung als auch auf den Lerntransfer nach Absolvierung einer Weiterbildung haben. Sie kommt daher zu dem Ergebnis, dass „(…) die Unterstützung durch die Kollegen mindestens gleichwertig zu der Unterstützung durch den Vorgesetzten ist" (Meißner 2012, S. 161). Die aktive Einbindung der Fachkräfte aus dem Team erscheint auch zwingend geboten, wenn Angebote der betrieblichen Weiterbildung nicht auf ihre Anpassungsfunktion reduziert werden, sondern zudem auch – im Sinne ihrer Irritationsfunktion – zur Steigerung der organisationalen Lernfähigkeit beitragen sollen. Die unmittelbaren Kolleginnen und Kollegen aus dem Team nehmen hierbei wesentliche „Gate-Keeper-Funktionen" (Erath und Balkow 2016, S. 353) ein und entscheiden damit maßgeblich mit, inwiefern ein Transfer II. Ordnung möglich erscheint.

(d) Zum Problem der unzureichenden Transfertheorien
Ein weiteres Problemfeld der Transfersicherung ist deren mangelnde theoriegeleitete Absicherung. Zwar liegen unterschiedliche theoretische Konzepte zum Lerntransfer vor (vgl. Faulstich 1998, S. 197), mit Blick auf deren Praktikabilität ist es allerdings in „(…) der etwa hundertjährigen Transferforschung (…) noch nicht gelungen, eine befriedigende Transfertheorie zu entwickeln" (Bergmann und Sonntag 2006, S. 359).

Auch wenn in zahlreichen Veröffentlichungen unterschiedliche Transfertheorien benannt werden (insbesondere unter Verweis auf die Theorie der identischen Elemente, die Theorie des Prinzipientransfers und konstruktivistische Ansätze), offenbart eine Analyse dieser (vermeintlichen) Transfertheorien, dass sie weniger das konkrete Transferphänomen beleuchten als vielmehr die Gestaltung der Lernumgebung fokussieren (vgl. Solga 2011b, S. 346). Zwar ist Transfererfolg ohne vorherigen Lernerfolg nicht möglich, doch muss die alleinige Auseinandersetzung mit dem Lernfeld als unzureichend betrachtet werden, da dies „nur ein Teilgebiet des Transfers" (Meißner 2012, S. 43) abdeckt.

Obgleich auch konstruktivistische Gestaltungsprinzipien sich primär auf die Gestaltung des Lernfeldes fokussieren, ist ihnen noch am ehesten der Charakter einer praxisrelevanten Transfertheorie zuzuschreiben, da hier die anschließenden Anwendungsbedingungen stärker in den Lernprozess eingebunden sind (vgl. Bergmann und Sonntag 2006, S. 364). Allerdings wird auch hier nur unzureichend zwischen dem lernenden und dem im organisationalen Kontext handelnden Individuum differenziert, wodurch das im Rahmen der betrieblichen Weiterbildung lernende und das im organisationalen Alltag handelnde Individuum nahezu gleichgesetzt werden (vgl. Blank 2004, S. 40). Wenn der Erfolg insbesondere davon abhängt, dass der Transfer vom Lern- in das Funktionsfeld gelingt, dann scheint insbesondere für diesen Teilprozess des Weiterbildungsmanagements eine theoriegeleitete Annäherung unumgänglich.

3.3 Chancen und Grenzen eines Weiterbildungsmanagements zur Steuerung der betrieblichen Weiterbildung

Während in den vorangegangenen Ausführungen die Teilprozesse eines Weiterbildungsmanagements losgelöst voneinander beleuchtet wurden, soll nunmehr das generelle Potenzial des Weiterbildungsmanagements zwecks Steuerung der betrieblichen Weiterbildung in Einrichtungen der Sozialen Arbeit diskutiert werden, und zwar durch eine Gegenüberstellung der Chancen und Grenzen von Ansätzen des Weiterbildungsmanagements. Hierbei ist auch zu bewerten, inwieweit das Weiterbildungsmanagement – im Sinne seiner Irritationsfunktion – zur Steigerung der organisationalen Lernfähigkeit beitragen kann (Transfer II. Ordnung).

3.3.1 Chancen eines Weiterbildungsmanagements

Die bisherigen Ausführungen haben aufgezeigt, dass Ansätze des Weiterbildungsmanagements dazu beitragen können, die betriebliche Weiterbildung stärker an das Managementhandeln von Leitungskräften in Organisationen der Sozialen Arbeit anzukoppeln. In diesem Zusammenhang bieten Ansätze des Weiterbildungsmanagements nicht nur die Chance, 1) Diskurse hinsichtlich der Zielsetzung von Angeboten der betrieblichen Weiterbildung in Organisationen der Sozialen Arbeit zu initiieren, sie sorgen 2) auch dafür, dass sich Leitungskräfte zwangsläufig stärker mit Fragen der Gestaltung des Lerntransfers auseinandersetzen müssen (im Zuge des Weiterbildungsmanagements wird Transfer gezwungenermaßen zum Thema). Durch die stärkere Einbindung der betrieblichen Weiterbildung in das Leitungshandeln bieten Ansätze des Weiterbildungsmanagements zudem die Chance 3) einer Neubewertung der betrieblichen Weiterbildung in Organisationen der Sozialen Arbeit (vom ‚nice-to-have' zum ‚have-to-survive').

3.3 Chancen und Grenzen eines Weiterbildungsmanagements ...

(1) Weiterbildungsmanagement initiiert Diskurse hinsichtlich der Zielsetzung von Angeboten der betrieblichen Weiterbildung

Angebote der betrieblichen Weiterbildung erfahren im Feld der Sozialen Arbeit eine große Nachfrage. Zu diesem Ergebnis kommen zumindest die wenigen Studien, die sich auf empirischer Basis mit dem Weiterbildungsgeschehen in Organisationen der Sozialen Arbeit auseinandergesetzt haben. So konstatiert beispielsweise Höfener, dass sich das berufsbegleitende (lebenslange) Lernen für viele Fachkräfte der Sozialen Arbeit zu einem „selbstverständlichen Bestandteil der Berufsrolle entwickelt" (2005, S. 3) hat. Ähnlich stellt auch Sausele-Bayer (2011) fest, dass in pädagogischen Tätigkeitsfeldern die Mitarbeitenden die Verantwortung für die kontinuierliche Weiterbildung „ganz selbstverständlich bei sich selbst" (S. 151) sehen.

Wenngleich somit einerseits vielen Fachkräfte der Sozialen Arbeit die regelmäßige Inanspruchnahme von Angeboten der betrieblichen Weiterbildung selbstverständlich erscheint, ist diese hohe intrinsische Weiterbildungsmotivation andererseits kein Garant dafür, dass auch vor Beginn einer Weiterbildung gemeinsam mit Leitungskräften erörtert wird, warum das entsprechende Angebot in Anspruch genommen werden soll. Eigene empirische Untersuchungen ergaben, dass lediglich 31,6 % der befragten Probandinnen und Probanden zustimmen, dass vor Beginn der Weiterbildung konkrete Erwartungen hinsichtlich der Teilnahme an der Weiterbildung benannt wurden. Der überwiegende Anteil (68,4 %) verneinte diese Frage, was im Umkehrschluss bedeutet, dass gut zwei Drittel der befragten Probandinnen und Probanden an Weiterbildungsangeboten – die vollständig durch den Arbeitgeber finanziert werden – teilnimmt, obwohl völlig unklar ist, zu welchem Zweck die Teilnahme erfolgt (vgl. Gesmann 2014, S. 262 ff.). Pointiert formuliert heißt das: Für einen großen Anteil der Fachkräfte im Feld der Sozialen Arbeit ist nicht nur die Teilnahme an Angeboten der betrieblichen Weiterbildung selbstverständlich, es scheint ebenso selbstverständlich zu sein, dass keine dezidiertere Erörterung darüber stattfindet, welche konkreten Ziele mit der Teilnahme an Weiterbildungen verbunden sind.

Angebote des Weiterbildungsmanagements bieten Leitungskräften in Organisationen der Sozialen Arbeit ein Repertoire, um nicht nur den individuellen Weiterbildungsbedürfnissen der Fachkräfte die organisationale (Bedarfs-)Perspektive gegenüberzustellen, sie laden auch zu einem Diskurs hinsichtlich der Frage ein, welche konkrete Zielsetzung mit der Inanspruchnahme von betrieblicher Weiterbildung verbunden ist. Gelingt es Leitungskräften gemeinsam mit ihren Mitarbeitenden – und möglicherweise auch den Kolleginnen und Kollegen aus dem Team –, tragfähige Ziele vor Beginn einer Weiterbildung zu formulieren, besteht auch die Möglichkeit, nach Abschluss einer Weiterbildung den Erreichungsgrad der vorab formulierten Ziele zu überprüfen. Angebote des Weiterbildungsmanagements können Leitungskräfte folglich nicht nur bei der Planung von betrieblicher Weiterbildung unterstützen, sie bieten ihnen zugleich Zugänge, um auch kontrollierend in das Weiterbildungsgeschehen einzugreifen. Da jede Form der Kontrolle mit unvorhersehbaren Risiken und Nebenwirkungen behaftet sein kann, bedarf es beim Einsatz von Instrumenten der Erfolgskontrolle eines behutsamen und reflektierten Vorgehens.

(2) Weiterbildungsmanagement macht Transfer zum Thema
Neben der Chance, mithilfe von Weiterbildungsmanagement als Leitungskraft stärker planend und kontrollierend auf das Weiterbildungsgeschehen Einfluss zu nehmen, tragen Ansätze des Weiterbildungsmanagements auch dazu bei, Fragen des Transfers in Organisationen der Sozialen Arbeit zum Thema zu machen. Denn selbst wenn in der Planungsphase von betrieblicher Weiterbildung noch so sorgfältig zwischen individuellen Bedürfnissen und organisationalen Bedarfen abgewogen wird, selbst wenn es gelingt, tragfähige Ziele gemeinsam mit den Mitarbeitenden zu entwickeln, so steht und fällt der Erfolg von Angeboten der betrieblichen Weiterbildung dennoch damit, ob der anschließende Transfer der Weiterbildungsinhalte vom Lern- in das Funktionsfeld gelingt. Blickt man in die Praxis der Sozialen Arbeit, dann scheint die reflektierte Auseinandersetzung mit Fragen des Lerntransfers in vielen Einrichtungen und Diensten nach wie vor ein ‚blinder Fleck' zu sein. Vielmehr wird implizit davon ausgegangen, dass ein hohes Maß an Zufriedenheit und ein gewisser Lernerfolg am Ende einer Weiterbildung ein Garant dafür sei, dass auch der anschließende Lerntransfer gelingt. Folglich wird bisweilen viel Mühe investiert, um ‚passende' Weiterbildungsangebote zu finden. Eine reflektierte Auseinandersetzung mit der möglicherweise fehlenden Passung zwischen Lern- und Funktionsfeld scheint allerdings häufig nur ‚zwischen Tür und Angel' oder gar nicht stattzufinden (vgl. Gesmann 2014, S. 272; Becker und Bader 2019, S. 432).

Wenn Ansätze des Weiterbildungsmanagements von der Annahme geleitet werden, dass gelingender Transfer eher unwahrscheinlich ist, gilt es, Maßnahmen der Transfersicherung nicht erst nach Abschluss einer Weiterbildung zu initiieren, vielmehr muss der gesamte Weiterbildungsprozess konsequent transferorientiert ausgerichtet werden. Bereits bei der Erörterung, welche Ziele durch die Teilnahme an betrieblicher Weiterbildung erreicht werden sollen, gilt es Fragen des Weiterbildungstransfers zu thematisieren. Im Idealfall bilden dann nicht nur Lern-, sondern auch Transferziele den Ausgangspunkt für die weitere Planung des Weiterbildungsprozesses.

Gelingt es darüber hinaus, nicht nur einen Transfer I. Ordnung stärker zu fokussieren, bei dem die Übertragung der Weiterbildungsinhalte vom Lern- in

3.3 Chancen und Grenzen eines Weiterbildungsmanagements ...

das Funktionsfeld im Fokus der Betrachtung steht, sondern auch einen Transfer II. Ordnung, der auf die Steigerung der organisationalen Lernfähigkeit ausgerichtet ist, dann können Angebote der betrieblichen Weiterbildung nachhaltig zur Überlebenssicherung von Organisationen der Sozialen Arbeit beitragen.

(3) Weiterbildungsmanagement regt zur Neubewertung der betrieblichen Weiterbildung an (vom ‚nice-to-have' zum ‚have-to-survive')
Blickt man in die Praxis der Sozialen Arbeit, so entsteht bisweilen der Eindruck, die betriebliche Weiterbildung stelle ein ‚nice-to-have' (Gesmann 2015, S. 24) dar, dass man sich in ‚guten Zeiten' erlaubt, auf das man in ‚schlechten Zeiten' aber auch getrost wieder verzichten kann.

Vergegenwärtigt man sich allerdings, dass die Qualität der zu erbringenden sozialen Dienstleistungen trotz Ko-Produktion durch die Klienten bzw. Klientinnen stets auch von der Motivation und den Qualifikationen und Kompetenzen der Fachkräfte abhängt, dann wird offenkundig, dass eine betriebliche Weiterbildung, die lediglich ein ‚nice-to-have' darstellt, der Bedeutsamkeit der Ressource Personal in Organisationen der Sozialen Arbeit per se nicht gerecht wird.

Insbesondere in ‚schlechten Zeiten', wenn möglicherweise aufgrund von finanziellen Einsparungen Mitarbeitende zusätzliche – möglicherweise neue – Aufgaben übernehmen müssen oder wenn organisationale Anpassungen erforderlich sind, die auch dazu beitragen, dass vorhandene Routinen durch neue ersetzt werden, ist es die betriebliche Weiterbildung, die nachhaltig dazu beiträgt, die Qualifikationen und Kompetenzen der Mitarbeitenden an die neuen Rahmenbedingungen anzupassen. In der Krise auf Angebote der betrieblichen Weiterbildung zu verzichten, ist in etwa so, als würde einem Ertrinkenden der überlebenssichernde Rettungsring verweigert werden.

Aber auch in ‚guten Zeiten' sind Organisationen der Sozialen Arbeit gezwungen, „immanent unruhig" (Luhmann 1984, S. 77) zu sein. Sie müssen folglich kontinuierlich beobachten, ob die vorhandenen Routinen noch zu den Anforderungen der Umwelt passen. Aus diesem Grund sind Organisationen der Sozialen Arbeit darauf angewiesen, ein hohes Maß an organisationaler Lernfähigkeit auszubilden. Wie zuvor aufgeführt, bedeutet dies nicht, kontinuierlich Veränderung zu erzeugen, sondern vielmehr kontinuierlich Irritationen in die Organisation zu holen, um auf deren Basis die Sinnhaftigkeit der vorhandenen Handlungsroutinen kritisch auf den Prüfstand zu stellen. Mit der hier skizzierten Irritationsfunktion von Angeboten der betrieblichen Weiterbildung können diese nachhaltig dazu beitragen, die Lernfähigkeit der Organisation zu steigern.

Zusammenfassend spricht somit vieles dafür, Angebote der betrieblichen Weiterbildung nicht als ‚nice-to-have' zu betrachten, dass man sich ab und an einmal leisten kann, vielmehr gilt es die betriebliche Weiterbildung als ein ‚have-to-survive' einzuordnen, das sowohl in ‚guten' als auch in ‚schlechten Zeiten' erforderlich ist, um das organisationale Überleben von Einrichtungen und Diensten der Sozialen Arbeit zu sichern.

Ansätze des Weiterbildungsmanagements können nicht nur dazu anregen, eine solche Neubewertung der betrieblichen Weiterbildung in Organisationen der Sozialen Arbeit vorzunehmen, sie bieten zugleich das nötige Rüstzeug, um die betriebliche Weiterbildung – ihrem Stellenwert entsprechend – auch in das Steuerungshandeln von Leitungskräften einzubinden.

3.3.2 Grenzen eines Weiterbildungsmanagements

Wenngleich dem Weiterbildungsmanagement also durchaus Chancen zu attestieren sind, die betriebliche Weiterbildung stärker organisational einzubinden, lassen sich Grenzen traditioneller Weiterbildungsmanagementansätze konstatieren. So besteht 1) die Gefahr, dass das vorhandene Prinzip des ‚Durchwurstelns' in der betrieblichen Weiterbildung durch das entgegengesetzte Prinzip der trivialisierenden (Total-)Planung ersetzt wird. Darüber hinaus stellt 2) die stark individuumorientierte Betrachtung von Ansätzen des Weiterbildungsmanagements ein begrenzendes Element dar, da hierdurch die strukturell gekoppelten sozialen Subsysteme (i. d. R. die Teamkolleginnen und -kollegen) im Weiterbildungsprozess nicht hinreichend Beachtung finden. Ebenfalls begrenzend wirkt sich 3) die fehlende theoretische Fundierung von Ansätzen des Weiterbildungsmanagements aus.

(1) Vom Prinzip des Durchwurstelns zum Prinzip der trivialisierenden (Total-) Planung
Für die einzelnen Teilprozesse des Weiterbildungsmanagements wurde bereits punktuell auf das eher mechanistische Managementverständnis verwiesen, das den entsprechenden Ansätzen implizit zugrunde zu liegen scheint.

Aus einer solchen steuerungsoptimistischen Perspektive lassen sich Weiterbildungsbedarfe technokratisch und simplifizierend mithilfe von Soll-Ist-Vergleichen feststellen, (Lern-)Ziele können folglich eindeutig und weitgehend operationalisiert werden, der Erfolg von betrieblicher Weiterbildung kann mithilfe komplexer Formeln auf den Euro genau beziffert werden und der Transfer scheint sich fast von alleine einzustellen, vorausgesetzt, er ist mit entsprechenden Maßnahmen ausreichend gut gesichert.

3.3 Chancen und Grenzen eines Weiterbildungsmanagements ...

Ansätze des Weiterbildungsmanagements mit einem solchen *Steuerungswahn* zu überfrachten birgt das Risiko, das bisweilen bestehende Prinzip des Durchwurstelns (vgl. Abschn. 2.4) durch das entgegengesetzte Prinzip der trivialisierenden (Total-)Planung zu ersetzen. Hierbei werden mechanistische Steuerungsvorstellungen, wie sie in Bezug auf Trivialmaschinen durchaus ihre Berechtigung haben, unreflektiert auf den Bereich der betrieblichen Weiterbildung übertragen. Komplizierte Systeme – wie beispielsweise der Motor eines Autos – werden folglich mit komplexen Systemen – wie das Weiterbildungsgeschehen –gleichgesetzt. Erzeugen die jeweils eingesetzten Instrumente (im Zuge der Bedarfsanalyse, der Zielformulierung, der Erfolgskontrolle oder der Transfersicherung) dann nicht die intendierte Wirkung, wird die Begründung hierfür häufig in der fehlenden Präzision (oder der unzureichenden Umsetzung) der Instrumente gesehen. Gemäß dem Motto ‚mehr von demselben' werden folglich immer kompliziertere Instrumente entwickelt, statt der vorhandenen Komplexität mit der bisweilen nötigen Demut zu begegnen.

Eine solche trivialisierende (Total-)Planung weckt nicht nur utopische Erwartungen hinsichtlich der Steuerung betrieblicher Weiterbildung, sie kann auch dazu führen, dass Mitarbeitende in der Sozialen Arbeit Angebote der betrieblichen Weiterbildung zukünftig deutlich verhaltener wahrnehmen, da Steuerungsversuche der Leitungskräfte zuvorderst als Kontrollversuche interpretiert werden. In der Folge würden Leitungskräfte zwar über ein beachtliches Repertoire an Instrumenten zur Steuerung der betrieblichen Weiterbildung verfügen, das aber letztlich nicht mehr notwendig wäre, wenn die Mitarbeitenden Weiterbildungsangebote entweder nur noch in ihrer Freizeit oder schlichtweg gar nicht mehr in Anspruch nehmen würden.

(2) Zur fehlenden Einbindung sozialer Subsysteme
Neben der trivialisierenden Steuerungslogik, die Ansätzen des Weiterbildungsmanagements zugrunde zu liegen scheint, muss auch die unzureichende Einbindung sozialer Subsysteme (i. d. R. den Teams in Organisationen) als begrenzendes Moment von traditionellen Ansätzen des Weiterbildungsmanagements konstatiert werden. Implizit wird hier der Eindruck erweckt, das Weiterbildungsgeschehen würde ausschließlich die sich weiterbildende Fachkraft betreffen. Eine solche – stark verkürzte – Wahrnehmung verkennt, dass das soziale Subsystem, dem der*die sich weiterbildende Mitarbeiter*in angehört, stets direkt oder indirekt von der Weiterbildung des*der Einzelnen betroffen ist und folglich innerhalb des Weiterbildungsmanagements nicht ungestraft weggedacht werden kann. Direkt ist das soziale Subsystem involviert, da die Teamkolleginnen und -kollegen i. d. R. eine kompensatorische Funktion für die Zeit einnehmen müssen, in der das jeweilige Organisationsmitglied an einer Weiterbildung teilnimmt und folglich die ihm qua Rolle obliegenden Aufgaben nicht übernehmen kann. Indirekt ist das jeweilige

soziale Subsystem an dem Weiterbildungsprozess beteiligt, da aufgrund der in der Regel recht engen strukturellen Kopplungen zwischen den einzelnen Personen und der sie verbindenden organisationalen Einheit ‚Team' weiterbildungsbedingte Veränderungen Einzelner auch auf die anderen Organisationsmitglieder einwirken. Wenn z. B. die im Bereich systemischer Beratung weitergebildete Fachkraft nach der Absolvierung seiner Weiterbildung tatsächlich dauerhaft die Art der Beratung von Klientinnen und Klienten verändert, hat dies auch Konsequenzen für das Team, in dem er oder sie tätig ist. Etwa weil Klientinnen und Klienten miteinander im Austausch stehen und nun auch andere Klientinnen und Klienten von ihrem*ihrer Berater*in einfordern, nach dieser *neuen* und vermeintlich *erfolgversprechenden Methode* beraten zu werden, oder aber weil ein*e Klient*in der sich systemisch weitergebildeten Fachkraft während dessen*deren Urlaub von einer anderen Fachkraft aus dem Team weiterbetreut wird, der*die nun eine völlig andere Beratungsform praktiziert (und dies auch so von dem Klienten bzw. der Klientin gespiegelt bekommt).

An dieser Stelle soll kein Plädoyer dafürgehalten werden, dass alle Mitarbeitenden eines Teams die gleiche Beraterausbildung absolvieren müssen[12], sondern vielmehr ein Verständnis dafür geweckt werden, dass jeder Versuch zur Umsetzung der Weiterbildungsinhalte in der beruflichen Praxis stets auch vom jeweils strukturell gekoppelten sozialen System beobachtet wird und ihm eine Reaktion abverlangt. Wird das weiterbildungsbedingte neue Wissen, die neue Methode, das neue Verhalten des*der Einzelnen als zu große Irritation innerhalb des sozialen Systems bewertet, droht die Gefahr, dass eine Aktivierung des systemeigenen ‚Immunsystems' erfolgt und hierdurch entsprechende Abwehrmechanismen eingeleitet werden, die auf die Wiederherstellung des Status quo drängen (vgl. Köster 2003, S. 260).

Soll die Aktivierung des ‚Immunsystems' und der damit verbundene Aufbau von Transferbarrieren verhindert werden, gilt es Teams frühzeitig (also möglichst bereits vor Beginn der Weiterbildung) und umfassend (also insbesondere auch nach Beendigung der Weiterbildung) in das Weiterbildungsgeschehen des/der Einzelnen einzubinden.

Eine solche frühzeitige und umfassende Einbindung des sozialen Subsystems dürfte nicht nur eine förderliche Wirkung hinsichtlich eines Transfers I. Ordnung ausüben, sondern auch einen Transfer II. Ordnung begünstigen.[13]

---

[12] Vielmehr wird hier die Meinung vertreten, dass es sehr bereichernd für ein Team sein kann, wenn unterschiedliche theoretische fundierte Beratungsansätze vertreten werden, die es beispielsweise ermöglichen, Hypothesen hinsichtlich der Problemlage eines Klienten bzw. einer Klientin aus unterschiedlichen Blickwinkeln zu betrachten.

[13] Ausführlicher hierzu Abschn. 4.3.2.

3.3 Chancen und Grenzen eines Weiterbildungsmanagements ...

(3) Zur fehlenden theoretischen Fundierung von Ansätzen des Weiterbildungsmanagements

Bereits in den Ausführungen zu möglichen Problemfeldern der Transfersicherung wurde auf die unzureichende theoriegeleitete Auseinandersetzung mit Transferphänomenen hingewiesen. Was bisweilen unter dem Label der Transfertheorie proklamiert wird, entpuppt sich bei genauerer Betrachtung nicht selten als Versuch, lerntheoretische Annahmen ‚irgendwie' auf den Bereich des Weiterbildungstransfers zu übertragen (vgl. Abschn. 3.2.4). Die unzureichende theoretische Fundierung prägt aber nicht nur den Teilprozess der Transfersicherung, sondern durchzieht sämtliche Teilprozesse (Bedarfsanalyse, Ziele setzen, Erfolgskontrolle und – wie benannt – Transfersicherung) des Weiterbildungsmanagements. Wenngleich innerhalb der einzelnen Teilprozesse immer wieder Theoriefragmente punktuell sichtbar sind, werden sie in den seltensten Fällen für das verwendet, was unter anderem die Funktion von Theorie ist:

> „Theorien vermitteln eine Außenperspektive auf ein Geschehen (…). Sie gewinnen ihre Nützlichkeit dadurch, dass sie dem Akteur, der in das Geschehen verwickelt ist, den Blick auf Möglichkeiten, Chancen und Risiken eröffnen, die ihm andernfalls aufgrund der Beschränktheit seiner Innenperspektive verborgen bleiben würden. Deswegen sind Theorien sehr praktisch" (Simon 2012b, S. 7).

Insbesondere die theoriegeleitete Auseinandersetzung mit möglichen Risiken des Weiterbildungsmanagements erfährt in den einzelnen Teilprozessen häufig nur wenig Beachtung, sei es beispielsweise das Risiko, dass im Teilprozess ‚Bedarfsanalyse' organisational geprägte Bedarfe und individuell verortete Bedürfnisse unreflektiert gleichgesetzt werden, das Risiko im Teilprozess ‚Ziele setzen', dass nur solchen Zielen Beachtung geschenkt wird, die vorab auch auf dem Zielradar als beobachtungswürdig eingeordnet wurden, oder aber das Risiko im Teilprozess ‚Erfolgskontrolle', dass der Einsatz komplexer Kontrollinstrumente möglicherweise Auswirkungen auf die Bereitschaft zur Teilnahme an Angeboten der betrieblichen Weiterbildung hat. Eine konsequente theoretische Einordnung der jeweiligen Teilprozesse könnte hilfreich sein, um neben den Chancen des Weiterbildungsmanagements in Organisationen der Sozialen Arbeit auch eine reflektierte Auseinandersetzung mit etwaigen Risiken zu eröffnen.

Möglicherweise dient eine stärkere theoretische Rahmung von Ansätzen des Weiterbildungsmanagements auch dazu, theoriegeleitet entscheiden zu können, welche Methoden und Instrumente mit welcher dahinterstehenden Steuerungserwartung im Weiterbildungsmanagement zum Einsatz kommen – und welche gegebenenfalls auch nicht. Da traditionellen Ansätzen des Weiterbildungsmanagements eben jene theoretische Rahmung zu fehlen scheint, entsteht bisweilen der Eindruck, dass sich hinter dem Label des Weiterbildungsmanagements lediglich ein ‚Werkzeugkoffer' von Methoden und Techniken verbirgt, die in gewisser Weise austauschbar erscheinen. Abhängig davon, wer diesen Werkzeugkoffer bestückt und anschließend anwendet, kommen folglich sehr unterschiedliche Methoden und Techniken zum Einsatz, die mit sehr unterschiedlichen Steuerungserwartungen aufgeladen sind. Dies birgt die Gefahr, dass Ansätze des Weiterbildungsmanagements in die Beliebigkeit abgleiten.

Insbesondere wenn Weiterbildungsmanagement auch bewirken soll, dass das weiterbildungsbedingte Lernen des*der Einzelnen zur Steigerung der organisationalen Lernfähigkeit beiträgt, bedarf es einer Theorie, die eine Verbindung und zugleich eine Abgrenzung zwischen individuellem Lernen bzw. individueller Lernfähigkeit und organisationalem Lernen bzw. organisationaler Lernfähigkeit ermöglicht. Ohne eine solche vertiefende theoretische Auseinandersetzung ließe sich das Lernen Einzelner irrtümlich bereits als Ausdruck des Lernens einer Organisation betrachten bzw. die individuelle Lernfähigkeit von Fachkräften der Sozialen Arbeit mit der Lernfähigkeit von Organisationen gleichsetzen.

Rückbezug zum Praxisbeispiel

Seit der Einführung des Weiterbildungsmanagements im ASD des Jugendamts der Stadt Musterhausen sind nunmehr knapp zwei Jahre vergangen. Rückblickend muss sich die ASD-Leiterin Frau Sondermann eingestehen, dass sich ihre Erwartung, das Weiterbildungsgeschehen hierdurch in den Griff zu bekommen, nicht erfüllt hat. Lediglich der Kämmerer spricht von einem ‚tollen Erfolg', da im letzten Jahr gut ein Viertel weniger Geld für die Weiterbildung der Kolleginnen und Kollegen im ASD ausgegeben wurde. Selbstkritisch fragt sich Frau Sondermann allerdings, ob es wirklich als Erfolg bezeichnet werden kann, wenn viele der Kolleginnen und Kollegen Weiterbildungen nur noch privat in Anspruch nehmen, um damit dem engen Korsett aus Bedarfsanalyse, Zielformulierungen, Kontrollen und Transfersicherungsmaßnahmen zu entgehen.

Eigentlich – so denkt Frau Sondermann – hätte sie schon früher skeptisch sein müssen. Dass in den letzten beiden Jahren scheinbar problemlos die vorab gesetzten Zielerreichungsquoten bei den Weiterbildungen erfüllt wurden, erscheint ihr im Rückblick erklärungsbedürftig. Nur zu gut erinnert sie sich auch an die letzte Weihnachtsfeier, als ihr der stellvertretende

ASD-Leiter – nach einem Glas Wein zu viel – sagte: „Dieses ganze Weiterbildungsmanagement ist doch eigentlich nur Makulatur. Alle spielen mit, alle tun so, als ob es funktioniert, dabei wissen doch eigentlich alle, dass es nichts bringt." Wenngleich Frau Sondermann nach wie vor der Meinung ist, dass es ein Weiterbildungsmanagement braucht, allein schon deshalb, um den Kolleginnen und Kollegen Unterstützung beim Transfer des Erlernten in den ASD zu bieten, muss sie sich eingestehen, dass es mit dem bisherigen Weiterbildungsmanagementkonzept so nicht weitergehen kann.

Umso interessierter ist sie, als sie davon hört, dass sich nunmehr im Feld der Sozialen Arbeit auch ein systemtheoretisches Managementverständnis – und damit verbunden auch ein systemisches Verständnis von Weiterbildungsmanagement – etabliert. Interessiert liest sie erste Veröffentlichungen hierzu und stellt fest, dass ein solches Verständnis von Weiterbildungsmanagement dem klassischen – bei ihnen im ASD umgesetzten – Weiterbildungsmanagement bisweilen diametral entgegensteht. Erstmalig bekommt sie nun auch eine Idee, warum der Wunsch nach ,In-den-Griff-Bekommen' zwar nachvollziehbar, aber in Bezug auf Managementfragen wenig angebracht erscheint.

Gleichzeitig keimt bei Frau Sondermann die Hoffnung auf, dass eine systemtheoretische Rahmung von Ansätzen des Weiterbildungsmanagements bei einigen Kolleginnen und Kollegen Interesse auslösen könnte, schließlich gibt es in vielen Teams ausgebildete systemische Beraterinnen und Berater. In einem gemeinsamen Gespräch mit ihrem Stellvertreter berichtet Frau Sondermann von den Grundannahmen eines systemischen Weiterbildungsmanagements. Zum ersten Mal hat Frau Sondermann das Gefühl, dass sich ihr Stellvertreter wirklich für die Idee des Weiterbildungsmanagements interessiert. Am Ende des gemeinsamen Gesprächs kommen Frau Sondermann und ihr Stellvertreter zu dem Ergebnis: „Das könnte funktionieren. Lass es uns in kleinen Schritten ausprobieren. Vielleicht haben wir dann eine Chance, dass sich ein Weiterbildungsmanagement bei uns entfalten kann."◄

3.4 Konsequenzen für das Leitungshandeln in Einrichtungen der Sozialen Arbeit

Wenn die betriebliche Weiterbildung die an sie gerichtete Zielstellung erfüllen will, sei dies nun ausschließlich im Sinne der originären Anpassungsfunktion (Transfer I. Ordnung) oder zudem im Sinne der erweiterten Irritationsfunktion

(Transfer II. Ordnung), dann scheint es – insbesondere unter Berücksichtigung der massiven Transferprobleme (vgl. Abschn. 2.3.3) – unumgänglich, dass Leitungskräfte stärker steuernd auf die betriebliche Weiterbildung Einfluss nehmen.

Ansätze des Weiterbildungsmanagements – so konnte aufgezeigt werden – bieten hier das Potenzial, Angebote der betrieblichen Weiterbildung vom Prinzip des *Durchwurstelns* zu befreien. Dies kann nicht nur Diskurse hinsichtlich der Zielsetzung von betrieblicher Weiterbildung eröffnen, es findet zugleich eine verstärkte Auseinandersetzung mit Fragen des Weiterbildungstransfers statt ('Transfer wird zum Thema'). Bewertet man Angebote der betrieblichen Weiterbildung nicht länger als ein ‚nice-to-have', sondern vielmehr als ein ‚have-to-survive', dann ist eine stärkere Einbindung in das Steuerungshandeln von Leitungskräften unumgänglich. Damit einhergehend benötigen Manager*innen in Organisationen der Sozialen Arbeit ein entsprechendes Steuerungsinstrumentarium, das ihnen mit Ansätzen des Weiterbildungsmanagements geboten wird. Es scheint folglich nicht länger um die Frage zu gehen, *ob* Leitungskräfte in Organisationen der Sozialen Arbeit Ansätze des Weiterbildungsmanagements benötigen, sondern vielmehr um die Frage, *wie* diese anschlussfähig implementiert und dauerhaft umgesetzt werden können.

Hierbei ist allerdings ein behutsames und reflektiertes Vorgehen geboten, zum einen, um zu verhindern, dass Weiterbildungsmanagement dazu beiträgt, das bestehende Prinzip des Durchwurstelns durch ein Prinzip der trivialisierenden (Total-)Planung zu ersetzen. Zum anderen gilt es sorgsam zu prüfen, welche Funktion die bisherige ‚Nicht-Steuerung' der Weiterbildung in der Organisation eingenommen hat. Wenn Weiterbildungen in der Vergangenheit auch eingesetzt wurden, um den Mitarbeitenden einmal eine Auszeit vom häufig stressigen Alltag zu gewähren, wenn besonders motivierte Fachkräfte durch Weiterbildungen für ihr Engagement belohnt wurden oder wenn besonders ‚herausfordernde' Mitarbeitende allein deswegen umfangreiche Weiterbildungsangebote erhielten, um sie hierdurch – zumindest punktuell – von ihren eigentlichen Aufgaben zu entbinden, was möglicherweise ein ‚kollektives Durchatmen' im Team erlaubt hat, dann gilt es sorgsam zu prüfen, ob diese – durchaus funktionalen – Motive für die ‚Nicht-Steuerung' der betrieblichen Weiterbildung auch dann noch Berücksichtigung finden können, wenn die Weiterbildung im Zuge des Weiterbildungsmanagements stärker an das Leitungshandeln angekoppelt wird.

Wenn Ansätze des Weiterbildungsmanagements in Organisationen der Sozialen Arbeit umgesetzt werden, gilt es darüber hinaus die jeweils strukturell gekoppelten sozialen Subsysteme deutlich stärker in den Blick zu nehmen.

Werden im Zuge der Bedarfsanalyse und Zielformulierung die Belange der Teamkolleginnen und -kollegen außen vor gelassen, könnten diese mit offenen oder verdeckten Abwehrtendenzen reagieren, sobald das neu erlernte Wissen, die neu erlernten Methoden oder Techniken des*der Einzelnen nach Abschluss einer Weiterbildung in der täglichen Praxis angewandt werden. Die mangelnde Einbindung der sozialen Subsysteme hat aber nicht nur Auswirkungen auf einen Transfer I. Ordnung, sie führt auch dazu, dass das Irritationspotenzial von externen Angeboten der betrieblichen Weiterbildung kaum eine Chance hat, zur Steigerung der organisationalen Lernfähigkeit beizutragen (hier als Transfer II. Ordnung bezeichnet). Ähnlich wie bereits mit Blick auf Ansätze des Weiterbildungsmanagements konstatiert, scheint es folglich nicht um die Frage zu gehen, *ob* das jeweilige soziale Subsystem in das Weiterbildungsmanagement integriert wird, sondern lediglich darum, *wie* eine solche Einbindung der Kolleginnen und Kollegen erfolgen kann, ohne hierdurch die Komplexität des Weiterbildungsgeschehens so stark zu steigern, dass Steuerung kaum mehr möglich ist.

Hilfestellung kann eine konsequente theoretische Verordnung von Ansätzen des Weiterbildungsmanagements bieten. Hierfür bedarf es allerdings einer Theorie, die grundlegend der Komplexität des Gegenstands gerecht wird, die die Steuerung von komplexen Systemen folglich nicht mit der Steuerung von komplizierten Systemen verwechselt (oder gleichsetzt), die die Dynamik zwischen Mitarbeitenden und den strukturell gekoppelten Teams präziser zu beleuchten vermag, die die zentralen Unterschiede zwischen Lernfeld und Anwendungsfeld berücksichtigt und die weitergehende Orientierung dahingehend bietet, wie individuell erfahrene Irritationen während externer Weiterbildung auch organisationales Lernen begünstigen kann. Wie im nächsten Kapitel aufgezeigt wird, scheinen die Annahmen der neueren Systemtheorie diesen Anforderungen gerecht zu werden.

Literatur

Albus, St. & Polutta, A. (2008). Ergebnisse und Wirkungen im Feld der Sozialen Arbeit. In Bielefelder Arbeitsgruppe (Hrsg.), *Soziale Arbeit in Gesellschaft* (S. 260–267). Wiesbaden: VS.
Allespach, M. (2005). *Betriebliche Weiterbildung als Beteiligungsprozess. Subjektive Bedeutsamkeiten als Grundlage für eine partizipative Bildungsplanung.* Marburg: Schüren.
Arnold, R. (1997). *Betriebspädagogik.* Berlin: Erich Schmidt.
Arnold, R. & Krämer-Stürzl, A. (1995). Zugänge und Methoden zur Evaluierung von Weiterbildung. In J. E. Feuchthofen & E. Severing (Hrsg.), *Grundlagen der Weiterbildung.*

Qualitätsmanagement und Qualitätssicherung in der Weiterbildung (S. 3–21). Neuwied: Luchterhand.
Arnold, R. & Lermen, M. (2004). Die Systematik des Bedarfs: „Es geht eigentlich um etwas ganz anderes". *REPORT 2/2004 Literatur- und Forschungsbericht Weiterbildung, 27* (S. 9–16).
Arnold, R. & Pätzold, H. (2004). Qualitätsstandards in der Erwachsenenbildung. In F. Peterander & O. Speck (Hrsg.), *Qualitätsmanagement in sozialen Einrichtungen* (S. 102–113). München: Reinhardt.
Arnold, R., Krämer-Stürzl, A. & Siebert, H. (1999). *Dozentenleitfaden. Planung und Unterrichtsvorbereitung in Fortbildung und Erwachsenenbildung.* Berlin: Cornelsen.
Arnold, R., Krämer-Stürzl, A. & Siebert, H. (1999). *Dozentenleitfaden. Planung und Unterrichtsvorbereitung in Fortbildung und Erwachsenenbildung.* Berlin: Cornelsen.
Bader, V. (2017). *Lerntransfermanagement. Eine explorative Studie zu Einsatz und Ausgestaltung der Sicherung des Lerntransfers in der innerbetrieblichen Weiterbildung.* Lohmar: Josef Eul.
Baldwin, T. T. & Ford, K. J. (1988). Transfer of Training: A Review and directions for future Research. *Personal Psychology, 41* (S. 63–105).
Bank, V. (1997). *Controlling in der betrieblichen Weiterbildung.* Köln: Botermann und Botermann.
Becker, F. G. & Bader, V. (2019). Transfersteuerung in der Personalentwicklung: Sine-qua-non der betrieblichen Wertschöpfung. In P. Ulrich & B. Baltzer (Hrsg.), *Wertschöpfung in der Betriebswirtschaftslehre. Festschrift für Prof. Dr. habil. Wolfgang Becker zum 65. Geburtstag* (S. 431–450). Wiesbaden: Springer.
Becker, M. (2005). *Personalentwicklung. Bildung, Förderung und Organisationsentwicklung in Theorie und Praxis.* Stuttgart: Schäffer-Poeschel.
Becker, M. (2011). *Systematische Personalentwicklung. Planung, Steuerung und Kontrolle im Funktionszyklus.* Stuttgart: Schäffer-Poeschel.
Bergmann, B. & Sonntag, K. (2006). Transfer. Die Umsetzung und Generalisierung erworbener Kompetenzen in den Arbeitsalltag. In K. Sonntag (Hrsg.), *Personalentwicklung in Organisationen* (S. 355–388). Göttingen: Hogrefe.
Berthel, J. & Becker, F. G. (2010). *Personal-Management. Grundzüge für Konzeptionen betrieblicher Personalarbeit.* Stuttgart: Schäffer-Poeschel.
Berthel, J. & Becker, F. G. (2022). *Personal-Management. Grundzüge für Konzeptionen betrieblicher Bildungsarbeit.* Stuttgart: Schäffer-Poeschel.
Blank, St. (2004). *Evaluation im Kontext des organisationalen Lernens. Der Beitrag reflexiver Bewertungsoperationen zur Entwicklung lernender Systeme.* Tübingen.
Bloom, B. S. (1972). *Taxonomie von Lernzielen im kognitiven Bereich.* Weinheim: Beltz.
Böttcher, W. & Merchel, J. (2010). *Einführung in das Bildungs- und Sozialmanagement.* Leverkusen: Budrich.
Braun, B. (2010). Curriculare Planungsphasen von Lehr-/Lernprozessen in der Aus- und Weiterbildung. In Chr. Negri (Hrsg.), *Angewandte Psychologie für die Personalentwicklung. Konzepte und Methoden für Bildungsmanagement, betriebliche Aus- und Weiterbildung* (S. 131–153). Berlin: Springer.
Broad, M L. & Newstorm, J. W. (1998). *Transfer of Training. Action-Packed Strategies to Ensure High Payoff from Training Investments.* New York: Perseus Books.

Literatur

Bronner, R. & Schröder, W. (1983). *Weiterbildungserfolg. Modelle und Beispiele systematischer Erfolgssteuerung*. München: Hanser.

Döring, K. W. (1988). *Weiterbildung im System. Zur Professionalisierung des quartären Bildungssektors*. Weinheim: Deutscher Studien Verlag.

Erath, P. & Balkow, K. (2016). *Soziale Arbeit. Eine Einführung*. Stuttgart: Kohlhammer.

Faulstich, P. (1998). *Strategien der betrieblichen Weiterbildung. Kompetenz und Organisation*. München: Vahlen.

Fredersdorf, F. & Glasmacher, B. (2008). Weiterbildungsmanagement. In M. Meifert (Hrsg.), *Strategische Personalentwicklung. Ein Programm in acht Etappen* (S. 245–287). Berlin: Springer.

Gesmann, St. (2014). *Systemisches Weiterbildungsmanagement: Konzeptionelle Orientierungen und Handlungsperspektiven zur Steuerung der betrieblichen Weiterbildung in Organisationen der Sozialen Arbeit*. Münster.

Gesmann, St. (2015). Jenseits des Weiterbildungstunnelblicks: Wie individuelles Lernen innerhalb der betrieblichen Weiterbildung zur Steigerung der organisationalen Lernfähigkeit beitragen kann. *Evangelische Jugendhilfe* (S. 18–24).

Gonschorrek, U. (2003). *Bildungsmanagement – In Unternehmen, Verwaltungen und Non-Profit-Organisationen*. Berlin: Berliner Wissenschafts-Verlag.

Heiner, M. (2005). Evaluation und Evaluationsforschung – Definitionen und Positionen. In H.-U. Otto, H. Thiersch & K. Böllert (Hrsg.), *Handbuch Sozialarbeit, Sozialpädagogik* (S. 481–507). München: Ernst Reinhardt.

Höfener, F. (2005). *Soziale Arbeit – eine weiterbildungsintensive Profession. Eine empirisch-systematische Untersuchung zur Weiterbildung von Fachkräften der Sozialen Arbeit*. Aachen: Shaker.

Höffer-Mehlmer, M. (2011). Programmplanung und -organisation. In R. Tippet & A. v. Hippel (Hrsg.), *Handbuch Erwachsenenbildung/Weiterbildung* (S. 989–1002). Wiesbaden: VS.

Hummel, Th. R. (2001). *Erfolgreiches Bildungscontrolling. Praxis und Perspektiven*. Heidelberg: Sauer.

Jechle, Th., Kolb, M. & Winter, A. (1994). Bedarfsermittlung in der Weiterbildung. *Unterrichtswissenschaft*, 22 (S. 3–22).

John, F. (2010). Transfermanagement – Effizienz in der Weiterbildung: ein Best-Practice-Beispiel. In G. Schweizer (Hrsg.), *Wert und Werte im Bildungsmanagement. Nachhaltigkeit – Ethik – Bildungscontrolling* (S. 207–222). Bielefeld: Bertelsmann.

Kauffeld, S. (2016). *Nachhaltige Weiterbildung. betriebliche Seminare und Trainings entwickeln, Erfolge messen, Transfer sichern*. Heidelberg: Springer.

Kirkpatrick, D. L. & Kirkpatrick, J. D. (2006). *Evaluating training programs. The four levels*. San Francisco: Berrett-Koehler.

Klug, A. (2011). Analyse des Personalentwicklungsbedarfs. In J. Ryschka, M. Solga & A. Mattenklott (Hrsg.), *Praxishandbuch Personalentwicklung. Instrumente, Konzepte, Beispiele* (S. 35–92). Wiesbaden: Gabler.

Koch, A. (2018). *Die Transferstärke-Methode. Mehr Lerntransfer in Trainings und Coachings*. Weinheim, Basel: Beltz.

Kolb, M., Burkart, B. & Zundel, F. (2010). *Personalmanagement. Grundlagen und Praxis des Human Resources Managements*. Wiesbaden: VS.

Köster, M. (2003). Warum Training selten funktioniert. Über die Notwendigkeit von soziologischer Perspektive in einer boomenden Branche. *Sozialwissenschaften und Berufspraxis* (SuB), 26 (S. 255–267).
Lang, K. (2006). *Bildungs-Controlling. Personalentwicklung effizient planen, steuern und kontrollieren.* Wien: Linde.
Luhmann, N. (1984). *Soziale Systeme. Grundriß einer allgemeinen Theorie.* Frankfurt am Main: Suhrkamp.
Meißner, A. (2012). *Lerntransfer in der betrieblichen Weiterbildung. Theoretische und empirische Exploration der Lerntransferdeterminanten im Rahmen des Training off-the-job.* Lohmar: Eul.
Meisel, K. (2011). Weiterbildungsmanagement. In R. Tippelt & A. v. Hippel (Hrsg.), *Handbuch Erwachsenenbildung/Weiterbildung* (S. 427–436). Wiesbaden: VS.
Merchel, J. (2009b). Zur Debatte um „Sozialmanagement". Anmerkungen zu Bilanz und Perspektiven nach annähernd 20 Jahren. In K. Grunwald (Hrsg.), *Vom Sozialmanagement zum Management des Sozialen? Eine Bestandsaufnahme* (S. 62–84). Baltmannsweiler: Schneider.
Merchel, J. (2019). *Evaluation in der Sozialen Arbeit.* München: Ernst Reinhardt.
Mildenberg, G., Münscher, R. & Schmitz, B. (2012). Dimensionen der Bewertung gemeinnütziger Organisationen und Aktivitäten. In H. K. Anheier, A. Schröer & V. Then (Hrsg.), *Soziale Investitionen. Interdisziplinäre Perspektiven* (S. 279–312). Wiesbaden: VS.
Milling, M. (2010). Zur Bedeutung von Bildungsprozessmanagement im Bereich effizienzorientierter Vermittlung interkultureller Kompetenz. In G. Schweizer (Hrsg.), *Wert und Werte im Bildungsmanagement. Nachhaltigkeit – Ethik – Bildungscontrolling* (S. 283–292). Bielefeld: Bertelsmann.
Möller, Ch. (1976). *Technik der Lernplanung. Methoden und Probleme der Lernzielerstellung.* Weinheim: Beltz.
Mudra, P. (2004). *Personalentwicklung. Integrative Gestaltung betrieblicher Lern- und Veränderungsprozesse.* München: Vahlen.
Müller, U. (2010). Kann man Bildung managen? In G. Schweizer (Hrsg.), *Wert und Werte im Bildungsmanagement. Nachhaltigkeit – Ethik – Bildungscontrolling* (S. 13–26). Bielefeld: Bertelsmann.
Müller, H.-J. & Stürzl, W. (1992). Dialogische Bildungsbedarfsanalyse – Eine zentrale Aufgabe des Weiterbildners. In H. Geissler (Hrsg.), *Neue Qualitäten betrieblichen Lernens* (S. 103–146). Frankfurt am Main: Peter Lang.
Müller, U., Nagel, C. & Ihlein, M. (2007). Transfermanagement. In G. Schweizer (Hrsg.), *Lernen am Unterschied. Bildungsprozesse gestalten, Innovationen vorantreiben* (S. 191–220). Bielefeld: Bertelsmann.
Neuberger, O. (1994). *Personalentwicklung.* Stuttgart: Enke.
Nork, M. E. (1991). *Management Training. Evaluation – Probleme – Lösungsansätze.* München: Hampp.
Ottmayer, S., Künzli, H., Käter, A. & Häflinger, B. (2010). Bildungsmanagement. In Ch. Negri (Hrsg.), *Angewandte Psychologie für die Personalentwicklung. Konzepte und Methoden für Bildungsmanagement, betriebliche Aus- und Weiterbildung* (S. 251–314). Berlin: Springer.

Otto, H.-U., Albus, St., Polutta, A., Schrödter, M. & Ziegler, H. (2007). *Zum aktuellen Diskurs um Ergebnisse und Wirkungen im Feld der Sozialpädagogik und Sozialarbeit*. Berlin: AGJ.

Pawlowsky, P. & Bäumer, J. (1996). *Betriebliche Weiterbildung. Management von Qualifikation und Wissen*. München: Beck.

Pech, U. (2001). *Bildungscontrolling. Deskription, Klassifikation, Identitäten und Disparitäten*. Aachen: Shaker.

Phillips, J. J. & Schirmer, F. C. (2008). *Return on Investment in der Personalentwicklung. Der 5-Stufen-Evaluationsprozess*. Berlin, Heidelberg: Springer.

Pieler, D. (2000). *Weiterbildungscontrolling. Eine systemorientierte Perspektive*. Wiesbaden: Deutscher Universitäts-Verlag.

Sausele-Bayer, I. (2011). *Personalentwicklung als pädagogische Praxis*. Wiesbaden: VS.

Schellberg, K.-U. (2010). Wertschöpfung – Sozialen Nutzen belegen. *Sozialwirtschaft*, 20 (S. 19–22).

Schlutz, E. (2010). Bildungsbedarf. In R. Arnold, S. Nolda & E. Nuissl (Hrsg.), *Wörterbuch Erwachsenenbildung* (S. 51–52). Bad Heilbrunn: Klinkhardt.

Schöni, W. (2006). *Handbuch Bildungscontrolling. Steuerung von Bildungsprozessen in Unternehmen und Bildungsinstitutionen*. Glarus: Rüegger.

Sieber Bethke, F. (2003). *Controlling, Evaluation und Reporting von Weiterbildung und Personalentwicklung*. Bremen: Medien-Institut.

Simon-Christ, K. (1990). Evaluation betrieblicher Weiterbildung. In W. Schlaffke & R. Weiß (Hrsg.), *Tendenzen betrieblicher Weiterbildung. Aufgaben für Forschung und Praxis* (S. 336–349). Köln: Deutscher Instituts-Verlag.

Simon, F. B. (2012b). *Einführung in die Theorie des Familienunternehmens*. Heidelberg: Carl-Auer.

Solga, M. (2011a). Evaluation in der Personalentwicklung. In J. Ryschka, M. Solga & A. Mattenklott (Hrsg.), *Praxishandbuch Personalentwicklung. Instrumente, Konzepte, Beispiele* (S. 369–400). Wiesbaden: Gabler.

Solga, M. (2011b). Förderung von Lerntransfer. In J. Ryschka, M. Solga & A. Mattenklott (Hrsg.), *Praxishandbuch Personalentwicklung. Instrumente, Konzepte, Beispiele* (S. 339–368). Wiesbaden: Gabler.

Spiegel, H. v. (2021). *Methodisches Handeln in der Sozialen Arbeit*. München: Ernst Reinhardt.

Steinbach-Nordmann, S. (2001). Lernziele. In R. Arnold & S. Nolda (Hrsg.), *Wörterbuch Erwachsenenpädagogik* (S. 208–209). Bad Heilbrunn: Klinkhardt.

Stender, J. (2009). *Betriebliches Weiterbildungsmanagement. Ein Lehrbuch*. Stuttgart: Hirzel.

Thierau-Brunner, H., Wottawa, H. & Stangel-Meseke, M. (2006). Evaluation von Personalentwicklungsmaßnahmen. In K. Sonntag (Hrsg.), *Personalentwicklung in Organisationen* (S. 329–354). Göttingen: Hogrefe.

Tredop, D. (2008). *Weiterbildungs-Controlling. Pädagogische und ökonomische Erkundungen aus konstruktivistisch-systemischer Sicht*. München: Hampp.

Weinbauer-Heidel, I. (2016) *Was Trainings wirklich wirksam macht: 12 Stellhebel der Transferwirksamkeit*. Hamburg: Tredition.

Grundannahmen und Zielsetzung eines systemischen Weiterbildungsmanagements

4

Zusammenfassung

In diesem Kapitel werden die Grundannahmen sowie die erweiterte Zielsetzung eines systemischen Weiterbildungsmanagements vorgestellt. Wenngleich der Begriff systemisch mittlerweile im Management- und Beratungsbereich „(…) zu einem fast inflationär verwendeten Modewort geworden" (Nagel und Wimmer 2009, S. 89) ist, soll das hier neu zu interpretierende und auf den Annahmen der neueren Systemtheorie basierende Weiterbildungsmanagement dennoch vereinfacht als systemisches Weiterbildungsmanagement bezeichnet werden.

Zu Beginn findet eine thesenartige Auseinandersetzung mit einem systemischen Managementverständnis statt. Dessen Grundannahmen bilden zugleich das (theoretische) Fundament, um erste Konsequenzen für ein systemisches Weiterbildungsmanagement abzuleiten. Im Anschluss wird dezidierter die erweiterte Zielsetzung eines systemischen Weiterbildungsmanagements erörtert. Hierbei wird der Abkehr von der verengten Individuumzentrierung sowie der Förderung eines Transfers II. Ordnung besondere Beachtung geschenkt.

Lernziele

- Sie sind mit den Grundannahmen eines systemischen Managementverständnisses vertraut.
- Basierend auf einem systemtheoretischen Managementverständnis sind Sie in der Lage, Konsequenzen für eine systemische Einordnung von Ansätzen des Weiterbildungsmanagements abzuleiten.

- Sie sind mit der erweiterten Zielsetzung eines systemischen Weiterbildungsmanagements vertraut und können die Verflechtungen zwischen Teams und deren Mitgliedern systemtheoretisch einordnen.
- Auf der Basis der Systemtheorie sind Sie in der Lage zu erklären, was organisationale Lernfähigkeit bedeutet und warum Organisationen zeitlich lernen und nicht-lernen können müssen.

4.1 Thesen zum systemischen Management

Die nachfolgenden sechs Thesen sollen das Charakteristikum eines systemischen Managements in der gebotenen Kürze umschreiben.[1]

▶ *These 1: Systemisches Management betrachtet Organisationen und deren Mitglieder als lebende und damit autopoietische Systeme.*

Aus systemtheoretischer Perspektive werden sowohl Organisationen als auch die in ihnen arbeitenden Menschen als lebende und damit als autopoietische Systeme betrachtet. Der Begriff der Autopoiese, der sich aus dem griechischen Wort ‚autos' (= selbst) und ‚poiein' (= machen) zusammensetzt, meint so viel wie Selbsterzeugung, Selbstherstellung (vgl. Maturana und Varela 2009, S. 50 f.). Verkürzt formuliert besagt die Theorie autopoietischer Systeme, dass „(…) komplexe Systeme sich in ihrer Einheit, ihren Strukturen und Elementen kontinuierlich und in einem operativ geschlossenen Prozess mit Hilfe der Elemente produzieren, aus denen sie bestehen" (Willke 2006, S. 10). Wenn autopoietische Systeme die Elemente, aus denen sie bestehen, selbst reproduzieren können, stellt sich die Frage, aus welchen Elementen Organisationen und Menschen ‚bestehen'.

In Bezug auf Organisationen nimmt Luhmann die, wie Willke es formuliert, „(…) wohl folgenreichste theorie-architektonische Weichenstellung in der soziologischen Systemtheorie" (Willke 1994, S. 99) vor, indem er nicht den Menschen, sondern Kommunikation – präziser formuliert kommunizierte Entscheidungen – als Elemente sozialer Systeme bezeichnet. Organisationen vollziehen folglich

---

[1] Ausführlich zu den Grundannahmen eines systemischen Managementverständnisses vgl. Gesmann und Merchel 2021 sowie Gesmann 2022.

4.1 Thesen zum systemischen Management

ihre Autopoiese, indem „es zur Kommunikation von Entscheidungen kommt" (Luhmann 2006, S. 63).[2]

Im Gegensatz dazu wird der Mensch als „(...) eine historisch einmalige Kopplung zwischen ‚Körper und Geist', also zwischen einem im Modus des Bewusstseins[3] agierenden psychischen Systems und einem körperlichen biologischen System" (Zauner 2007, S. 152) betrachtet. Wenngleich auch psychische Systeme – wie soziale Systeme – als „sinnhaft konstituierte Systeme" (Willke 2006, S. 65) gelten können, unterscheiden sie sich dennoch grundsätzlich hinsichtlich ihrer *Prozessierungsform* von Sinn:

> „Psychische Systeme verarbeiten Sinn in Form von Gedanken und Vorstellungen. Soziale Systeme dagegen prozessieren Sinn in Form sprachlich-symbolisch vermittelter Kommunikation" (Willke 2006, S. 65).

Die Autopoiese von psychischen Systemen vollzieht sich folglich dadurch, dass stets neue Gedanken, Vorstellungen und Gefühle an vorherige Gedanken, Vorstellungen und Gefühle anschließen müssen.

▶ **These 2: Systemisches Management richtet sich an operational geschlossene Systeme.**

Jedes soziale (aber auch psychische) System würde an der Komplexität der Umwelt zugrunde gehen, wenn sämtliche Impulse, Informationen etc. von außen ungefiltert in das Innere gelangen würden. Um ihre Autopoiese fortzusetzen, müssen sich lebende Systeme folglich gegenüber ihrer Umwelt abgrenzen (vgl. Groth 2017, S. 44). Eben jene Abgrenzung nehmen Organisationen vor, indem sie sich einen Zweck geben (also für dieses und nicht für jenes zuständig sind), Regelungen treffen, wer in der Rolle eines Organisationsmitglieds am Treffen

---

[2] Um ihr Überleben (und damit die Autopoiese) aufrechtzuerhalten, muss in Organisationen folglich tagtäglich entschieden werden. Angefangen mit den Entscheidungen in der Gründungsphase von Organisationen, welcher Zweck verfolgt, welches Gebäude angemietet und welche Mitarbeitenden eingestellt werden sollen, bis hin zu den vielen tagtäglich zu treffenden Entscheidungen im Kontakt mit Klientinnen und Klienten (Liegt ein Hilfebedarf vor oder nicht? Falls ja: Welche Form der Hilfe wäre angebracht? Wie könnten die Ressourcen des Familiensystems hierbei berücksichtigt werden? Etc.).

[3] Das Bewusstsein ist dabei allerdings nicht mit dem Gehirn zu verwechseln. „Das Gehirn ist kein psychisches, sondern ein organisches System. Als solches bildet es für das Bewusstsein eine Umwelt, die für das Funktionieren des psychischen Systems unentbehrlich ist. Denken aber kann nur das Bewusstsein, sowie nur die Kommunikation kommunizieren kann, nicht aber der Mensch" (Schuldt 2006, S. 29).

von Entscheidungen beteiligt wird und wer nicht (nur diejenigen, die formal bestellt sind – i. d. R. in Form eines Arbeitsvertrags – erhalten hierfür Geld), Programme festlegen, die das Handeln der Organisationsmitglieder erwartbar(er) machen, etc. Nur durch solche Formen der Abgrenzungen kann eine Orientierung nach innen stattfinden und zugleich ein stimmiges Gesamtbild der Organisation im Außen erzeugt werden. Auch wenn das organisationale Überleben somit auf Abgrenzung basiert, kann sich keine Organisation vollständig gegenüber ihrer Umwelt/ihren Umwelten abdichten. Wie andere lebende Systeme sind Organisationen auf Ressourcen (Geld, Personal etc.) und Informationen aus ihrer Umwelt angewiesen, um entscheidungsfähig und damit überlebensfähig zu bleiben. Organisationen – bzw. generell autopoietische Systeme – weisen also gewisse paradox anmutende Tendenzen auf (vgl. Gesmann und Merchel 2021, S. 31 f.): Sie sind in den Tiefen ihrer Reproduktion hochgradig autonom – niemand kann von außen determinieren, wie und welche Entscheidungen an Entscheidungen innerhalb einer Organisation anschließen, dies lässt Organisationen bisweilen eigensinnig und strukturell konservativ erscheinen. Zugleich sind Organisationen – um ihr Überleben zu sichern – maßgeblich von ihrer Umwelt abhängig, sie sind also nicht autark. Keine Einrichtung der Sozialen Arbeit kann ihre Umwelt vollends ausblenden. Wenn sich rechtliche Rahmenbedingungen ändern, Fördermittel wegbrechen oder auf der anderen Straßenseite ein Mitbewerber eine Einrichtung eröffnet, sind dies wesentliche Aspekte, die innerhalb der jeweiligen Organisation beim Treffen von Entscheidungen Berücksichtigung finden sollten. Organisationen sind daher zum Dauerbeobachten ihrer Umwelt ‚gezwungen'. Nur wenn solche Beobachtungen zu Informationen verdichtet werden und diese beim Treffen von Entscheidungen Berücksichtigung finden, kann die Organisation auch zukünftig weiterentscheiden und hierdurch ihre System-Umwelt-Grenze aufrechterhalten. Eben jene paradoxe Tendenz von autopoietischen Systemen, sich einerseits gegenüber der Umwelt zu verschließen, sich aber zugleich punktuell auch öffnen zu müssen, lässt sich als ‚operationale (oder operative) Schließung' bezeichnen (vgl. Willke 2001, S. 32).

▶ *These 3: Systemisches Management versucht nicht-triviale Systeme zu steuern.*

Als soziale Systeme, die sich zwar punktuell gegenüber ihrer Umwelt öffnen, ansonsten aber insbesondere um Abgrenzung bemüht sind, bilden Organisationen im Laufe der Zeit zwangsläufig eine Form der „Eigenlogik" (Simon 2007, S. 32) aus. Diese Eigenlogik „(…) ist auf die Aufrechthaltung der System-Umwelt-Unterscheidung gerichtet, d. h. die Weiterexistenz in der Beziehung zu und in

4.1 Thesen zum systemischen Management

der Kommunikation mit spezifischen, für das eigene Überleben unverzichtbaren Umwelten" (Simon 2013, S. 32).

Ähnlich wie man bei Menschen nicht von außen auslesen kann, wie diese denn ‚ticken', ist auch die Eigenlogik von Organisationen nur begrenzt von außen beobachtbar. In gewisser Weise gleicht die Eigenlogik einer Organisation einem Eisberg. Einerseits gibt es den Teil des Eisbergs, der über dem Wasser liegt und der folglich für alle zu beobachten ist. Das Leitbild, die Satzung des Vereins, das Qualitätsmanagementhandbuch, der Ordner mit Dienstanweisungen oder die Art und Weise, wie innerhalb einer Organisation miteinander gesprochen wird, kann in den Bereich dieser beobachtbaren Phänomene eingeordnet werden. Genau wie bei einem Eisberg das Wesentliche aber unter dem Wasser liegt, verfügen auch Organisationen über einen Phänomenbereich, der nur begrenzt bzw. zum Teil auch gar nicht beobachtbar ist. Informelle Regeln, Klatsch und Tratsch, Mikropolitik und tiefliegende kulturelle Muster sind hier verortet und prägen nachhaltig, wie die Organisation ‚tickt', über welche Eigenlogik sie also verfügt.

Diese sich selbst organisierende Eigenlogik sorgt nicht nur für die unverwechselbare Einzigartigkeit von Organisationen bzw. von Organisationseinheiten[4], sie prägt auch, wie (und ob überhaupt) Organisationen auf Steuerungsimpulse von außen reagieren. Wenngleich Leitungskräfte häufig nach wie vor von der Hoffnung getrieben sind, dass sich Organisationen im Sinne einer „trivialen Maschine" (Foerster 1997, S. 35) intentional steuern lassen, zeigt sich in der Praxis nur allzu deutlich das Gegenteil. Aufgrund ihrer Nichttrivialität sind Organisationen in gewisser Weise unberechenbar (vgl. Simon 2007, S. 74). Sie können „(…) nicht einfach ‚von außen' umgepolt, verändert oder umstrukturiert werden" (Willke 1999, S. 34), vielmehr verfügen sie über „(…) Myriaden von Möglichkeiten, solche Interventionen abzubiegen, umzuleiten, zu ignorieren, umzudeuten, zu verzögern etc., sodass es höchst erstaunlich ist, dass überhaupt noch Interventionen so ankommen, wie sie intendiert waren" (Willke 2007, S. 25).

Leitungskräften in Organisationen der Sozialen Arbeit wird folglich eine paradoxe Anforderung übertragen: Sie sollen lebende, autopoietische operational geschlossene, nicht-triviale Systeme steuern, die sich nicht in einem geradlinigkausalen Sinne steuern lassen. Strenggenommen sind Leitungskräfte folglich für die „Steuerung des Unsteuerbaren" (Wimmer 2015, S. 509) zuständig.

---

[4] Hierdurch kann auch erklärt werden, warum z. B. zwei Teams eines Allgemeinen Sozialen Dienstes (ASD) in ein und demselben Jugendamt bisweilen wie zwei völlig fremde Welten wirken, obgleich der beobachtbare Phänomenbereich in beiden ASD identisch sind.

▶ *These 4: Systemisches Management bedeutet Kontextsteuerung.*

Wenngleich aus systemischer Perspektive der naive Machbarkeitsglaube aufgegeben werden muss, dass sich komplexe Systeme in einem linear-kausalen Sinne steuern lassen, „(…) braucht man (…) noch lange nicht jenem anderen, genauso naiven Glauben zu verfallen, man könne überhaupt nichts oder fast nichts tun" (Malik 2008, S. 13).

Aus einer systemischen Perspektive müssen sich Steuerungsabsichten allerdings darauf beschränken, Organisationen mittels Interventionen zu Eigenaktivitäten anzuregen, da ein direkter ‚Durchgriff' prinzipiell nicht möglich ist. Managen heißt daher, „(…) dosierte Diskrepanzen an das System heranzutragen, die dieses allerdings erst in interne Operationen umwandeln muß. Der Manager muß versuchen, dem Wirklichen, also dem derzeit im System Realisierten, Mögliches gegenüberzustellen, das derzeit noch keine Möglichkeit für das System ist, aber werden könnte" (Kasper et al. 1999, S. 188). Systemisches Management ist somit darauf beschränkt, eine „produktive Autokatalyse" (Wollnik 1994, S. 146), also eine gerichtete Selbstveränderung des Systems mit systemeigenen Mitteln in Gang zu bringen.

Eine solche Selbstveränderung kann zum einen über Kontingenzerfahrungen – also die Erkenntnis, dass Dinge auch anders möglich sind – angeregt werden. Solche Kontingenzerfahrungen bedingen ein „Sich-selbst-Verstehen" (Wollnik 1994, S. 146), was über entsprechende „Reflexionsanregung" (Wollnik 1994, S. 147) ermöglicht werden kann. Eben jene Reflexionserfahrungen als Basis für Kontingenzerfahrungen können aber nicht linear-kausal verabreicht werden. Steuerungsaktivitäten müssen sich daher darauf beschränken, „Kontextparameter" (Willke 1987, S. 356) zu setzen, also Anregungen zu bieten, damit Kontingenzerfahrungen ermöglicht werden können.

Zum anderen kann die „Entscheidung über Entscheidungsprämissen" (Simon 2007, S. 114) eine Selbstveränderung des sozialen Systems anregen.[5]

> „Auch wenn der Inhaber einer Führungsposition nicht direkt festlegen kann, wie die Mitglieder der Organisation handeln, so kann er über die (entscheidbaren) *Entscheidungsprämissen* seiner Organisationseinheit entscheiden. Das beginnt mit der Auswahl der *Personen*, die Mitglieder werden können oder dürfen, setzt sich über die formalen Strukturen *(Kommunikationswege)* fort und findet seinen operativen Boden bei den *Programmen*" (Simon 2007, S. 114).

---

[5] Ausführlich zur Funktion von Entscheidungsprämissen (vgl. Luhmann 2006, S. 222).

4.1 Thesen zum systemischen Management

Steuerung innerhalb eines systemischen Managements, so lässt sich konstatieren, kann folglich primär in zwei Formen stattfinden: „(…) in der Form der Kontextsteuerung und in der Form der Anregung zu Selbststeuerung" (Willke 2007, S. 25).

Aus diesem Grund misstraut der*die systemische Manager*in solchen Ansätzen, die suggerieren, sie könnten komplexe, autopoietische Systeme bändigen, linear-kausal steuern, kurz: *in den Griff* bekommen. Der*die systemische Manager*in schöpft Verdacht, wenn Berechenbarkeit und Beständigkeit unterstellt wird. Vielmehr ist er*sie sich jederzeit bewusst, dass Management von einem hohen Maß an Unsicherheit geprägt ist.

▶ *These 5: Systemisches Management ist Management in und von Unsicherheit.*

Wenngleich Steuerung von autopoietischen Systemen in Sinne von Anregung zur Selbststeuerung und in Form von Kontextsteuerung nicht gänzlich ausgeschlossen ist, darf dies nicht darüber hinwegtäuschen, dass die Wirkung von Steuerungsabsichten nicht linear-kausal vorhersehbar und insofern stets in gewisser Weise unsicher bleibt. Kasper, Mayrhofer und Meyer beschreiben dies äußerst treffend, da sich ihrer Ansicht nach die Auswirkungen von Interventionen in der Regel zwischen folgenden Polen bewegen:

„Es passiert das Gegenteil von dem, was der Manager beabsichtigt. Es passiert gar nichts. Es passiert das Bezweckte. Es passiert etwas ganz anderes" (Kasper et al. 1999, S. 188).

Eine Leitungskraft kann sich somit nie sicher sein, wie ein soziales (oder psychisches) System auf Steuerungsversuche von außen reagiert. Erschwerend kommt hinzu, dass eine Leitungskraft sich auch nie sicher sein kann, ob sie die richtigen[6] Steuerungsimpulse setzt. Steuerungsimpulse werden stets auf der Grundlage von Hypothesen initiiert. Die Hypothesen wiederum müssen als Ergebnis einer subjektiven Beobachtung interpretiert werden. Unterstellt man, dass auch Leitungskräfte über keinen privilegierten Zugang zu einer vermeintlich objektiven Wahrheit verfügen und dass daher auch sie nur sehen können, was sie sehen können und hierbei nicht sehen können, was sie nicht sehen können (vgl. Kneer und Nassehi 2000, S. 99), müssen ihre Hypothesen zwangsläufig als kontingent, also

---

[6] Als richtig können Steuerungsimpulse bezeichnet werden, wenn sie sich als viabel, also anschlussfähig an die bestehende Eigenlogik erweisen.

als so oder auch anders möglich, betrachtet werden (vgl. Martens und Ortmann 2006, S. 427).

Systemisches Management, so lässt sich konstatieren, ist stets Management *von* und *in* Unsicherheit: Einerseits richtet es sich an Organisationen, also an „eigen-sinnige Systeme" (Schmitz 1992, S. 55), die prinzipiell unberechenbar sind, andererseits wird es maßgeblich von nicht weniger eigensinnigen Personen durchgeführt, die in ihrem hypothesengeleiteten Handeln für Außenstehende (und manchmal auch für sich selbst) in gewisser Weise undurchsichtig sind.

Systemisches Management ist somit weit entfernt von ‚In-den-Griff-Kriegen', vielmehr ist es von einem hohen Maß an Unsicherheit geprägt. Sowohl die Wirkung von Steuerungshandlungen als auch die dem Steuerungshandeln zugrunde liegenden Hypothesen sind daher stets beobachtungsbedürftig. Die kontinuierliche Reflexion des eigenen Handelns ist aus diesem Grund für den*die systemische*n Manager*in unerlässlich und kein Zeichen der Schwäche, sondern vielmehr Zeichen seines theoriegeleiteten Management- und Professionsverständnisses (vgl. Gesmann 2022).

▶ *These 6: Systemisches Management ist postheroisches Management.*

Innerhalb des klassischen Managements wird der*die Manager*in mit Blick auf seine*ihre Steuerungsfunktion gerne mit unterschiedlichen Metaphern umschrieben. Eine besonders populäre Metapher ist die des*der Managenden als eines Strategen bzw. einer Strategin, der*die vom Feldherrenhügel (der Vorstandsetage) seine*ihre Armee (das Unternehmen mit Stab und Linien) steuert (vgl. Simon 2005, S. 12). Eine andere häufig verwendete Metapher ist die des Ingenieurs bzw. der Ingenieurin oder die des Kapitäns bzw. der Kapitänin, der*die auf der Schiffsbrücke steht: „Er ist es, der die Richtung bestimmt; er ist es, der die Befehle gibt" (Schmitz 1992, S. 57).

Wenn Organisationen als autopoietische Systeme eingeordnet werden müssen (These 1), die sich primär gegenüber ihrer Umwelt verschließen (These 2), wenn Organisationen als nicht-triviale Systeme betrachtet werden müssen, die sich einer direkten intentionalen Steuerung entziehen (These 3), wenn Steuerung folglich in erster Linie über Kontextsteuerung möglich ist (These 4) und dennoch stets von einem gewissen Maß an Unsicherheit geprägt ist (These 5), dann scheint es nur allzu offensichtlich, dass heroische Leitungsbilder, ob nun in Form des Feldherren bzw. der Feldherrin, des Ingenieurs bzw. der Ingenieurin oder die des Kapitäns bzw. der Kapitänin, als unterkomplex und unangebracht zu bewerten sind, wenn es um das Management von und in Organisationen geht.

Systemisches Management versteht sich daher auch als „postheroisches Management" (Grunwald 2015, S. 178), das mit dem „Mythos der Machbarkeit" (Merchel 2009, S. 71) bricht. Stattdessen ist es sich der Tatsache bewusst, dass jedwede Intervention in lebende Systeme ein „schwieriges Geschäft" (Willke 1999, S. 64) darstellt, das nur dann gelingen kann, „(…) wenn der Interventionsabsicht ein adäquat komplexes und elaboriertes Verständnis des zu intervenierenden Systems zugrundeliegt" (Willke 1999, S. 64). Dem*der systemisch Managenden ist hierbei die eigene begrenzte Beobachtungskompetenz bewusst, weswegen er*sie auch nicht die organisationale mit seiner*ihrer individuellen Beobachtungskompetenz gleichsetzt. Vielmehr ist er*sie bemüht, unter Einsatz verschiedener Managementansätze (Personalmanagement, Qualitätsmanagement, strategisches Management, Controlling, Marketing etc.) Formen der systematisierten Beobachtung in den Strukturen der Organisation zu verankern. Darüber hinaus schafft sich der*die systemische Manager*in regelmäßige Anlässe (z. B. durch Coaching o. Ä.), um sich mit der eigenen begrenzten Beobachtungsfähigkeit auseinanderzusetzen.

Gefühle der Unsicherheit und des Kontrollverlusts werden von systemischen Managern und Managerinnen nicht als Zeichen mangelnder Führungsqualität, sondern als bedeutsame Signale des eigenen psychischen bzw. biologischen Systems bewertet, die stets daran erinnern, der Steuerung von Organisationen mit der nötigen Demut zu begegnen (vgl. Gesmann 2022). Da der*die systemische Manager*in weiß, dass Paradoxien in Organisationen systemimmanent sind, ist sein*ihr Denken und Handeln nicht von einem *Entweder-oder*, sondern einem *Sowohl-als-auch* geprägt. Folglich verfügt der*die systemische Manager*in über ein hohes Maß an Ambiguitätstoleranz. Er*sie ist also bereit, Vieldeutigkeit zu akzeptieren, Unklarheit zu ertragen und Ambivalenzen auszuhalten und er*sie betrachtet die Unentscheidbarkeit als Normalfall, wohl wissend, dass er*sie in seiner*ihrer Rolle dennoch entscheiden muss (vgl. Simon 2013, S. 45).

4.2 Konsequenzen für ein systemisches Weiterbildungsmanagement

Überträgt man die hier benannten Thesen zum systemischen Management nun auf das Weiterbildungsmanagement, so gerät insbesondere das technokratische Steuerungsverständnis eines traditionellen Weiterbildungsmanagements ins Wanken.

Wenn davon ausgegangen werden muss, dass komplexe Systeme sich gegenüber ihrer Umwelt und somit auch gegenüber Steuerungsabsichten von außen operational abschließen und nur im Sinne einer Kontextsteuerung beeinflusst werden können, wenn weitergehend davon ausgegangen werden muss, dass die direkt bzw. indirekt am Weiterbildungsprozess beteiligten Protagonisten (Organisationsmitglieder, Teams bzw. Organisationen) als eben solche komplexe, also autopoietische, operational geschlossene Systeme mit unterschiedlichen Operationsmodi (soziales System = Kommunikationen; psychisches System = Gedanken/Gefühle) betrachtet werden müssen, dann wird nur allzu deutlich, dass sich der Weiterbildungsprozess auch mit noch so ausgereiften ‚Tools' nicht *in den Griff* bekommen lässt.

Wenngleich sich somit ein systemisches Weiterbildungsmanagement von lang gehegten Machbarkeitsvorstellungen eines traditionellen Weiterbildungsmanagements distanziert, heißt dies nicht, dass sich Leitungskräfte ihrer Steuerungsverantwortung entledigen können und die betriebliche Weiterbildung (weiterhin) im Sinne einer „science of muddling through" (Bogumil und Jann 2009, S. 166) betrieben wird. Gefragt ist vielmehr ein differenziertes Steuerungsverständnis, das einerseits „(…) zur Behutsamkeit beim Vorgehen anregt und zur Bescheidenheit im Ergebnis mahnt" (Neuberger und Wimmer 1998, S. 31), ohne aber andererseits gänzlich die Hoffnung aufzugeben, Einfluss auf den Lern- und Transferprozess nehmen zu können.

Von daher distanziert sich das hier skizzierte systemische Weiterbildungsmanagement auch nicht von der zugrunde liegenden Aufbaulogik des klassischen Weiterbildungsmanagements, wonach der Weiterbildungsprozess in eine Phase der Vorbereitung, der Durchführung und der Nachbereitung unterteilt werden kann. Wovon sich ein systemisches Weiterbildungsmanagement allerdings in aller Deutlichkeit distanziert, ist das zugrunde liegende technokratische Planungs- und Steuerungsverständnis, das sich in vielen Teilprozessen des Weiterbildungsmanagements niederschlägt.

Das Planungs- und Steuerungsverständnis, das einem systemischen Weiterbildungsmanagement zugrunde liegt, toleriert vielmehr die Autonomie von psychischen als auch sozialen (Sub-)Systemen und akzeptiert, dass letztlich das intervenierte System (Organisationsmitglied oder soziales Subsystem) den Rahmen vorgibt, innerhalb dessen es bereit ist, sich beeindrucken zu lassen (vgl. Willke 1987, S. 334). Zugleich kann ein solches Planungs- und Steuerungsverständnis aber darauf vertrauen, dass psychische und soziale Systeme nicht autark agieren können, sondern über strukturelle Kopplungen Kontakt mit ihrer Umwelt aufnehmen müssen und daher auch für Störungen und Irritationen und somit auch für (Steuerungs-)Impulse aus ihrer Umwelt grundsätzlich empfänglich sind. Steuerung kann hierbei aber stets nur in der Form von Kontextsteuerung (also einer Anregung zur Selbststeuerung) stattfinden.

4.2 Konsequenzen für ein systemisches Weiterbildungsmanagement

Mit Blick auf das Planungs- und Steuerungsverständnis innerhalb eines systemischen Weiterbildungsmanagements lässt sich eine solche Kontextsteuerung unter Rückbezug auf die bereits benannten *Entscheidungsprämissen* weitergehend konkretisieren. Nach Ansicht von Luhmann legen Entscheidungsprämissen

> „(...) die künftigen Entscheidungen noch nicht fest, sie können ja nicht jetzt schon in der Zukunft entscheiden. Aber sie fokussieren die Kommunikation auf die in den Prämissen festgelegten Unterscheidungen, und das macht es wahrscheinlich, dass man künftige Entscheidungen mit Bezug auf die vorgegebenen Prämissen unter dem Gesichtspunkt der Beachtung oder Nichtbeachtung und der Konformität oder Abweichung beobachten wird, statt die volle Komplexität der Situationen jeweils neu aufzurollen. Das sind natürlich erhebliche Vereinfachungen, die aber dadurch kompensiert werden, dass sie die andere Form nicht ausschließen, sondern mit im Blick behalten" (Luhmann 2006, S. 224).

Entscheidungsprämissen übernehmen in Organisationen somit eine Art *Leitplankenfunktion* für zukünftige Entscheidungen, ohne dass sie hierdurch die Autonomie komplexer autopoietischer Systeme auflösen (vgl. Luhmann 2006, S. 222 f.).[7]

Bildlich gesprochen nehmen sie Einfluss auf den *Fluss der Entscheidungen,* ohne hier die jeweils einzelne Entscheidung determinieren zu können (vgl. Boos und Mitterer 2014, S. 53). (Abb. 4.1).

Neben den entscheidbaren Entscheidungsprämissen (Programme, Kommunikationswege und Personal) verweist Luhmann auch auf sogenannte *unentscheidbare Entscheidungsprämissen* und fokussiert hierbei insbesondere die Organisationskultur. Er ordnet die Organisationskultur dem Komplex der unentscheidbaren Entscheidungsprämissen zu, da sie ihre Gültigkeit nicht durch Entscheidungen von Personen oder Gremien erhalten, vielmehr sind sie „(…) emergent entstanden und dennoch verbindlich. Deshalb können sie auch nicht durch Entscheidungen bewusst oder gezielt verändert werden" (Simon 2007, S. 96). Dies bedeutet allerdings nicht – wie im weiteren Verlauf noch zu zeigen sein wird – dass Leitungskräfte keinen Einfluss auf die Organisationskultur nehmen können.

---

[7] Luhmann verweist hierbei in aller Deutlichkeit darauf, dass das Verhältnis von Entscheidungen und Entscheidungsprämissen weder ein logisches noch ein kausales ist. Er bezeichnet das Verhältnis von Entscheidungen und Entscheidungsprämissen daher als „lockere Kopplung" (Luhmann 2006, S. 223).

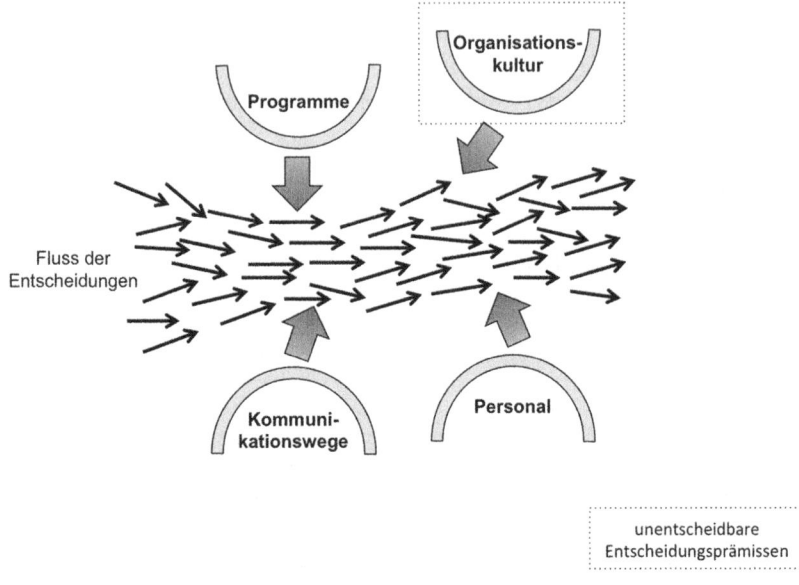

Abb. 4.1 Entscheidungsprämissen als Leitplanken für Entscheidungen. (Quelle: Eigene Darstellung nach Boos und Mitterer 2014, S. 53)

Geht man davon aus, dass die Entscheidung über Entscheidungsprämissen als „ein wesentlicher Mechanismus der Steuerung von Organisationen" (Simon 2007, S. 71) zu betrachten ist, dann wird offensichtlich, dass sich auch das Planungs- und Steuerungsverständnis eines systemischen Weiterbildungsmanagements an den hier vorgestellten Entscheidungsprämissen orientieren sollte, um steuernd auf das Weiterbildungsgeschehen Einfluss nehmen zu können.

Welche konkreten Konsequenzen mit der Gestaltung von Entscheidungsprämissen in einem systemischen Weiterbildungsmanagement verbunden sind, wird im späteren Verlauf noch ausführlicher dargestellt (vgl. Abschn. 5.3).

Zuvor soll jedoch die erweiterte Zielsetzung eines systemischen Weiterbildungsmanagements vorgestellt werden, gefolgt von einem Einblick in die konkrete Umsetzung von Ansätzen des systemischen Weiterbildungsmanagements.

4.3 Zur erweiterten Zielsetzung eines systemischen Weiterbildungsmanagements

Ein systemisches Weiterbildungsmanagement zeichnet sich nicht nur dadurch aus, dass es über eine stringente theoretische Rahmung verfügt, die ein differenziertes Steuerungsverständnis erfordert, sondern auch dadurch, dass es einer erweiterten Zielsetzung verbunden ist, die sich verkürzt mit einer Abkehr von der verengten Individuumorientierung (vgl. Abschn. 4.3.1) und der Förderung eines Transfers II. Ordnung (vgl. Abschn. 4.3.2) skizzieren lässt.

4.3.1 Abkehr von der verengten Individuumzentrierung

Bereits in den Ausführungen zu den Problemen der Transfersicherung (vgl. Abschn. 3.2.4) sowie zu den Grenzen des Weiterbildungsmanagements (vgl. Abschn. 3.3.2), wurde auf die unzureichende Einbindung sozialer Subsysteme (i. d. R. die Teams, in die der einzelne, sich weiterbildende Mitarbeiter eingebunden ist) im traditionellen Weiterbildungsmanagement hingewiesen.

Aus einer systemtheoretischen Perspektive kann nun präzisiert werden, warum eine solche reine Individuumorientierung zu kurz greift. Wenn Groth ein System als „Einheit der Differenz von System und Umwelt" (Groth 2017, S. 44) definiert, verweist er darauf, dass Systeme nie losgelöst von den für ihr Überleben relevanten Umwelten zu betrachten sind. Aufgrund der engen strukturellen Kopplung zwischen psychischen Systemen und sozialen Subsystemen (also zwischen Teams und deren Teammitgliedern) stellen sie füreinander relevante Umwelten dar, die Prozesse der Koevolution durchlaufen.[8]

In Bezug auf Angebote der betrieblichen Weiterbildung hat man es daher mit einer paradoxen Situation zu tun: Wenngleich das individuelle Lernen in der betrieblichen Weiterbildung analytisch betrachtet eine Veränderung von kognitiven Strukturen innerhalb eines autopoietischen, operational geschlossenen psychischen Systems darstellt, das sich gegenüber Interventionen von außen weitestgehend abschottet, erfolgt der Prozess des Lernens – und auch der Prozess der Anwendung – niemals losgelöst von den jeweiligen relevanten Umwelten, in diesem Fall den strukturell gekoppelten sozialen Systemen.

---

[8] Da psychische Systeme eine besonders relevante Umwelt für Organisationen darstellen, wurde an anderer Stelle auch dafür plädiert, psychische Systeme als „innere Umwelt" (Gesmann und Merchel 2021, S. 42) zu bezeichnen.

Mit Blick auf externe Angebote der betrieblichen Weiterbildung beeinflussen hier mindestens[9] zwei soziale Systeme den Lernprozess des*der Einzelnen, da sie in der Regel als relevante Umwelten des psychischen Systems betrachtet werden müssen. Zum einen konstituiert sich in einer Weiterbildung ein soziales System, das maßgeblich das Lerngeschehen prägt, zum anderen wirkt auch innerhalb des Weiterbildungssystems die eigene Organisation – hier ebenfalls als soziales System verstanden – (direkt oder indirekt) in das Weiterbildungsgeschehen ein.[10]

Eine ähnlich paradoxe Situation lässt sich für den Transfer der Weiterbildungsinhalte vom Lern- in das Funktionsfeld konstatieren. Ob das Organisationsmitglied die erlernten Weiterbildungsinhalte im organisationalen Alltag anwendet oder nicht, kann – auch wenn dies durch entsprechende Dienstanweisungen möglicherweise suggeriert wird – nicht linear-kausal determiniert werden. Wenn sich das Organisationsmitglied aber entscheidet, die Weiterbildungsinhalte umzusetzen bzw. anzuwenden, dann geht dies nicht spurlos an dem strukturell gekoppelten sozialen (Sub-)System (i. d. R. das jeweilige Team als relevante Umwelt) vorbei.

Systemtheoretisch betrachtet, kann die Umsetzung der Weiterbildungsinhalte im organisationalen Kontext als *Mitteilung* bewertet werden, die im Idealfall Anschluss an die bestehenden Kommunikations- und Entscheidungsmuster innerhalb des sozialen (Sub-)Systems findet. Über jene Anschlussfähigkeit – und dies ist der springende Punkt – entscheidet aber nicht das psychische System,

---

[9] Die Anzahl an sozialen Systemen, die aufgrund ihrer strukturellen Kopplung als relevante Umwelten betrachtet werden müssen und daher indirekt das Lerngeschehen während einer Weiterbildung beeinflussen, kann natürlich stark variieren. Betrachtet man bspw. die eigene Familie als soziales System und als äußerst relevante Umwelt, dann scheint es auf der Hand zu liegen, dass mögliche Problemlagen innerhalb des Familiensystems Einfluss auf das Lerngeschehen in einer Weiterbildung nehmen können.

[10] Ein *indirektes* Einwirken kann unterstellt werden, da das organisationale Geschehen in der eigenen Organisation die Beobachtung des psychischen Systems – in diesem Fall des Organisationsmitglieds – während einer externen Weiterbildung prägt. So werden die vermittelten Weiterbildungsinhalte unbewusst hinsichtlich ihrer Relevanz und Anschlussfähigkeit an die bestehenden Kommunikations- und Entscheidungsmuster im Organisationssystem bewertet. Erscheinen die vermittelten Weiterbildungsinhalte als irrelevant oder wenig anschlussfähig, sinkt die Wahrscheinlichkeit, dass sich ein Lernerfolg einstellt. Ein *direktes* Einwirken des Organisationssystems ist insbesondere aufgrund des verstärkten Einsatzes von sogenannten *neuen Medien* (Mobiltelefon, E-Mail etc.) möglich. Diese erlauben es dem sozialen System – trotz räumlicher Distanz – *Mitteilungen* an das psychische System zu senden. Ob diesen hier der Status einer Information eingeräumt wird, entscheidet allerdings nicht das Organisationssystem, sondern allein das psychische System, also das jeweilige Organisationsmitglied. Insofern ist auch ein direktes Einwirken auf das Lerngeschehen durch das Organisationssystem nicht mit einer linear-kausalen Intervention gleichzusetzen.

sondern allein das soziale System, denn „(...) was ein Individuum an Kommunikation auslöst (...) hängt im Wesentlichen von dem sozialen Kontext ab, in dem Kommunikation erwartet, gehört und verstanden wird" (Luhmann 2006, S. 291). Wenn somit der soziale Kontext darüber befindet, was erwartet, gehört und verstanden wird, wenn also der soziale Kontext maßgeblich darüber (mit-) entscheidet, ob Transfer zugelassen oder verweigert wird, dann scheint es nicht allzu gewagt, festzustellen, dass das soziale System nicht *nicht* in den Transferprozess des*der Einzelnen einbezogen werden kann.

Ein systemisches Weiterbildungsmanagement löst sich daher von der verengten Individuumorientierung, wie sie dem traditionellen Weiterbildungsmanagement zugrunde liegt und erachtet die frühzeitige und umfassende Einbindung des sozialen (Sub-)Systems, also der Organisation bzw. Organisationseinheit (z. B. des Teams) in den Weiterbildungsprozess des Einzelnen als zwingend notwendig. Es geht somit aus Leitungsperspektive nicht um die Frage, *ob* das jeweilige Team in den Weiterbildungsprozess des Einzelnen eingebunden wird, sondern nur um die Frage, *wie* diese Einbindung stattfindet.

Leitungskräfte können hierbei als „(...) Grenzvermittler (‚Gatekeeper'), als Übersetzer von Außeneinflüssen ins System" (Wollnik 1994, S. 141) fungieren, die – um bei der Metapher des Übersetzens zu bleiben – strukturelle (und, soweit dies möglich ist, kulturelle) Vorkehrungen treffen, damit vermeintlich *Unverständliches* (das erlernte neue Wissen bzw. Verhalten des Organisationsmitglieds) innerhalb des jeweiligen sozialen (Sub-)Systems (z. B. des Teams) *verstanden* wird, es also Anschluss an die bestehenden Kommunikations- und Entscheidungsmuster findet und eine Aktivierung des systemeigenen Immunsystems verhindert wird (vgl. Heintel und Krainz 1994, S. 165).

Zugleich forcieren Leitungskräfte im Rahmen des systemischen Weiterbildungsmanagements aber auch – um der Metapher des Übersetzens weiter zu folgen – *Unverständnis*. Sie begrüßen es somit, wenn die individuellen Lernerfahrungen des sich weiterbildenden Organisationsmitglieds nicht direkt an die bestehenden Kommunikations- und Entscheidungsmuster anschließen, wenn somit Irritationen eingeführt werden, da sie wissen, dass so die Chance besteht, einen Transfer II. Ordnung auszulösen, der zur Steigerung der organisationalen Lernfähigkeit beitragen kann.

4.3.2 Förderung eines Transfers II. Ordnung

Wie zuvor eingeleitet, findet die Bezeichnung *Transfer I. Ordnung* Verwendung, wenn die individuumorientierte Übertragung der Weiterbildungsinhalte vom Lernin das Funktionsfeld im Mittelpunkt der Betrachtung stehen (originäre Anpassungsfunktion der betrieblichen Weiterbildung). Diese Perspektive dient dem traditionellen Weiterbildungsmanagement als Referenzpunkt.

Wenngleich auch ein systemisches Weiterbildungsmanagement dieser originären Zielsetzung der betrieblichen Weiterbildung verpflichtet ist, betrachtet es zugleich die Steigerung der organisationalen Lernfähigkeit als zusätzlichen Referenzpunkt der betrieblichen Weiterbildung. Zu diesem Zweck strebt es nicht nur einen Transfer I. Ordnung, sondern – wenn möglich – zugleich einen Transfer II. Ordnung an.

Basierend auf den Annahmen der Systemtheorie lässt sich nunmehr präziseren, was organisationale Lernfähigkeit ausmacht und wie ein Transfer II. Ordnung dazu beitragen kann, die Lernfähigkeit einer Organisation zu steigern.

Als lernfähig kann generell beschrieben werden, wer sich „,stören', irritieren, verunsichern lässt. Wer alles weiß (oder zu wissen glaubt), ist nicht mehr lernfähig" (Siebert 2005, S. 34). Übertragen auf Organisationen, geht es im Kern also darum, „sich als Organisation in ausreichendem Maße irritierbar zu halten, um überhaupt entscheiden zu können, ob in der jeweiligen Situation Lernen oder Nichtlernen die angemessene Strategie darstellt" (Wimmer 2012, S. 226).

Lernfähige Organisationen sind also keine Organisationen, die ständig lernen, sich also andauernd verändern. Würden Organisationen tatsächlich ständig lernen, würden sie zu einem „chronically unfrozen system" (Weick 1977, S. 39) mutieren, wodurch ihr Überleben möglicherweise stärker gefährdet wird, als wenn sie nicht lernen, da „Merkmale wie Identität und Integration, die normalerweise über klare Organisationsstrukturen hergestellt werden, verloren gehen" (Kühl 2015, S. 61 f.). Organisationen müssen sich daher in gewisser Weise ignorant gegenüber Lernanforderungen zeigen, sie benötigen also lernresistente, verlässliche Routinen, um sich als Einheit von ihrer Umwelt abzugrenzen und ihre Infrastrukturen aufrechtzuhalten. Anders formuliert, müssen Organisationen ein gewisses Maß an Langeweile etablieren (vgl. Simon 2013, S. 48). Zugleich – und hier zeigt sich die paradoxe Anforderung, der sich Leitungskräfte in Organisationen der Sozialen Arbeit stellen müssen – darf die organisationale Langeweile allerdings nicht überhandnehmen, da Organisationen sonst träge und unbeweglich werden. Eben jene Trägheit und Unbeweglichkeit kann dann dazu führen, dass Organisationen veränderte Rahmenbedingungen entweder erst gar nicht wahrnehmen oder sich aber trotz entsprechender Beachtung an die Routinen der Vergangenheit klammern und notwendige organisationale Veränderungsprozesse nicht oder zu spät einleiten.

4.3 Zur erweiterten Zielsetzung eines systemischen ...

Eine Organisation, die dauerhaft auf dem Sozialmarkt überleben will, muss daher die Balance zwischen der „Selbstlähmung perfekter Ordnung und der Willkür perfekter Unordnung" (Willke 1993, S. 97) halten. Sie muss lernen, wann Lernen und wann Nicht-Lernen die richtige Antwort auf veränderte Rahmenbedingungen darstellt. Zu diesem Zweck muss sie in der Lage sein „sich selbst (System) und ihre Umwelten zu beobachten, die Relevanz von Informationen für das Überleben zu bewerten, Zwecke von Mitteln und Bedingungen von Konsequenzen zu unterscheiden sowie die eigene Lernnotwendigkeit einschätzen können" (Simon 2007, S. 65).

Lernfähige Organisationen sind daher keine Organisationen, die sich kontinuierlich verändern, sondern die bemüht sind, kontinuierlich eine *Veränderungsbereitschaft* aufrechtzuhalten, um so im richtigen Moment zu entscheiden, ob Lernen oder Nicht-Lernen vonnöten ist. Zu diesem Zwecke verleihen sich lernfähige Organisationen neben den stabilitätsverleihenden Routinen zugleich Routinen zur kritischen Reflexion von Routinen. Eben jene Routinen zur kritischen Reflexion von Routinen sind darauf ausgerichtet, die Beobachtung der Umwelt nicht dem Zufall zu überlassen. Vielmehr wird diese systematisiert und kontinuierlich nach ‚irritierendem Material' abgetastet. Hierbei nehmen die Mitglieder der Organisation eine zentrale Rolle ein, da sie durch ihre subjektive Wahrnehmung „(…) der Organisation das nötige Irritationspotenzial zur Verfügung stellen (*können, S.G.*). Wenn sie ihre Wahrnehmungen, Meinungen etc. in die Kommunikation einspeisen oder zur Grundlage ihrer Entscheidungen machen, kann dies Routinen aufbrechen" (Simon 2007, S. 74 f.).

Damit die möglicherweise irritierenden Wahrnehmungen des*der Einzelnen zur kritischen Reflexion vorhandener Routinen animieren, bedarf es einerseits der aktiven Unterstützung des einzelnen Organisationsmitglieds, damit dieses seine*ihre Wahrnehmungen mitteilt, andererseits gilt es innerhalb des sozialen Systems eine Rahmung zu schaffen, die verhindert, dass solche – möglicherweise irritierenden – Mitteilungen des*der Einzelnen vorschnell abgeblockt werden. Die vorschnelle Aktivierung des ‚sozialen Immunsystems' – erkennbar an Sätzen wie „Das haben wir aber immer schon so gemacht", „Das ist hier nicht zu verändern", „Dafür müssten wir erst grünes Licht von oben haben" – gilt es folglich zu unterdrücken.

Wenn die betriebliche Weiterbildung auch darauf ausgerichtet werden soll, zur Steigerung der organisationalen Lernfähigkeit beizutragen, dann müssen Leitungskräfte also den*die einzelne*n sich weiterbildende Mitarbeiter*in aktiv dazu einladen, seine möglicherweise irritierenden Beobachtungen bzw. Erfahrungen aus dem externen Weiterbildungsangebot zu kommunizieren. Das Einräumen von zeitlichen Ressourcen während einer Teamsitzung, um hier mögliche Irritationen vorzustellen, die der*die Einzelne während eines Weiterbildungsangebots erfahren hat, ist ein Beispiel für die Schaffung solcher Rahmenbedingungen. Zugleich müssen Leitungskräfte stets auch das soziale System im Blick haben. Einerseits gilt es dieses davor zu schützen, dass es von zu vielen Irritationen geflutet wird, andererseits gilt es zu verhindern, dass sich die Kolleginnen und Kollegen aus dem Team zu schnell über die Irritation hinwegsetzen. Leitungskräfte müssen hierzu die vorhandenen – formalen und insbesondere informellen – Kommunikationsmuster innerhalb des sozialen Systems sorgsam beobachten.

Gelingt es, dass der*die Einzelne seine*ihre weiterbildungsbedingt erfahrene Irritation in die Kommunikation bringt und auf der Basis dieser Irritation vorhandene Handlungsroutinen einer kritischen Reflexion unterzogen werden – was bedeuten kann, dass diese entweder so bleiben, wie sie sind (Entscheidung *gegen* Lernen), oder aber eine (z. T. auch nur moderate) Veränderung erfahren (Entscheidung *für* Lernen) –, dann hat ein Transfer II. Ordnung stattgefunden. Die Organisation wurde hierdurch in ihrer Lernfähigkeit gestärkt.

Rückbezug zum Praxisbeispiel

Um einem systemischen Weiterbildungsmanagement von Beginn an einen besseren Start zu ermöglichen, haben die ASD-Leiterin Frau Sondermann und ihr stellvertretender Abteilungsleiter einen Workshop organisiert, an dem alle Teamleiterinnen und Teamleiter aus dem ASD der Stadt Musterhausen teilnehmen. In diesem Workshop soll nicht nur gemeinsam erarbeitet werden, was ein systemisches Weiterbildungsmanagement eigentlich ist, es gilt auch erste Vereinbarungen darüber zu treffen, wie ein solches systemisches Weiterbildungsmanagement konkret umgesetzt werden soll. Für die Moderation des Workshops konnte Frau Sondermann einen erfahrenen Kollegen aus dem Pflegekinderdienst gewinnen. Am Vormittag schaltet sich zudem eine externe Referentin für zwei Stunden online dazu, um in die Grundannahmen eines systemischen Weiterbildungsmanagements einzuführen.

Der Vormittag des Workshops ist von Höhen und Tiefen geprägt. Einerseits merkt Frau Sondermann, dass das systemische Denken vielen der Kolleginnen und Kollegen nicht fremd ist. Dieses aber auf das Leitungshandeln und ganz konkret auf die Steuerung der betrieblichen Weiterbildung im ASD zu übertragen, fällt vielen dennoch schwer. Kein Wunder, wird doch beispielsweise behauptet, dass der ASD gar nicht (unmittelbar) aus Menschen, sondern vielmehr aus kommunizierten Entscheidungen besteht. Gleichzeitig stellen die Menschen aber die überlebensnotwendigen Umwelten für den ASD dar. Neben zahlreichen irritierenden Momenten macht sich aber auch eine gewisse kollektive Erleichterung im Workshop breit. Es scheint vielen Kolleginnen und Kollegen gut zu tun, nunmehr theoriegeleitet erklären zu können, warum sich weder Menschen noch Teams oder Organisationen wie eine Maschine steuern lassen. Gleichwohl ist allen Workshopteilnehmenden klar, dass dies nicht bedeutet, sich der eigenen Steuerungsverantwortung entledigen zu können.

Am Nachmittag findet eine letzte Arbeitseinheit in Kleingruppen statt. Jede Gruppe soll die zentralen Lernerkenntnisse des Workshops diskutieren und sich darauf verständigen, was das größte ‚Aha-Erlebnis' des Workshops war. Am Ende des Workshops, als bereits alle Kolleginnen und Kollegen den Seminarraum verlassen haben, schaut sich Frau Sondermann noch einmal die Metaplanwand mit den Ergebnissen aus den Kleingruppen an. Auf den dort angepinnten Moderationskarten steht: ‚Weiterbildungsmanagement = Transfermanagement', ‚Irritationen als Chance', ‚Weg von der reinen Individuumbetrachtung', ‚Weiterbildung braucht Vor- und Nachbereitung', ‚Menschen sind keine Maschinen'. Auf einer Moderationskarte steht aber auch: ‚Viele Fragen in Bezug auf Umsetzung' – Richtig, denkt Frau Sondermann, jetzt geht es darum, die konkrete Umsetzung eines systemischen Weiterbildungsmanagements anzugehen. Zugleich erinnert sie sich an das erste Gespräch zur Idee eines systemischen Weiterbildungsmanagements mit ihrem stellvertretenden ASD-Leiter und der damaligen Vereinbarung, kleine erste Schritte zu gehen, damit ein systemisches Weiterbildungsmanagement eine Chance hat, sich in Musterhausen entfalten zu können.◄

Literatur

Bogumil, J. & Jann, W. (2009). *Verwaltung und Verwaltungswissenschaft in Deutschland. Einführung in die Verwaltungswissenschaft*. Wiesbaden: Springer VS.
Boos, F. & Mitterer, G. (2014). *Einführung in das systemische Management*. Heidelberg: Carl-Auer.
Foerster, H. v. (1997). Abbau und Aufbau. In F. B. Simon (Hrsg.), *Lebende Systeme. Wirklichkeitskonstruktionen in der systemischen Therapie* (S. 32–51). Frankfurt am Main: Suhrkamp.
Gesmann, St. (2022). Management. In J. V. Wirth & H. Kleve (Hrsg.), *Lexikon des systemischen Arbeitens: Grundbegriffe der systemischen Praxis, Methodik und Theorie* (im Erscheinen). Heidelberg: Carl-Auer.

Gesmann, St. & Merchel, J. (2021). *Systemisches Management in Organisationen der Sozialen Arbeit. Handbuch für Studium und Beruf*. Heidelberg: Carl-Auer.

Groth, Th. (2017). *66 Gebote systemischen Denkens und Handelns in Management und Beratung*. Heidelberg: Carl-Auer

Grunwald, K. (2015). Postheroisches Management als Herausforderung für Fach- und Leitungskräfte aus der Perspektive einer Lebensweltorientierten Sozialen Arbeit. In *Zeitschrift für Sozialpädagogik ZfSp*, Ausgabe 02 (S. 178–185).

Heintel, P. & Krainz, E. E. (1994). Was bedeutet „Systemabwehr"? In K. Götz (Hrsg.), *Theoretische Zumutungen. Vom Nutzen der systemischen Theorie für die Managementpraxis* (S. 160–193). Heidelberg: Carl-Auer.

Kasper, H., Mayrhofer, W. & Meyer, M. (1999). Management aus systemtheoretischer Perspektive – eine Standortbestimmung. In D. v. Eckardstein (Hrsg.), *Management. Theorien – Führung – Veränderung* (S. 161–210). Stuttgart: Schäffer-Poeschel.

Kneer, G. & Nassehi, A. (2000). *Niklas Luhmanns Theorie sozialer Systeme. Eine Einführung*. München: W. Fink.

Kühl, St. (2015). *Das Regenmacher-Phänomen. Widersprüche im Konzept der lernenden Organisation*. Frankfurt am Main: Campus.

Luhmann, N. (2006). *Organisation und Entscheidung*. Wiesbaden: VS.

Malik, F. (2008). *Strategie des Managements komplexer Systeme. Ein Beitrag zur Management-Kybernetik evolutionärer Systeme*. Bern: Haupt.

Martens, W. & Ortmann, G. (2006). Organisation in Luhmanns Systemtheorie. In A. Kieser & M. Ebers (Hrsg.), *Organisationstheorien* (S. 427–461). Stuttgart: Kohlhammer.

Maturana, H. R. & Varela, F. J. (2009). *Der Baum der Erkenntnis. Die biologischen Wurzeln menschlichen Erkennens*. Frankfurt am Main: Fischer.

Merchel, J. (2009). Zur Debatte um „Sozialmanagement". Anmerkungen zu Bilanz und Perspektiven nach annähernd 20 Jahren. In K. Grunwald (Hrsg.), *Vom Sozialmanagement zum Management des Sozialen? Eine Bestandsaufnahme* (S. 62–84). Baltmannsweiler: Schneider.

Nagel, R. & Wimmer, R. (2009). Systemische Strategieberatung: *Modelle und Strategien für Berater und Entscheider*. Stuttgart: Schäffer-Poeschel.

Neuberger, O. & Wimmer, P. (1998). *Personalwesen 2. Personalplanung Beschäftigungssysteme Personalkosten Personalcontrolling*. Stuttgart: Enke.

Schmitz, Ch. (1992). Erfolg und Vielfalt. Zum Nutzen systemischen Denkens und Handelns im Management. In Ch. Schmitz, P. Gester & B. Heitger (Hrsg.), *Managerie. Systemisches Denken und Handel im Management* (S. 41–70). Heidelberg: Carl-Auer.

Schuldt, Ch. (2006). *Systemtheorie*. Hamburg: CEP Europäische Verlagsanstalt.

Siebert, H. (2005). *Pädagogischer Konstruktivismus. Lernzentrierte Pädagogik in Schule und Erwachsenenbildung*. Weinheim: Beltz.

Simon, F. B. (2005). *„Radikale" Marktwirtschaft. Grundlagen des systemischen Managements*. Heidelberg: Carl-Auer.

Simon, F. B. (2007). *Einführung in die systemische Organisationstheorie*. Heidelberg: Carl-Auer.

Simon, F. B. (2013). *Gemeinsam sind wir blöd!? – Die Intelligenz von Unternehmen, Managern und Märkten*. Heidelberg: Carl-Auer.

Weick, K. E. (1977). Organization design: Organizations as self-designing systems. In *Organizational Dynamics*, 6 (S. 31–46).

Literatur

Willke, H. (1987). Strategien der Intervention in autonome Systeme. In N. Luhmann & D. Baecker (Hrsg.), *Theorie als Passion. Niklas Luhmann zum 60. Geburtstag* (S. 333–361). Frankfurt am Main: Suhrkamp.

Willke, H. (1993). *Systemtheorie entwickelter Gesellschaften: Dynamik und Riskanz moderner Selbstorganisation.* Weinheim, München: Juventa.

Willke, H. (1994). Systemtheoretische Strategien des Erkennens. Wirklichkeit als Konstruktion. In K. Götz (Hrsg.), *Theoretische Zumutungen. Vom Nutzen der systemischen Theorie für die Managementpraxis* (S. 97–116). Heidelberg: Carl-Auer.

Willke, H. (1999). *Systemtheorie II: Interventionstheorie. Grundzüge einer Theorie der Intervention in komplexe Systeme.* Stuttgart: UTB.

Willke, H. (2001). *Systemtheorie III: Steuerungstheorie. Grundzüge einer Theorie der Steuerung komplexer Systeme.* Stuttgart: UTB.

Willke, H. (2006). *Systemtheorie I: Grundlagen.* Stuttgart: UTB.

Willke, H. (2007). *Einführung in das systemische Wissensmanagement.* Heidelberg: Carl-Auer.

Wimmer, R. (2012). *Organisation und Beratung. Systemtheoretische Perspektiven für die Praxis.* Heidelberg: Carl-Auer.

Wimmer, R. (2015). Die Steuerung des Unsteuerbaren. In B. Pörksen (Hrsg.), *Schlüsselwerke des Konstruktivismus* (S. 509–534). Wiesbaden: Springer VS.

Wollnik, M. (1994). Interventionschancen bei autopoietischen Systemen. In K. Götz (Hrsg.), *Theoretische Zumutungen. Vom Nutzen der systemischen Theorie für die Managementpraxis* (S. 118–160). Heidelberg: Carl-Auer.

Zauner, A. (2007). Über Solidarität zu Wissen. Ein systemtheoretischer Zugang zu Nonprofit Organisationen. In Ch. Badelt (Hrsg.), *Handbuch der Nonprofit Organisation. Strukturen und Management* (S. 141–166). Stuttgart: Schäeffer-Poeschel.

Systemisches Weiterbildungsmanagement in der Umsetzung

5

Zusammenfassung

Basierend auf den vorherigen Ausführungen zu den Grundannahmen eines systemischen Weiterbildungsmanagements und dessen erweiterter Zielsetzung (vgl. Kap. 4), soll nunmehr konkretisiert werden, wie ein systemisches Weiterbildungsmanagement in der Praxis von Einrichtungen der Sozialen Arbeit Anwendung finden kann. Hierbei orientiert sich auch ein systemisches Weiterbildungsmanagement an der strukturgebenden Ablauflogik des traditionellen Weiterbildungsmanagements, was bedeutet, dass der Weiterbildungsprozess in seine einzelnen Phasen gegliedert wird und hierbei in der Phase vor Beginn einer Weiterbildung die Bedarfsanalyse und die Zielformulierung und in der Phase nach Beendigung einer Weiterbildung die Evaluation und die Transfersicherung entsprechende Beachtung erfährt. Welche Konsequenzen mit einer systemtheoretischen Betrachtung dieser einzelnen Teilprozesse verbunden sind und wie sich die in Abschn. 4.3 skizzierte erweiterte Zielsetzung eines systemischen Weiterbildungsmanagements innerhalb der Teilprozesse niederschlägt, gilt es nachfolgend dezidierter zu betrachten. Wohl wissend, dass Steuerung aus systemtheoretischer Sicht nur in Form von Kontextsteuerung möglich ist, werden zudem Konsequenzen für die Gestaltung von Entscheidungsprämissen skizziert.

© Der/die Autor(en), exklusiv lizenziert an Springer Fachmedien Wiesbaden GmbH, ein Teil von Springer Nature 2022
S. Gesmann, *Systemisches Weiterbildungsmanagement in Organisationen der Sozialen Arbeit*, Basiswissen Sozialwirtschaft und Sozialmanagement,
https://doi.org/10.1007/978-3-658-38322-0_5

> **Lernziele**
>
> - Sie können die einzelnen Teilelemente des Weiterbildungsmanagements systemtheoretisch einordnen und von traditionellen Ansätzen des Weiterbildungsmanagements abgrenzen.
> - Sie wissen, was Entscheidungsprämissen sind, und können konkrete Ansätze benennen, wie über die Beeinflussung von Entscheidungsprämissen ‚Kontextsteuerung' betrieben werden kann, um ein systemisches Weiterbildungsmanagement in der Praxis der Sozialen Arbeit umzusetzen.
> - Sie können erklären, warum die Kultur einer Organisation als unentscheidbare Entscheidungsprämisse betrachtet werden muss und welche Bedeutsamkeit eine lernförderliche Organisationskultur im Rahmen eines systemischen Weiterbildungsmanagements einnimmt.

5.1 Ansätze vor Beginn einer Weiterbildung

Wenn sich ein systemisches Weiterbildungsmanagement durch ein reflektiertes – i. d. R. deutlich weniger steuerungsoptimistisches – Steuerungsverständnis auszeichnet, als es dem traditionellen Weiterbildungsmanagement implizit zugrunde liegt, und zudem im Zuge der erweiterten Zielsetzung neben der Förderung eines Transfers I. Ordnung auch Bedingungen für einen möglichen Transfer II. Ordnung geschaffen werden sollen, dann braucht es in Bezug auf die Ansätze eines Weiterbildungsmanagements vor Beginn einer Weiterbildung eine theoriegeleitete Neuinterpretation hinsichtlich der Teilprozesse ‚Bedarfsanalyse' und ‚Ziele setzen'.

5.1.1 Bedarfsanalyse – systemisch

Verkürzt betrachtet grenzt sich die Bedarfsanalyse innerhalb eines systemischen Weiterbildungsmanagements von der Bedarfsanalyse in einem traditionellen Weiterbildungsmanagement dadurch ab, dass sie sich 1) von einem positivistischen Bedarfsverständnis distanziert, 2) ein erweitertes Partizipationsverständnis forciert, 3) den Bedürfnissen der Organisationsmitglieder deutlich mehr Beachtung schenkt sowie 4) sich darüber hinausgehend stärker der Potenzialentwicklung verschreibt, als dies innerhalb des traditionellen Weiterbildungsmanagements der Fall ist.

(1) Vom positivistischen zum konstruktivistischen Bedarfsverständnis
Bereits in den Ausführungen zu den Problemfeldern der Bildungsbedarfsanalyse wurde darauf verwiesen, dass im traditionellen Weiterbildungsmanagement der impliziten Annahme gefolgt wird, ein Bedarf sei objektiv gegeben und könne auch mathematisch durch einen Soll-Ist-Abgleich eindeutig bestimmt werden. Aus einer systemtheoretischen Perspektive ist ein solches „(…) undifferenziertes, simplifizierendes, geradezu positivistisches" (Tredop 2008, S. 178) Verständnis vom Teilprozess der Bedarfsanalyse nicht haltbar.

Dem konstruktivistischen Paradigma folgend, wird aus systemtheoretischer Perspektive bezweifelt, dass es eine Wirklichkeit gibt, die objektiv erschlossen und somit unabhängig vom jeweiligen Beobachtenden als gegeben betrachtet werden kann. Vielmehr wird Realität als individuelle (Beobachtungs-)Konstruktion definiert. Beobachtungen beruhen hierbei zwangsläufig und unvermeidlich auf Unterscheidungen und Bezeichnungen, die i. d. R. implizit getroffen werden. Es gibt somit keine Beobachtung, die unabhängig vom jeweiligen Beobachtenden ist.

> „Wir gehen nie mit der Wirklichkeit ‚an sich' um, sondern wir bilden unsere Erfahrung mit Hilfe von Perzeptions-Systemen, die in unserer Gehirnstruktur angelegt sind. Einzelne Erkenntnisse müssen in diese Systeme hineinpassen, viabel sein. Realität ist also ein subjektives Konstrukt, das erst durch die Abstimmung mit den Konstrukten anderer Beobachter den Charakter einer ‚objektiven' Welt erhält, die scheinbar unabhängig von Wahrnehmungen existiert. Wir müssen die tradierten Vorstellungen von ‚absoluter Wahrheit' und ‚Objektivität' aufgeben" (Kösel 1993, S. 48).

Löst man sich somit von einem positivistischen Weltbild, wonach die Realität objektiv gegeben und eine Erkenntnis der *Wirklichkeit* durch systematische Beobachtung möglich ist (vgl. Meissner et al. 2009, S. 22), dann deutet vieles darauf hin, dass auch ein Bedarf „(…) keineswegs eine irgendwie verborgene Größe [ist, S.G.], die nur auf ihre Aufdeckung mittels besonders raffinierter Techniken wartet" (Arnold und Lermen 2004, S. 15). Vielmehr scheint auch ein lokalisierter und formulierter Weiterbildungsbedarf das Ergebnis einer Beobachtung (also einer Unterscheidung und Bezeichnung) zu sein. Folglich könnten verschiedene Beobachtende, abhängig von den Bedingungen ihres Beobachtens auch zu unterschiedlichen Wahrnehmungen und Weltbildern und damit zu unterschiedlichen Bedarfskonstruktionen kommen (vgl. Neuberger und Wimmer 1998, S. 22).

Ein systemisches Weiterbildungsmanagement basiert auf der Annahme, dass Bedarf nicht empirisch-analytisch eindeutig und objektiv feststellbar ist, wie es komplexitätsreduzierende Instrumente und Methoden der Bedarfsanalyse bisweilen suggerieren (vgl. Faulstich 1998, S. 105 f.). Vielmehr wird die Bestimmung des Bedarfs als „Konstruktionsprozess" (Stender 2009, S. 127) betrachtet, bei dem der jeweilige Beobachtungsstandpunkt darüber entscheidet, was gesehen wird (vgl. Neuberger und Wimmer 1998, S. 22).

> „Weiterbildungsbedarf ist eine Kategorie, die weder allein aus empirischen Untersuchungen über die Bedürfnisse und Bildungsinteressen von Adressaten und Teilnehmern noch aus der Analyse von als problematisch angesehenen Abschnitten der objektiven gesellschaftlichen Wirklichkeit abgeleitet werden kann. Die über solche (...) Untersuchungsmethoden erzielbaren Ergebnisse liefern Rohdaten, die im Wege intersubjektiver Verständigung zu Weiterbildungsbedarf transformiert werden können (...). Weiterbildungsbedarf kommt also im Wege eines Aushandlungsprozesses zustande" (Brödel 1983, S. 114).

Versteht man Bedarf als Ergebnis eines Aushandlungsprozesses, dann liegt es auf der Hand, dass ein solcher Prozess nur möglich erscheint, wenn verschiedene Akteure bei der Bestimmung dessen, was als Bedarf konstruiert wird, auch beteiligt sind (vgl. Faulstich 1998, S. 107). Partizipative Formen der Bedarfsanalyse versuchen eben jenem Anspruch gerecht zu werden und grenzen sich somit von solchen Formen der Bedarfsanalyse ab, die primär fremdbestimmt sind, bei denen also der*die Vorgesetzte, die Bildungsabteilung oder wer auch immer *feststellt,* welcher Bildungsbedarf besteht (vgl. Domsch 1983, S. 97).[1]

(2) Von der Scheinpartizipation zur erweiterten Partizipation
Partizipation im Feld der Sozialen Arbeit steht grundlegend für unterschiedliche Ansätze „(...) der bewussten Beteiligung von Adressaten/innen und meint dabei Teilnahme, teilhaben lassen, Mitgestaltung, Selbstorganisation, Koproduzentenschaft" (Gintzel 2017, S. 700 f.) Konkretisiert man den Begriff der Partizipation, so kann hierunter

- „(...) das Zusammenwirken von einzelnen Personen und/oder Personengruppen (Partizipationssubjekten)

---

[1] Dass solche fremdbestimmten Bedarfsanalysen aus einer systemischen Perspektive unmöglich sind, sei hier noch einmal betont. Fremdbestimmte Bedarfsanalysen basieren auf der Annahme, dass sich Bedarf quasi *auslesen* lässt. Aus Perspektive der Systemtheorie ist ein solches Vorgehen nicht möglich, da keiner „(...) in das Bewußtsein, das Gefühlsleben, die Gedankenwelt des anderen hineinschauen und beobachten [kann, S.G.], nach welchen Operationsregeln der andere arbeitet" (Willke 1987, S. 342).

5.1 Ansätze vor Beginn einer Weiterbildung

- bei der Wahrnehmung konkreter Aufgaben im Unternehmen (Partizipationsobjekt)
- in einer bestimmten Ausprägung (Partizipationsgrad)
- auf der Basis eines bestimmten Anspruchs (Partizipationsgrundlage)" (Domsch 1983, S. 60)

verstanden werden.

Wenn partizipative Formen der Bedarfsanalyse durch ein *Zusammenwirken von einzelnen Personen und/oder Personengruppen* gekennzeichnet ist, wird deutlich, dass die simple Delegation der Bedarfsfeststellung auf Mitarbeitende (gemäß dem Motto: Du weißt doch am besten selber, was du brauchst!) keine Form von Partizipation darstellt. Stender spricht hier zu Recht von einer „Scheinpartizipation" (Stender 2009, S. 178) und fordert mit Blick auf die betriebliche Weiterbildung stattdessen „(…) die umfassende Einbindung des Mitarbeiters in den gesamten Planungsprozess" (Stender 2009, S. 178).

Um partizipative Bedarfsanalysen in der Praxis umzusetzen, schlägt Domsch eine Reihe von unterschiedlichen Methoden vor, von denen einige bereits zuvor genannt wurden (vgl. Abschn. 3.2.1). Hierbei erhalten insbesondere Formen der Bedarfsanalyse auf Basis kritischer Vorfälle und Ereignisse, mithilfe von gegenseitigen Interviews oder im Rahmen von Beurteilungs- und Förderungsgesprächen sowie in der Folge von Mitarbeiterbefragungen eine besondere Beachtung (vgl. Domsch 1983, S. 103). Detaillierte Formen der partizipativen Bedarfsanalyse finden sich auch bei anderen Autoren (Stender 2009, S. 178; Arnold und Bloh 2009, S. 32 f.; Tredop 2008, S. 186). Ein Vergleich der o. g. Autoren zeigt, dass nicht nur hinsichtlich des *Partizipationsobjekts* (der zu konstruierende Weiterbildungsbedarf), sondern auch in Bezug auf das *Partizipationssubjekt* (der*die jeweilige Mitarbeitende und sein*e/ihr*e Vorgesetzte*r bzw. die Personalentwicklungsabteilung) Einigkeit zu herrschen scheint.

Umso mehr erstaunt es, dass die jeweiligen Kolleginnen und Kollegen aus dem Team in der Regel nicht als Partizipationssubjekte betrachtet werden. Lediglich Arnold weist im Rahmen der Bedarfsanalyse explizit auf diese hin. So fordert er, dass „(…) Bildungsbedarf (…) im Dialog mit den Teammitgliedern konstruiert wird" (Arnold 2000, S. 31). Hierfür – so Arnold – ist eine stellvertretende Führung vonnöten, die

> „(…) im Team klären [lässt, S.G.], welche Probleme kurz-, mittel- und langfristig gelöst werden müssen und welche Kompetenzen dafür von strategischer Bedeutung sind. Darüber hinaus gibt eine solche dialogische Bedarfsanalyse dem Einzelnen auch die Möglichkeit, seine eigenen Qualifizierungswünsche mit ins Gespräch zu bringen.

> Indem die Frage der Kompetenzentwicklung so zu einem gemeinsamen Thema wird, ist auch (...) gewährleistet, dass das Gelernte später auch am Arbeitsplatz angewandt werden kann. Da alle Beteiligten wissen, weshalb eine bestimmte Kompetenzentwicklung im Team realisiert worden ist (z. B. durch Entsendung eines Mitarbeiters zu einer Fortbildung), ist ihnen zumindest auch bewusst, dass dieser Mitarbeiter hiernach auch diese Kenntnisse anwenden können muss und nicht alles so bleiben kann wie bisher. Es ist deshalb wahrscheinlicher, dass durch die dialogische Bedarfsanalyse (die Besprechung der Bildungsbedarfe im und mit dem Team) bessere Voraussetzungen für den Transfer bzw. die Übertragung des Gelernten in die Praxis gegeben sind" (Arnold 2000, S. 30 f.).

Mit seinem Vorschlag, das jeweilige Team mit in den Prozess der Bedarfskonstruktion aufzunehmen, greift Arnold die hier geforderte exponierte Stellung von sozialen Subsystemen in Bezug auf die Förderung eines Transfers I. Ordnung sowie eines Transfers II. Ordnung auf. Zugleich werden so Ansätze der Transferförderung bereits als konstitutive Bestandteile der Bedarfsanalyse betrachtet.

Beschränkt sich – wie von der Mehrzahl der Autorinnen und Autoren benannt – der Partizipationsgedanke hingegen auf die Beziehung zwischen der Leitungskraft und den Mitarbeitenden, droht einerseits das *Immunsystem* des sozialen Subsystems aktiviert zu werden, sobald das veränderte Verhalten einer*s Mitarbeitenden nach der Weiterbildung nicht mehr direkt an die jeweilige Systemlogik des sozialen Subsystems anschließen kann. Andererseits wird hierdurch die Chance verpasst, einen *günstigen Nährboden* auch für einen Transfer II. Ordnung nach der Weiterbildung zu schaffen.

Ein hier neu interpretiertes systemisches Weiterbildungsmanagement zeichnet sich somit nicht nur dadurch aus, dass es sich von einem positivistischen Bedarfsverständnis abgrenzt und stattdessen Bedarf als ein Konstrukt begreift, welches aus einem Aushandlungsprozess hervorgeht, sondern folgt auch einem erweiterten Partizipationsverständnis, das sich nicht auf die Partizipationssubjekte Mitarbeitende und Leitungskraft beschränkt, sondern auch das jeweilige soziale Subsystem mit in den Fokus nimmt.

Werkstattzirkel, Qualitätszirkel, Beteiligungsgruppen oder aber die wöchentlich stattfindende Teamsitzung stellen Möglichkeiten dar, Teamkolleginnen und -kollegen stärker in den Bedarfskonstruktionsprozess einzubeziehen und so eine Basis für gelingenden Transfer (I. und II. Ordnung) herzustellen (vgl. Faulstich 1998, S. 115).

Das erweiterte Partizipationsverständnis eines systemischen Weiterbildungsmanagements grenzt sich darüber hinaus vom klassischen Weiterbildungsmanagement dadurch ab, dass es der Unterscheidung von individuellen Weiterbildungsbedürfnissen der Mitarbeitenden und dem – in der Regel aus Leitungssicht formulierten – organisationalen Bedarf deutlich mehr Beachtung schenkt. Während im traditionellen Weiterbildungsmanagement dem Organisationsmitglied im Zweifel der organisationale Bedarf übergestülpt wird, geht ein systemisches Weiterbildungsmanagement davon aus, dass die Konstruktion von Weiterbildungsbedarf ohne – wie auch immer ausgeprägtes – Weiterbildungsbedürfnis nicht möglich ist. Kurz: *Kein Bedarf ohne individuelles Bedürfnis!*

(3) Vom auferlegten Bedarf zum Bedarf mit individuell angekoppelten Bedürfnissen

Wenn Veränderungen von autopoietischen, operational geschlossenen Systemen nur durch Selbstveränderung möglich sind, wenn das Lernen von Organisationsmitgliedern somit nicht *technisch erzeugt,* sondern nur von außen angeregt werden kann, dann muss auch jede Weiterbildungsaktivität, die letztlich auf Veränderungen welcher Art auch immer (Veränderungen des Wissens, der Methodik, des Verhaltens etc.) abzielt, durch den Wunsch nach Selbstveränderung, also durch ein *Weiterbildungsbedürfnis* des Organisationsmitglieds (mit-)getragen werden. Analytisch betrachtet müssen Weiterbildungsbedürfnisse dem Operationsmodus eines psychischen Systems zugeordnet werden. Folglich kann ein Weiterbildungsbedürfnis auch nicht von außen (also aus der Umwelt) erzeugt oder eingeführt werden.

Zwecks Weckung eines Weiterbildungsbedürfnisses können Leitungskräfte aber auf die Fähigkeit zur Selbstbeobachtung psychischer Systeme vertrauen. Gemäß dem Motto: Wenn die vorhandenen Qualifikationen und Kompetenzen eines*einer Mitarbeitenden nicht mehr mit den auszuführenden Aufgaben übereinstimmen (Diskrepanz zwischen Soll und Ist), wird es der*die Mitarbeiter*in schon wahrnehmen und sich melden, um sein*ihr Weiterbildungsbedürfnis zu befriedigen. Die Frage nach den Weiterbildungswünschen im jährlich stattfindenden Mitarbeitergespräch scheint auf eine solche ‚Selbstdiagnosefähigkeit' der Mitarbeitenden zu setzen.[2]

Das bloße Vertrauen auf die Selbstbeobachtung der Organisationsmitglieder birgt aber die Gefahr, dass potenzielle Notwendigkeiten zur Selbstveränderung aufgrund *blinder Flecken* nicht oder erst (zu) spät erkannt werden. Aus diesem Grund versteht sich die Bedarfsanalyse in einem systemischen Weiterbildungsmanagement als *Hilfestellung zur Selbstbeobachtung.* Hierfür können Leitungskräfte auf Methoden der systemischen Gesprächsführung zurückgreifen (wie z. B. zirkulären Fragen,

---

[2] Dass strukturierte Mitarbeitendengespräche überhaupt regelmäßig stattfinden, scheint in der Sozialen Arbeit nach wie vor eher die Ausnahme als die Regel zu sein (vgl. Friedrich 2010, S. 71).

Skalierungsfragen, Wunderfragen oder Formen der paradoxen Intervention), die insbesondere in der Sozialen Arbeit bereits weite Verbreitung finden. Der Einsatz solcher Methoden zielt hierbei nicht darauf ab, dem Organisationsmitglied ein Weiterbildungsbedürfnis durch die *Hintertür* zu vermitteln (dies ist ja systemtheoretisch auch nicht möglich), sondern dem*der Mitarbeitenden „(...) mit der Kontingenz seiner (ihrer, S.G.) ‚normalen' Selbstbeschreibung und Weltsicht" (Willke 1987, S. 356) zu konfrontieren. Wenn der*die Einzelne erkennt, dass die eigene Selbstbeschreibung (beispielsweise hinsichtlich der geforderten und vorhandenen Kompetenzen) auch anders sein könnte, steigt die Chance, dass eine (Selbst-) Veränderungsbereitschaft, also ein Weiterbildungsbedürfnis, geweckt wird.

Wenn Leitungskräfte ihre Mitarbeitenden gut kennen, was aus systemischer Perspektive bedeutet, dass sie relativ gut mit der *inneren Logik* des psychischen Systems vertraut[3] sind, dann können sie zwecks Förderung einer Veränderungsbereitschaft auch den Versuch unternehmen, „(...) dosierte Diskrepanzen an das System heranzutragen" (Kasper et al. 1999, S. 188).

Nimmt eine Leitungskraft beispielsweise eine Diskrepanz zwischen gefordertem und vorhandenem Fachwissen bei einem Mitarbeitenden wahr, dann wird eine solche wahrgenommene Differenz bei entsprechender Mitteilung nur dann eine Veränderungsbereitschaft (also ein Weiterbildungsbedürfnis) des Organisationsmitglieds auslösen, wenn die Diskrepanz zwischen Selbst- und Fremdbeobachtung nicht zu groß ist. Um hier die richtige *(Mitteilungs-)Dosis* bestimmen zu können, bedarf es also einer guten Kenntnis der *inneren Logik* des psychischen Systems, das heißt, Leitungskräfte müssen einschätzen können, was einem*einer Mitarbeitenden an möglicher Diskrepanz zwischen Selbst- und Fremdwahrnehmung zuzumuten ist. Wird hier das *falsche Maß* gewählt, droht jeder Versuch der Einflussnahme auf die Veränderungsbereitschaft im Sande zu verlaufen, da einzig und allein das „(...) intervenierte System (...) die Kriterien (...) [vorgibt, S.G.], unter denen es bereit ist, sich beeindrucken zu lassen" (Willke 1987, S. 334).

(4) Von der reinen Anpassungs- zur ergänzenden Potenzialorientierung
Es dürfte deutlich geworden sein, dass die stärkere Fokussierung der Wünsche und Bedürfnisse der Mitarbeitenden (ohne hierbei die organisationale Perspektive außer Acht zu lassen) in einem systemischen Weiterbildungsmanagement kein *Mittel zum Zweck* darstellt, um den Mitarbeitenden die organisationalen Interessen im Sinne

---

[3] Ein solches *Vertrautsein* kann immer nur *relativ* gut sein, da sich psychische Systeme nicht von außen auslesen lassen und folglich die innere Logik eines psychischen Systems immer nur durch Beobachtung von Verhalten erschlossen werden kann.

5.1 Ansätze vor Beginn einer Weiterbildung

einer Scheinpartizipation durch die *Hintertür* aufzudrängen. Vielmehr gilt ein Weiterbildungsbedürfnis als notwendige motivationale Voraussetzung, um Prozesse der Selbstveränderung in der betrieblichen Weiterbildung erst zu ermöglichen.

Eine stärkere Berücksichtigung der Wünsche und Bedürfnisse der Organisationsmitglieder findet aber auch statt, um die reine mitarbeiterbezogene Anpassungslogik, wie sie traditionellen Ansätzen des Weiterbildungsmanagements zugrunde liegt, zu überwinden. Ebene jene Anpassungslogik zeichnet sich dadurch aus, dass die jeweiligen betrieblichen Anforderungen in Form von Soll-Werten den Fixpunkt für die Anpassung der Mitarbeiterqualifikationen (die jeweiligen Ist-Werte) darstellen (vgl. Pawlowsky und Bäumer 1996, S. 44). Stellen- und Funktionsbeschreibungen sowie Kompetenzprofile, die wiederum aus der Beschreibung von Dienstleistungen und der Aufgabendefinition abgeleitet werden, dienen hier als Orientierung und zugleich als Referenzpunkt (Soll-Wert) für die (oftmals nur schwer zu bestimmenden) vorhandenen Qualifikationen und Kompetenzen der Mitarbeitenden (Ist-Wert).

Wenngleich erste Ansätze zur stärkeren Nutzung von Kompetenzprofilen in der Sozialen Arbeit einerseits zu begrüßen sind (vgl. Pamme und Merchel 2014, S. 46 ff.), da Anforderungen hier losgelöst vom individuellen Mitarbeitenden stellenbezogen (und nicht individuumbezogen) formuliert werden, ist eine reine Orientierung an solchen Kompetenzprofilen aus (mindestens) zwei Gründen bedenklich.

Zum einen sind Kompetenzprofile das Ergebnis eines Komplexitätsreduktionsprozesses, bei dem aufgabenspezifische Anforderungen aus der Vielzahl möglicher Anforderungen durch eine*n Beobachter*in (hochselektiv) ausgewählt werden. Einmal definierte Kompetenzanforderungen (die in Kompetenzprofilen *kondensiert* sind) sind somit nicht *objektiv* gegeben, sondern kontingent und somit jederzeit auch anders möglich. Dies macht sie in Zeiten von sich schnell verändernden Umwelten *beobachtungsbedürftig*. Im Rahmen eines systemischen Weiterbildungsmanagements wird daher dafür plädiert, die Viabilität bestehender richtungsweisender Soll-Werte regelmäßig kritisch zu reflektieren.

Zum anderen scheint die ausschließliche Fokussierung auf vermeintlich objektiv formulierte Soll-Werte bedenklich, da sie – einem Korsett gleich – die Entfaltung von Mitarbeiterpotenzialen einschränken können und so indirekt den strukturellen Konservatismus sozialer Systeme stützen.

Versteht man Mitarbeiterpotenziale[4] als „schlummernde" (Stender 2009, S. 135) Fähigkeiten der Organisationsmitglieder, die bislang in der Organisation nicht *zur*

---
[4] Bisweilen werden die Begriffe Potenzial und Kompetenz synonym verwendet. Eine solche Gleichschaltung der Begrifflichkeiten wird an dieser Stelle abgelehnt. Vielmehr wird – in Anlehnung an Stender – unter Potenzial die Anlage einer Person gemeint, die als Grundlage

Geltung (also nicht in die Kommunikation) gebracht worden sind, dann kann die Förderung der Mitarbeiterpotenziale aus systemtheoretischer Perspektive auch ein Ansatz sein, das soziale (Sub-)System mit Fremdreferenz anzureichern und so der Gefahr entgegenzutreten, dass sich das soziale (Sub-)System wie ein Plattenspieler in einer kaputten Rille selbstreferentiell verfängt. Eine Bedarfsanalyse innerhalb eines systemischen Weiterbildungsmanagements zielt somit auch darauf ab „(…) tätigkeitsunabhängige Mitarbeiterpotentiale bzw. die Lernpotentiale der Mitarbeiter zur Entfaltung zu bringen" (Pawlowsky und Bäumer 1996, S. 46), um so zur Steigerung der organisationalen Lernfähigkeit beizutragen. Hiermit lösen sich potenzialorientierte Formen der Bedarfsanalyse von einem linearen, deterministischen Argumentationsmuster, das sich in der Regel darauf beschränkt, aus dem jeweiligen Arbeitsplatz Aufgaben abzuleiten, die wiederum in Anforderungen überführt werden, die wiederum – bei ihrer Nicht-Erfüllung – in Qualifikationsanforderungen überführt werden, die wiederum durch Lernen in der betrieblichen Weiterbildung erfüllt werden sollen und so zusammenfassend die betriebliche Weiterbildung auf ihre innovationsarme Anpassungsfunktion reduzieren (vgl. Faulstich 1998, S. 106).

Rückbezug zum Praxisbeispiel

Nach dem Workshop zur Einführung eines systemischen Verständnisses von Weiterbildungsmanagement hat Frau Sondermann die große Dienstbesprechung genutzt, um dort allen ASD-Kolleginnen und -Kollegen das neue Verständnis von Weiterbildungsmanagement vorzustellen. An dieser großen Dienstbesprechung hat auch Frau Brandenburg, langjährige Mitarbeiterin im ASD der Stadt Musterhausen, teilgenommen. Wenngleich Frau Brandenburg nicht alles verstanden hat, was Frau Sondermann gesagt hat, wirkt das ‚neue' Weiterbildungsmanagement auf sie deutlich weniger kalt und technisch als das, was sie zuvor rund um das Thema im ASD kennengelernt hat. Zudem findet Frau Brandenburg es sehr vernünftig, dass dieses neue Verständnis von Weiterbildungsmanagement in kleinen Schritten eingeführt wird. Bedarfsanalysen sollen daher zunächst auch nur bei umfangreicheren Weiterbildungen durchgeführt werden.

Genauso eine umfangreichere Weiterbildung möchte Frau Brandenburg gerne absolvieren. Nach ihrer Teilnahme an der Weiterbildung ‚Kinder

---

zur Ausbildung von Kompetenzen dienen kann (vgl. Stender 2009, S. 135). Ulbrich formuliert es wie folgt in aller Deutlichkeit: „Kompetenzen von Personen resultieren aus deren Potentialen" (Ulbrich 2004, S. 135).

5.1 Ansätze vor Beginn einer Weiterbildung

psychisch kranker Eltern' und dem anschließenden Vertiefungsangebot ‚Gesprächsführung mit psychisch erkrankten Eltern', möchte Frau Brandenburg im nächsten Jahr gerne an dem Hochschulzertifikatskurs ‚Sozialpsychiatrische Fachkraft in der Arbeit mit Familien' (kurz: SPFK) an der FH Münster teilnehmen. Dieser Hochschulzertifikatskurs richtet sich explizit an Fachkräfte der Sozialen Arbeit, die intensiven Kontakt mit psychisch erkrankten Eltern bzw. Elternteilen haben. Besonders interessant findet Frau Brandenburg, dass hier sowohl Fachkräfte vom öffentlichen als auch von freien Trägern als Zielgruppe angesprochen werden.

Statt wie in der Vergangenheit direkt bei der Teamleiterin einen Antrag auf Teilnahme an einer Weiterbildung zu stellen, sollen umfangreichere Weiterbildungen nun zunächst während einer Teamsitzung mit den Kolleginnen und Kollegen besprochen werden. Frau Brandenburg bittet daher ihre Teamleiterin bei der nächsten Teamsitzung, Zeit hierfür einzuplanen. Während früher der Top ‚Berichte aus absolvierten Weiterbildungen' stets als letzter Tagesordnungspunkt auf der Agenda der Teamsitzung vermerkt war, heißt der Tagesordnungspunkt nun einfach ‚Weiterbildung' und ist auf der Agenda weit nach oben gerutscht. Um die knappe Zeit während einer Teamsitzung bestmöglich zu nutzen, wurde zudem das ‚3 × 3-Prinzip' eingeführt. Es steht für *drei* Fragen, die von demjenigen bzw. derjenigen, der*die eine Weiterbildung absolvieren möchte, vor Beginn einer Weiterbildung beantwortet werden müssen 1) Warum ist dir diese Weiterbildung wichtig? 2) Warum ist diese Weiterbildung für unser Team wichtig? 3) Was könnten wir bereits jetzt tun, um den Weiterbildungstransfer zu fördern? Für die Beantwortung dieser Fragen steht eine Vorlage zur Verfügung, die spätestens *drei* Tage vor Beginn einer Weiterbildung ausgefüllt an alle Teamkolleginnen und -kollegen per E-Mail geschickt werden. Während einer Teamsitzung werden dann maximal *drei* solcher ausgefüllten Vorlagen diskutiert.

Warum Frau Brandenburg der Hochschulzertifikatskurs SPFK wichtig ist, kann sie leicht beantworten. Auch zu der zweiten Frage, also der Frage, warum die Weiterbildung wichtig für ihr Team sei, hat Frau Brandenburg direkt konkrete Ideen. Diese Ideen fehlen ihr allerdings zu der dritten Frage, also der Frage nach möglicher Unterstützung beim Transfer. In diesem Zusammenhang muss sie sich auch unbedingt noch mit dem ‚Transferpatenmodell' auseinandersetzen, das die FH Münster für diese Weiterbildung einsetzt. Wenn Frau Brandenburg es richtig verstanden hat, muss sie vor Beginn der Weiterbildung der FH Münster einen Transferpaten bzw. eine Transferpatin benennen. Was dessen bzw. deren konkrete Aufgabe ist, hat Frau Brandenburg auf die Schnelle noch nicht verstanden.

Da alle Kolleginnen und Kollegen die von Frau Brandenburg ausgefüllte Vorlage bereits einige Tage zuvor erhalten haben, herrscht während der Teamsitzung schnell Konsens, dass diese Weiterbildung nicht nur für Frau Brandenburg, sondern auch für das Team wichtig ist. Eine längere Diskussion entsteht allerdings um die Frage, ob es möglich sei, bereits jetzt den Weiterbildungstransfer zu fördern. Unterschiedliche Ideen kommen hierbei auf den Tisch und werden schnell wieder verworfen. Nach einiger Zeit meldet sich die Jahrespraktikantin, die sonst in der Teamsitzung immer sehr zurückhaltend ist „Ich bin mir nicht sicher, aber findet nicht vielleicht auch gerade jetzt schon eine Art von Transferförderung statt, weil wir alle über die Weiterbildung und die Frage des Transfers nachdenken und sprechen?" Kurze Zeit herrscht Stille in der Teamsitzung. Dann sagt eine Kollegin: „Stimmt, da ist gerade etwas passiert, was wir so noch nie hatten."◄

Dass die hier skizzierte theoretische Neuausrichtung von Ansätzen der Bedarfsanalyse nicht *spurlos* am Teilprozess ‚Ziele setzen' vorbeigehen kann, dürfte auf der Hand liegen und wird nachfolgend theoriegeleitet spezifiziert.

5.1.2 Ziele setzen – systemisch

Nachfolgend soll weitergehend spezifiziert werden, inwiefern sich ein systemisches Weiterbildungsmanagement bezüglich der Festlegung von Zielen von einem traditionellen Weiterbildungsmanagement abgrenzt. Zu diesem Zweck wird 1) von der technokratischen Lernzielvorstellung und 2) der Utopie einer Zielharmonie bei der Festlegung von Zielen Abstand genommen. Darüber hinausgehend wird dafür geworben, 3) den bestehenden Operationalisierungswahn aufzugeben und 4) nicht nur Tüchtigkeit, sondern zugleich Mündigkeit aufseiten der Organisationsmitglieder als Ziel von Angeboten der betrieblichen Weiterbildung zu betrachten.

(1) Vom technokratischen Lernziel zum spekulativen Richtwert
Wenn ein Weiterbildungsbedarf nicht als eindeutig zu bestimmende, objektive Größe, sondern vielmehr als hochselektives, beobachtungsabhängiges und somit kontingentes Konstrukt interpretiert werden muss, dann gerät auch die Vorstellung von der möglichst präzisen Formulierung und Operationalisierung von Zielen der betrieblichen Weiterbildung ins Wanken.
  Betrachtet man den weiterbildungsbedingten Lernprozess aus einer systemtheoretischen Perspektive, so gilt es analytisch zwischen dem sozialen System (das sich

5.1 Ansätze vor Beginn einer Weiterbildung

durch den temporären Zusammenschluss von Weiterbildungsteilnehmenden und Referentinnen und Referenten bildet) und den strukturell gekoppelten psychischen Systemen (der*die Weiterbildungsteilnehmer*in) zu differenzieren. Diese analytische Differenzierung offenbart, dass zwischen dem, was ein*e Referent*in mitteilt, und dem, was innerhalb des sozialen Systems (der Weiterbildungsgruppe) mit dieser Mitteilung *passiert,* genauso wenig eine linear-kausale Verknüpfung besteht wie zwischen dem, was sich in dem sozialen System (der Weiterbildungsgruppe) ereignet, und dem, was ein strukturell gekoppeltes psychisches System (also das Organisationsmitglied) lernt.

> „Genauso wenig wie Erkennen die bloße Abbildung von äußerer Realität ist, ist Lernen die Reaktion auf Lehren. Lernen im konstruktivistischen Sinne ist nicht die Kehrseite des Lehrens und Wissen lässt sich nicht einfach in die Köpfe der Teilnehmer/innen verlegen. Lernen ist ein Prozess, der unmittelbar mit den lebensweltlichen Erfahrungen und Deutungen der Lernenden gekoppelt ist. Lernen ist rekursiv und schließt an vorhandene Strukturen an" (Allespach 2005, S. 53 f.).

Wenngleich Lernen zwar angeregt werden kann, lässt es sich nicht linear-kausal von außen determinieren. Organisationsmitglieder sind so gesehen zwar „*lernfähig, aber unbelehrbar*" (Siebert 2012, S. 97). Der Prozess des Lernens und erst recht das Ergebnis von Lernprozessen bleibt somit stets ungewiss. Diese Ungewissheit hinsichtlich des Verlaufs und der Ergebnisse von Lernprozessen scheint sich insbesondere dann zu potenzieren, wenn das Lernen in einer externen Weiterbildung stattfindet.

Nicht selten ist vor Beginn einer externen Weiterbildung unklar, welche anderen Personen und Professionen hieran teilnehmen und wie die Inhalte methodisch/didaktisch durch die Referentin bzw. den Referenten vermittelt werden.[5] Dementsprechend bleibt es auch ungewiss, wie lose oder fest sich die jeweiligen psychischen Systeme an das soziale System koppeln, was sie in die Kommunikation einbringen (oder eben nicht), wie das soziale System (die Weiterbildungsgruppe) auf diese Kommunikationsbeiträge reagiert und welche systemspezifische Eigenlogik sich über die Zeit ausbildet. Eben jene Eigenlogik, die sich also erst im Zuge eines sozialen Prozesses ausbildet und die maßgeblich mit darüber entscheidet, was

---

[5] Oftmals beschränken sich die Ausschreibungen von externen, eher kurzfristigen Weiterbildungsangeboten auf einen kurzen Einleitungstext sowie auf fünf bis sechs Arbeitsschwerpunkte, die in zwei Tagen abgearbeitet werden sollen. Welchen zeitlichen Umfang die jeweiligen Arbeitsschwerpunkte erhalten, wie die jeweiligen Inhalte konkret methodisch/didaktisch umgesetzt werden und inwieweit sich die Teilnehmenden hierbei mit ihren eigenen Anliegen einbringen können, bleibt oftmals diffus.

und wie gelernt wird, ist somit einzigartig und kann weder vorab prognostiziert noch für spätere Zeiten konserviert[6] werden.

Aus diesem Grund nimmt ein systemisches Weiterbildungsmanagement Abschied von überzogenen technokratischen (Wunsch-)Vorstellungen in Bezug auf die Ziele einer Weiterbildung. Stattdessen wird innerhalb eines systemischen Weiterbildungsmanagements für die Formulierung von Erwartungen plädiert. Solchen vorab formulierten Erwartungen wird aber – und das grenzt sie elementar vom Zielverständnis eines traditionellen Weiterbildungsmanagements ab – der Status eines *spekulativen Richtwerts* zugeschrieben.

Erwartungen werden als *spekulativ* betrachtet, da sie zum einen in die Zukunft gerichtet sind – was jede Erwartung per se spekulativ macht –, ihr spekulativer Charakter steigt in Bezug auf externe Angebote der betrieblichen Weiterbildung aber insbesondere deswegen, weil das *Objekt* der Erwartung ein psychisches, autopoietisches, operational geschlossenes System und der *Ort* der Erwartungseinlösung (das Lernfeld) als soziales, ebenfalls autopoietisches, operational geschlossenes System zu verstehen ist. Sowohl das Objekt der Erwartung als auch der Ort der Erwartungseinlösung entziehen sich folglich einer linear-kausalen Steuerung, was der Wirkung von Steuerungsversuchen (und als solcher muss die Formulierung von Erwartungen gelten) stets einen spekulativen Charakter verleiht.

Vorab formulierte Erwartungen können dennoch als *Richtwert* fungieren, da sie Einfluss auf die Selektivität von psychischen und sozialen Systemen nehmen können (vgl. Baraldi et al. 2008. S. 45).

Damit Erwartungen jene *Richtwertfunktion* übernehmen können, müssen sie aber *tragfähig*, also anschlussfähig erscheinen. Aufgrund der vielfältigen unterschiedlichen Interessensträgerinnen und Interessensträger (Mitarbeitende, Kolleginnen und Kollegen, Vorgesetzte etc.) ist der der Weg hin zu tragfähigen Erwartungen zwangsläufig konfliktträchtig.

(2) Von der Utopie der Zielharmonie zum provozierten Konflikt
Für das traditionelle Weiterbildungsmanagement wurde, aufgrund der mangelnden Differenzierung zwischen Bedarf und Bedürfnis in der Phase der Bedarfsanalyse, bereits auf die fehlende Unterscheidung bzw. die harmoniegeleitete Gleichstellung

---

[6] Diese mangelnde Konservierungsfähigkeit der einzigartigen inneren Logik eines sozialen Systems zeigt sich mit Blick auf die betriebliche Weiterbildung, wenn sich Teilnehmende nach einer gemeinsamen intensiven und für alle zufriedenstellend absolvierten Weiterbildung wiedertreffen und feststellen, dass sich zwar dieselben Personen am selben Ort treffen, dennoch die Atmosphäre (verstanden als Spiegelbild der Eigenlogik eines sozialen Systems) nicht dieselbe ist.

5.1 Ansätze vor Beginn einer Weiterbildung

von individuellen und organisationalen Zielen hingewiesen. Eine solche Zielharmonie ist aber nur dann denkbar, wenn Organisationen und ihre Mitglieder gleichgesetzt werden, wenn also die Menschen als Elemente der Organisation betrachtet werden.

„Das Unternehmen ist das System, die Beschäftigten sind die Elemente. Die Struktur des Unternehmens ist dann im Organigramm abzulesen, und die Informations- und Dienstwege sind dementsprechend vorgezeichnet" (Simon 1997, S. 119).

Aus einer solchen Perspektive müssten „(…) die Ziele von Organisationen (…) so etwas wie die Quersumme, der Mittelwert oder irgendein dominanter Wert der Ziele der beteiligten Personen sein. Genau das ist aber empirisch klar nicht der Fall. Organisationen (wie auch andere Sozialsysteme) erweisen ihre Eigenlogik und Selbstreferenzialität genau darin, dass sie einige Ziele generieren, die im Extremfall nicht von einem einzigen Mitglied der Organisation als Individuum geteilt werden – und dennoch gelten" (Willke 2007, S. 23).

Da Organisationsmitglieder und Organisationen in einem systemischen Weiterbildungsmanagement als jeweils autopoietische, operational geschlossene Systeme mit unterschiedlichen Operationsmodi und daher einer jeweils einzigartigen Eigenlogik interpretiert werden, ist eine solche Gleichschaltung von individuellen und organisationalen Zielen betrieblicher Weiterbildung genauso wenig haltbar wie die Vorstellung, dass die eine Seite (z. B. die Organisation) der anderen Seite (hier dem jeweiligen Organisationsmitglied) Ziele (bzw. Erwartungen) widerstandslos auferlegen könnte, wie es bei der einseitigen Formulierung von Zielen der betrieblichen Weiterbildung durch Leitungskräfte bisweilen der Fall zu sein scheint.

Innerhalb eines systemischen Weiterbildungsmanagements wird die Diskrepanz und die entsprechende Spannung zwischen organisationalen Bedarfen und Zielen sowie individuellen Bedürfnissen und Zielen zum *Normalfall* erklärt. Dissens wird bei der Formulierung von Erwartungen erwartet, Konsens erscheint hingegen erklärungsbedürftig, da er darauf hinweist, dass eine der beiden Seiten ihre Erwartungen möglicherweise nur unzureichend artikuliert hat.

Die Konfliktträchtigkeit der vorbereitenden Phasen des Weiterbildungsprozesses, die ihren Ursprung bei der Offenlegung der unterschiedlichen Bedarfe und Bedürfnisse und ihr *Finale* bei der Formulierung von Erwartungen findet, wird in einem systemischen Weiterbildungsmanagement dadurch *angeheizt,* dass neben der individuellen Perspektive des*der einzelnen Mitarbeitenden und der organisationalen Perspektive – repräsentiert in der Regel durch die jeweilige Leitungskraft – auch das jeweilige soziale Subsystem (i. d. R. das jeweilige Team) mit berücksichtigt wird, wodurch mit dem Grad der Komplexität auch das Konfliktpotenzial steigt, da unterschiedliche Erwartungen aufeinanderprallen.

Während Konflikte traditionell gescheut werden, da sie die gegebene soziale Ordnung und den hiermit verbundenen sozialen Frieden stören, werden sie in der vorbereitenden Phase eines systemischen Weiterbildungsmanagements aus zwei Gründen geradezu provoziert.[7]

Zum einen, weil Konflikten eine gewisse Alarmfunktion zukommt, die anzeigt, dass etwas geschehen muss. Konflikte verweisen somit „(…) auf eine prekäre System-Umwelt-Beziehung, die zu entgleisen droht, wenn nicht darauf reagiert wird. Wenn der Widerspruch beseitigt wird und der Konflikt sich in Nichts auflöst, kann das System so bleiben, wie es war. Wenn dies nicht gelingt, dann wird das System sich verändern oder im Extremfall in einen Desintegrationsprozess gleiten: sich spalten, sich auflösen etc. Die Chance, die in jedem Konflikt (…) liegt, besteht in der Systemveränderung, der Entwicklung – sei es des psychischen, sei es des sozialen Systems" (Simon 2012, S. 94). Konflikte bieten somit das Potenzial, Störungen in sozialen Systemen auszulösen, die bei produktiver Aufarbeitung Lernerfahrungen ermöglichen und somit der hier geforderten erweiterten Zielstellung der betrieblichen Weiterbildung (im Sinne eines Transfers II. Ordnung) entsprechen (vgl. Abschn. 2.2.2).

Der zweite Grund, warum mögliche Konflikte in der Vorbereitungsphase eines systemischen Weiterbildungsmanagements in gewisser Weise *provoziert* werden, liegt in der Annahme, dass dies einen günstigen Nährboden für gelingenden Lerntransfer schafft.

Wie bereits ausgeführt, gehört zu den Gründen eines verminderten Lerntransfers, dass insbesondere die Arbeitsumgebung nur unzureichend in den Weiterbildungs- und damit auch Transferprozess eingebunden ist. Passt dann das Neue (das neue Wissen, das veränderte Verhalten des Mitarbeitenden nach einer Weiterbildung) nicht zu dem Alten (den bestehenden Kommunikations- und Entscheidungsmustern), drohen Abwehrreaktionen im sozialen System. In einem systemischen Weiterbildungsmanagement werden die diesen Abwehrreaktionen zugrunde liegenden Annahmen und Befürchtungen in gewisser Weise zeitlich vorgezogen. Dies kann geschehen, indem beispielsweise die Teamkolleginnen und -kollegen bei der gemeinsamen Festlegung der Erwartungen an eine externe Weiterbildung aufgefordert werden, ihre Bedenken und Befürchtungen in die Kommunikation zu bringen. Erscheinen diese Bedenken und Befürchtungen als unüberwindbar, gilt es, die Erwartungen gegebenenfalls anzupassen.

---

[7] Eine solche Provokation von Konflikten zielt darauf ab, die unterschiedlichen Annahmen, Wünsche und Bedürfnisse der direkt und indirekt am Weiterbildungsprozess beteiligten Protagonisten offenzulegen, also zum *Thema* zu machen, da sie nur so produktiv verarbeitet werden können.

5.1 Ansätze vor Beginn einer Weiterbildung

Erwartungen, so dürfte deutlich geworden sein, sind in einem systemischen Weiterbildungsmanagement nicht nur spekulative Richtwerte, sondern auch stets so etwas wie *der kleinste gemeinsame Nenner.* Nach einem solchen Verständnis gilt es, auch die im traditionellen Weiterbildungsmanagement geforderte Zieloperationalisierung kritisch zu hinterfragen.

(3) Vom Operationalisierungswahn zur aktivierbaren Transfererwartung
Für das traditionelle Weiterbildungsmanagement wurde bereits auf die Probleme der Operationalisierung von Zielen hingewiesen.

Der hier verbreitete Operationalisierungswahn ist letztlich als Versuch zu interpretieren, vorab formulierte Erwartungen von ihrem spekulativen Charakter zu befreien. Einem weitgehend steuerungsoptimistischen Planungsverständnis folgend, gilt es möglichst konkret und umfassend festzulegen, welche Inhalte bzw. welche Methoden bei einer Weiterbildung erlernt werden sollen. Wenngleich auch im traditionellen Weiterbildungsmanagement selbstkritisch eingestanden wurde, dass die Operationalisierung von Zielen mit Unwägbarkeiten einhergeht, wird das grundsätzliche Operationalisierungsprinzip jedoch kaum infrage gestellt.

Ein systemisches Weiterbildungsmanagement wendet sich von einem solchen (Ziel-)Operationalisierungswahn ab, nicht nur weil es grundsätzlich fraglich ist, „(…) einem autopoietischen System konkret Sollzustände vorzugeben" (Wollnik 1994, S. 148), sondern vor allem, weil bei der Zieloperationalisierung des traditionellen Weiterbildungsmanagements Lern- und Funktionsfeld implizit gleichgesetzt werden. Aus systemtheoretischer Perspektive müssen Lernfeld und Funktionsfeld als zwei *unterschiedliche Welten* betrachtet werden, die jeweils über einzigartige und kaum zu vergleichende Eigenlogiken verfügen. Während die Konstitution des sozialen Systems *Lernfeld* von einer gewissen *Flüchtigkeit* geprägt ist, da allen strukturell gekoppelten psychischen Systemen von Beginn an klar ist, dass dieses soziale System nur für eine begrenzte Zeit (den zeitlichen Umfang der Weiterbildung) Bestand hat und somit *endlich* ist, stellt das soziale System *Funktionsfeld* ein historisch gewachsenes, zeitlich (im besten Fall) nahezu *unendliches* System dar, das über spezifische Kommunikations- und Entscheidungsmuster verfügt, die sich im Laufe der Systemgeschichte in Erwartungsstrukturen des Systems manifestiert haben.

Differenziert man somit deutlich zwischen den beiden *Welten* Lernfeld und Funktionsfeld, dann lässt sich konstatieren, dass der *(Ziel-)Operationalisierungswahn* – bildlich gesprochen – an der *falschen Welt* ansetzt. Insbesondere Lernziele können noch so weitreichend auf Lernzielebenen (Richtziel, Grobziel, Feinziel) heruntergebrochen und nach Lernzielbereichen (kognitive, affektive und psychomotorische

Lernziele) differenziert werden, solange sie hierbei ausschließlich auf das Lernfeld begrenzt bleiben, gehen sie am tatsächlichen Ziel (dem Funktionsfeld) vorbei.

In Bezug auf die Formulierung von Erwartungen an eine externe Weiterbildung im systemischen Weiterbildungsmanagement kann nun weitergehend spezifiziert werden, da es sich nicht vorrangig um Erwartungen hinsichtlich des Lernfelds, sondern des Funktionsfelds handelt. Insofern wird in einem systemischen Weiterbildungsmanagement von *aktivierbaren Transfererwartungen*[8] gesprochen.

Diese begriffliche Präzisierung verdeutlicht zum einen, dass die Formulierung von Erwartungen hinsichtlich des Lernergebnisses nur eine Zwischenstation[9] darstellt, die Endstation – und damit den Referenzpunkt – aber stets das Funktionsfeld bildet, in das die Lernerfahrungen zu transferieren sind. Durch den Zusatz ‚aktivierbar' soll zum anderen jeglicher technokratischer Wunschvorstellung widersprochen werden, dass sich Lernerfahrungen einfach (in einem technischen Sinne) vom Lern- in das Funktionsfeld *übertragen* lassen. Vielmehr müssen sie innerhalb des sozialen Systems aktiviert werden.[10]

Dadurch dass nunmehr der Fokus auf die Anwendung der Weiterbildungsinhalte im Funktionsfeld gelegt wird (ohne auszublenden, welche Erwartungen hinsichtlich des Lernfelds zu stellen sind), ist die Auseinandersetzung mit möglichen Transferbarrieren, die eine Aktivierung des Erlernten verhindern könnten, ein konstitutiver Bestandteil der Formulierung von aktivierbaren Transfererwartungen. Fragen der Transferförderung (mit Blick auf einen Transfer sowohl I. als auch II. Ordnung) verlagern sich somit bereits in die Phase vor Beginn einer Weiterbildung.

(4) Vom tüchtigen zum mündigen Organisationsmitglied
In einem systemischen Weiterbildungsmanagement stellt die Festlegung aktivierbarer Transfererwartungen vor Beginn einer Weiterbildung einen durch Leitungskräfte initiierten und moderierten kollektiven, konfliktreichen und (hoch-)spekulativen Akt

---

[8] Wenn Erwartungen hinsichtlich der Ergebnisse von Lernprozessen als *spekulative Richtwerte* bezeichnet werden, sind aktivierbare Transfererwartungen quasi als *hochspekulative Richtwerte* einzuordnen, da sie auf entsprechenden (spekulativen) Ergebnissen im Lernfeld basieren und ihren Fokus darüber hinaus auf den Transfer vom Lern- in das Funktionsfeld legen, was nicht weniger spekulativ ist, da vorab nicht eindeutig festgestellt werden kann, wie das jeweilige soziale Subsystem auf die Anwendung des erlernten Wissens/der erlernten Methodik reagieren wird.

[9] Auf die Formulierung von Erwartungen mit Blick auf das Lernfeld soll innerhalb eines systemischen Weiterbildungsmanagements nicht verzichtet werden. Diese stellen aber lediglich eine Zwischenstation dar und müssen streng genommen deduktiv aus den Transfererwartungen abgleitet werden.

[10] Was genau unter Aktivierung von Transfererwartungen verstanden wird, wird in Abschn. 5.2.2 vorgestellt.

5.1 Ansätze vor Beginn einer Weiterbildung

dar, der dennoch unumgänglich ist, da auch eine indirekte (Kontext-)Steuerung nur möglich erscheint, wenn zumindest in Form von Erwartungen konkretisiert wurde, wohin gesteuert werden soll.

Wenngleich somit auch ein systemisches Weiterbildungsmanagement nicht vollends darauf verzichten kann und will, vor Beginn einer Weiterbildung einen gewissen Ziel- bzw. Erwartungskorridor festzulegen, um einen Transfer I. Ordnung im Sinne der individuumorientierten Anpassungslogik zu ermöglichen, zeichnet es sich darüber hinaus dadurch aus, dass es auch Ziele forciert, die keinem *unmittelbaren Verwertungszweck* dienen.

Gemeint ist hiermit das Bestreben, innerhalb eines systemischen Weiterbildungsmanagements nicht nur zur *Tüchtigkeit,* sondern zugleich zur *Mündigkeit* der Organisationsmitglieder im Sinne einer Weiter-*Bildung* beizutragen.

> „Der mündige Mensch kann sich nicht nur an technisch-wirtschaftlich-gesellschaftliche Bedingungen anpassen, er besitzt im Gegensatz zum bloß Tüchtigen gerade auch die Fähigkeiten und den Mut, diese Strukturen kritisch zu hinterfragen und ggf. auf deren Veränderung hinzuwirken" (Klaus 2008, S. 159).

Auf eben jene Fähigkeit und den Mut der Organisationsmitglieder, die bestehenden Strukturen und Routinen kritisch zu hinterfragen und diese Kritik auch offen zu äußern, ist eine Organisation zwingend angewiesen, da die alleinige Orientierung an zuvor definierten Erwartungen dazu führt, dass die Mitarbeitenden „(…) ihr Handeln rigide auf Vorgaben, jedoch nicht flexibel auf Veränderungen ausrichten. Anpassung an Bedarf begründet somit eine fehlende Anpassungsfähigkeit an Veränderungen – angepasste sind keine anpassungsfähigen Mitarbeiter" (Euler 2009, S. 41).

Ein systemisches Weiterbildungsmanagement, dessen erweiterte Zielsetzung auch auf die Steigerung der organisationalen Lernfähigkeit ausgerichtet ist, betrachtet die Förderung von Mündigkeit als Chance, die Organisation mit Fremdreferenz zu versorgen. Wenn eine durch externe Weiterbildungen geförderte kritische Haltung auch dem sozialen System zur Verfügung gestellt wird, dann kann dies eine Form der *organisationalen Mündigkeit* fördern.

Ein systemisches Weiterbildungsmanagement, das sich auch der Steigerung der organisationalen Lernfähigkeit verpflichtet, fördert somit einerseits solche Weiterbildungen, die sich primär der individuumorientierten Anpassungslogik zuordnen lassen, und spekuliert hierbei darauf, dass externe Weiterbildungen nahezu nicht *nicht* irritieren können und so möglicherweise Potenzial zur Steigerung der organisationalen Lernfähigkeit freisetzen.

Es fördert andererseits solche Weiterbildungen, die auf den ersten Blick keinem unmittelbaren Verwertungszweck dienen, aber auf den zweiten Blick zur Förderung mündiger Organisationsmitglieder beitragen und so wiederum indirekt die Steigerung der organisationalen Lernfähigkeit begünstigen können.

Die Öffnung auch für Weiterbildungsangebote, die sich nicht unmittelbar auf die betriebliche Zielerreichung richten, soll hierbei nicht als *Freifahrtschein* missinterpretiert werden, dass jedem Weiterbildungswunsch der Organisationsmitglieder zu entsprechen sei[11], vielmehr ist sie ein Ansporn, auch solche Erwartungen an eine Weiterbildung zuzulassen, die zunächst einmal keinen direkten Nutzen für die Organisation aufweisen.

Rückbezug zum Praxisbeispiel

Dass seit der Einführung des „3 × 3-Prinzips" eine intensivere Auseinandersetzung mit dem Thema Lerntransfer in ihrem Team stattfindet, hält Frau Brandenburg für wichtig und richtig, schließlich hat sie selbst häufig genug erfahren müssen, wie wenig von dem, was sie während einer Weiterbildung gelernt hat, anschließend den dauerhaften ‚Sprung' in die Praxis geschafft hat. Noch fühlt es sich allerdings ungewohnt an, bereits vor Beginn einer Weiterbildung den anschließenden Lerntransfer zu thematisieren, dennoch kann Frau Brandenburg diesem Ansatz viel abgewinnen. Daher findet sie es auch richtig, dass im Zuge des Weiterbildungsmanagements nun nicht mehr möglichst präzise und genau zu überprüfende Ziele, sondern ‚Transfererwartungen' vor Beginn einer Weiterbildung formuliert werden sollen. Auch die Empfehlung, diese Transfererwartungen gemeinsam mit den Kolleginnen und Kollegen im Team festzulegen, erscheint Frau Brandenburg plausibel, schließlich arbeiten sie doch in vielen Bereichen eng zusammen.

In der konkreten Diskussion der Transfererwartungen in Bezug auf die Weiterbildung zur ‚Sozialpsychiatrischen Fachkraft in der Arbeit mit Familien' zeigt sich dann aber schnell, wie weit die Erwartungen der einzelnen Teamkolleginnen und -kollegen auseinanderliegen. Während Frau Brandenburgs Transfererwartungen sich insbesondere auf die konkrete Arbeit mit ihren Klientinnen und Klienten beziehen, formuliert ein ASD-Kollege die (Transfer-)Erwartung, dass Frau Brandenburg nach Abschluss des Hochschulzertifikatskurses alle anderen Teammitglieder zu den Inhalten der Weiterbildung ‚schulen' solle. Wiederum eine andere Kollegin äußert die Erwartung, dass

---

[11] Bei Weiterbildungen wie „Yoga auf Juist" erscheint es durchaus ratsam, in einem Gespräch zwischen Leitungskraft und Mitarbeitenden die jeweiligen Erwartungen offenzulegen.

Frau Brandenburg zukünftig als ‚Spezialistin für die Sache' sämtliche Neuklientinnen und Klienten übernehmen solle, bei denen eine psychiatrische Diagnose vorliege. Diese Diskussion verläuft bisweilen durchaus hitzig, umso wichtiger, dass es Frau Brandenburgs Teamleiterin gelingt, den Diskussionsprozess gut zu moderieren. Zum Ende der Diskussion ist es Frau Brandenburg selbst, die einen Vorschlag einbringt: „Ich habe verstanden, wie wichtig es euch ist, dass auch unser Team etwas davon hat, wenn ich eine zeit- und kostenintensive Weiterbildung in Anspruch nehme. Ich wiederum habe primär die Klientinnen und Klienten im Blick. Was haltet ihr davon, wenn ich mich – mit eurer Unterstützung – bemühe, möglichst viel aus der Weiterbildung in der Praxis umzusetzen, und nach Abschluss des Kurses ein Handlungskonzept zur Arbeit mit psychisch kranken Eltern erarbeite, das wir dann hier gemeinsam im Team diskutieren können?"

Nach einem kurzen Moment des Schweigens nicken die ersten Kolleginnen und Kollegen. Die Teamleiterin ergreift schließlich das Wort: „Ich finde die Idee gut. Gleichzeitig ist es für uns ein Lernfeld, Sie – Frau Brandenburg – bei der Umsetzung der Weiterbildungsinhalte bestmöglich zu unterstützen. Passt das nicht auch gut zu dem ‚Transferpatenmodell', das die FH Münster als Weiterbildungsanbieter empfiehlt?". „Stimmt!"– sagt Frau Brandenburg – „das hätte ich ja fast vergessen." In den nächsten Minuten erklärt Frau Brandenburg, was sich hinter dem ‚Transferpatenmodell' der FH Münster verbirgt. „Im Kern geht es darum, dass alle, die an der Weiterbildung teilnehmen, eine Person aus ihrer Organisation benennen, die Unterstützung bei der Umsetzung des Erlernten in den organisationalen Alltag bietet. Zu diesem Zweck sollen zwischen Weiterbildungsteilnehmer*in und Transferpaten bzw. Transferpatin nach den einzelnen Modulen der Weiterbildung Reflexionsgespräche geführt werden. Da bei der Umsetzung der Weiterbildungsinhalte bisweilen auch die vorhandenen Routinen vor Ort auf den Prüfstand kommen, empfiehlt die FH Münster, dass Leitungspersonen die Rolle des Transferpaten bzw. der Transferpatin übernehmen." Erwartungsvoll richten sie alle Blicke auf die Teamleiterin: „In Ordnung", sagte diese mit einem Lächeln auf dem Gesicht, „ich wollte schon immer einmal Transferpatin sein."◄

5.2 Ansätze nach Beendigung einer Weiterbildung

Um Ansätze des Weiterbildungsmanagements einerseits von ihrer technokratischen Steuerungslogik zu befreien und andererseits Bedingungen zu schaffen, damit die hier geforderte erweiterte Zielsetzung betrieblicher Weiterbildung erreicht werden kann, gilt es auch die Teilprozesse eines Weiterbildungsmanagements neu zu interpretieren, die nach Beendigung einer Weiterbildung ansetzen.

Welche Auswirkungen mit einer theoriegeleiteten Neuinterpretation in einem systemischen Weiterbildungsmanagement hinsichtlich der ‚Erfolgskontrolle' und der ‚Transfersicherung' verbunden sind, gilt es nachfolgend aufzuzeigen.

5.2.1 Erfolgskontrolle – systemisch

In Bezug auf den Teilprozess ‚Bedarfsanalyse' wurde bereits darauf verwiesen, dass ein systemisches Weiterbildungsmanagement von der Vorstellung Abstand nimmt, ein Weiterbildungsbedarf sei objektiv gegeben und mithilfe von simplifizierenden Subtraktionsmodellen bestimmbar (vgl. Abschn. 5.1.1). Hiermit eng verbunden hegt ein systemisches Weiterbildungsmanagement ein hohes Maß an Skepsis gegenüber der eindeutigen Formulierung und kleinschrittigen Operationalisierung von Zielen. Da Angebote der betrieblichen Weiterbildung von Organisationsmitgliedern in Anspruch genommen werden, die nie ganz Teil des Systems Organisation sind und die sich aufgrund ihrer operationalen Schließung gegenüber Interventionen von außen hochgradig verwehren, bleibt die Wirkung betrieblicher Weiterbildung stets in einem gewissen Grade unberechenbar.[12] Vorab formulierte aktivierbare Transfererwartungen wurden daher als (hoch-)spekulative Richtwerte interpretiert, Dissens wird erwartet, Konsens ist erklärungsbedürftig.

Neben diesem Steuerungspessimismus ist ein systemisches Weiterbildungsmanagement stets darum bemüht, dass die individuellen Lernerfahrungen auch im Sinne eines Transfers II. Ordnung zur maßvollen Irritation bzw. kontrollierten Destabilisierung der bestehenden Kommunikations- und Entscheidungsmuster beitragen. Diese erweiterte Zielsetzung der betrieblichen Weiterbildung, kombiniert mit einem deutlich weniger optimistischen Steuerungsverständnis erfordert es, auch den Teilprozess ‚Erfolgskontrolle' neu zu interpretieren.

Hierbei wird der Fokus insbesondere darauf gerichtet, 1) Ansätze der Erfolgskontrolle weniger in einer technologischen als vielmehr in einer reflexiven Variante zu betrachten, 2) den Aktionsradius der Erfolgskontrolle zu erweitern,

---

[12] Vor allem bleiben sie damit stets unberechenbar, weswegen ein systemisches Weiterbildungsmanagement Ansätze des Bildungscontrollings, die beanspruchen, den Nutzen einer Weiterbildung in monetären Einheiten beziffern zu können, mit großer Skepsis begegnet.

5.2 Ansätze nach Beendigung einer Weiterbildung

3) Ansätze der Erfolgskontrolle stärker unter der Perspektive der Selbstbewertung zu begreifen und 4) das enge Kontrollverständnis von traditionellem Weiterbildungsmanagement durch ein erweitertes Verständnis von Kontrolle zu ersetzen.

(1) Von der technologischen zur reflexiven Variante
Das mit der Erfolgskontrolle verbundene Erkenntnis- und Verwertungsinteresse kann in unterschiedlichen Varianten auftreten. Mit Blick auf Ansätze der Evaluation – die häufig als Modus der Erfolgskontrolle bei betrieblicher Weiterbildung zum Einsatz kommen – differenziert Merchel zwischen einer eher technologischen und einer eher reflexiven Variante. Die technologische Variante charakterisiert er wie folgt.

„Hier wünschen sich die Akteure empirische Hinweise, die möglichst kausale Bezüge deutlich machen (also: was genau dafür verantwortlich ist, dass etwas so und nicht anders funktioniert oder solche und keine anderen Ergebnisse mit sich bringt). Die Hinweise auf Kausalitäten sollen die Aspekte für eine Verbesserung genau identifizieren und die Wirksamkeit einer Maßnahme kalkulierbar verbessern. In dieser Erwartungsvariante ist das Ideal: ein hoher Grad an Festlegung von Entscheidungen durch Evaluation. Die Güte der Evaluation erweist sich an ihrer Prägekraft für Entscheidungen" (Merchel 2019, S. 18).

Ansätze der Evaluation, die als Modus der Erfolgskontrolle im traditionellen Weiterbildungsmanagement zum Tragen kommen, scheinen bisweilen auf der *Jagd* nach eben jenen kausalen Bezügen zwischen Intervention (das Weiterbildungsangebot) und Wirkung (die versucht wird, auf den Ebenen der Zufriedenheit, des Lernerfolgs, des Transfererfolgs und des Organisationserfolgs zu erfassen) zu sein. Auch zwischen den einzelnen Wirkungsebenen, wie sie insbesondere durch das Modell von Kirkpatrick und Kirkpatrick Popularität erlangt haben, wird eine solche kausale Beziehung vermutet. Zufriedenheit bildet folglich die Voraussetzung für den Lernerfolg, der Lernerfolg bildet die Grundlage für den Transfererfolg und der Transfererfolg ist die Basis für den ökonomischen Erfolg von betrieblicher Weiterbildung (vgl. Easterby-Smith 1986, S. 33). Folglich geben Kirkpatrick und Kirkpatrick auch die klare *Anweisung,* stets alle Ebenen ihres Modells abzuarbeiten und keine zu überspringen.

„The four levels of evaluations are considered in reverse. First, we evaluate reaction. Then, we evaluate learning, behavior, and results – in that order. Each of the four levels is important, and we should not bypass the first two in order to get to levels 3 and 4" (Kirkpatrick und Kirkpatrick 2006, S. 26).

Der Grund hierfür scheint plausibel, denn nur wenn alle Ebenen der Evaluation Berücksichtigung finden, „(…) besteht die Möglichkeit festzustellen, warum das Trainingsprogramm trotz aller Anstrengungen dennoch erfolglos blieb, und dort gezielt mit Verbesserungsmaßnahmen anzusetzen" (Nork 1991, S. 96). Wenn sich also trotz Vorkehrungen nicht der erwartete Nutzen einer Weiterbildung eingestellt hat, gilt es die einzelnen Stufen im oben dargestellten Modell *rückwärts* zu gehen, um die Soll-Bruchstelle zu *identifizieren* und den Weiterbildungsprozess zu *reparieren*.

Für ein systemisches Weiterbildungsmanagement, das die am Weiterbildungsprozess beteiligten Protagonisten als autopoietische, operational geschlossene und strukturdeterminierte Systeme betrachtet, ist eine solche technologische Evaluationsvariante als Modus der Erfolgskontrolle kaum haltbar, da sich eben jene kausalen Bezüge im Umgang mit lebenden Systemen nicht abbilden lassen. Es ist folglich nicht möglich, eine bestimmte Wirkung (z. B. Zufriedenheit) eindeutig einer entsprechenden Intervention (der Absolvierung einer Weiterbildung) zuzuordnen. Vielmehr können eine unendliche Vielzahl von Einflussfaktoren wirksam werden, die beispielsweise zur Zufriedenheit des Weiterbildungsteilnehmenden am Ende einer Veranstaltung beigetragen haben (z. B. einmal Abstand vom beruflichen Alltag zu haben, interessante Menschen kennenzulernen, ein imposantes Tagungshaus etc.).

Genauso wenig scheint der genannte linear-kausale Zusammenhang zwischen den verschiedenen Evaluationsstufen im Modell von Kirkpatrick und Kirkpatrick mit einem systemischen Weiterbildungsmanagement vereinbar, da sich die jeweiligen Wirkungen auf unterschiedlichen Ebenen ereignen (vgl. Neuberger 1994, S. 282). Während sich Zufriedenheit und Lernerfolg auf der Ebene des psychischen Systems ereignen können, müssen Transfer- und Organisationserfolg dem Phänomenbereich des sozialen Systems zugeordnet werden. Ein linear-kausaler Zusammenhang zwischen dem Lernerfolg und dem Transfererfolg von Angeboten der betrieblichen Weiterbildung ist somit ausgeschlossen.

Im Gegensatz zur technologischen Evaluations-Variante, die kaum mit einem systemischen Weiterbildungsmanagement vereinbar erscheint, bietet die von Merchel als *reflexive Variante* bezeichnete Form der Evaluation eine Fülle von Anknüpfungspunkten. Im Rahmen der reflexiven Variante

> „(…) erhofft man sich von einer Evaluation empirische Hinweise, die auf Differenzen zwischen Ziel und erreichtem Zustand hinweisen und die dementsprechend Anlass geben zu einer Suche nach Optimierungsmöglichkeiten – ohne eine Erwartung hinsichtlich genauer Handlungsanweisungen. Man verspricht sich von Evaluation eine Reflexionshilfe in der Hoffnung, dass die Güte der Reflexion die Wahrscheinlichkeit einer guten Entscheidung erhöht" (Merchel 2019, S. 18).

5.2 Ansätze nach Beendigung einer Weiterbildung

Bei einer solchen reflexiven Variante steht somit nicht die Jagd nach vermeintlich kausalen Zusammenhängen im Fokus, sondern vielmehr das Reflexionspotenzial, das sich beispielsweise eröffnet, wenn Differenzen zwischen vorab formulierten Erwartungen (aktivierbare Transfererwartungen) und tatsächlichem Wissensstand/Verhalten (je nachdem, auf was sich die vorab formulierten Erwartungen bezogen) nach der Weiterbildung zu konstatieren sind.

Wenn Ansätze der Evaluation als Modus der Erfolgskontrolle in einem systemischen Weiterbildungsmanagement zum Einsatz kommen, beschränken sich diese nicht nur darauf, Daten im Sinne der individuumbezogenen Anpassungslogik zu generieren. Vielmehr ist Evaluation darüber hinaus bestrebt, dem sozialen System Reflexionsmomente zu ermöglichen. Zu diesem Zweck ist in einem systemischen Weiterbildungsmanagement eine Erweiterung des Aktionsradius der Erfolgskontrolle notwendig.

(2) Vom einfachen zum erweiterten Aktionsradius der Erfolgskontrolle
Wie in Abschn. 4.3.2 aufgezeigt, zeichnet sich systemisches Weiterbildungsmanagement dadurch aus, dass es den Referenzpunkt der betrieblichen Weiterbildung erweitert. Neben der klassischen mitarbeiterorientierten Anpassungsfunktion (Transfer I. Ordnung) zielt ein systemisches Weiterbildungsmanagement auch darauf ab, die individuelle Lernerfahrung des*der Einzelnen zur maßvollen Irritation bzw. kontrollierten Destabilisierung der Kommunikations- und Entscheidungsmuster zu nutzen (Transfer II. Ordnung).

Eben jenes Potenzial betrieblicher Weiterbildung zur Steigerung der organisationalen Lernfähigkeit beizutragen, kann allerdings mit Ansätzen der Erfolgskontrolle im traditionellen Weiterbildungsmanagement nicht bzw. nur eingeschränkt erfasst werden. Liegt doch hier der Fokus auf der Zufriedenheit, dem Lern- oder dem Transfererfolg, während mögliche irritierende Erfahrungen nicht Gegenstand der Evaluation sind und zudem der Fokus ausschließlich dem einzelnen Organisationsmitglied verhaftet bleibt, das strukturell gekoppelte soziale Subsystem aber weitestgehend ausgeblendet wird.

Ansätze der Erfolgskontrolle, die der Zielsetzung eines systemischen Weiterbildungsmanagements entsprechen, müssen somit ihren Aktionsradius in *doppelter Hinsicht* erweitern. Zum einen richten sie ihren Fokus auch auf solche weiterbildungsbedingten Erfahrungen, die einen irritierenden Charakter haben, zum anderen sind sie bemüht, diesen ‚Stoff' für maßvolle Irritationen bzw. kontrollierte Destabilisierung dem sozialen System zu spiegeln, um hier im Idealfall eine Beobachtung II. Ordnung (und somit einen Transfer II. Ordnung) zu initiieren.

Ein solcher erweiterter Aktionsradius von Erfolgskontrolle führt im systemischen Weiterbildungsmanagement zu einer paradoxen Situation: Wenngleich, wie mehrfach betont wurde, externe Weiterbildungen nahezu nicht *nicht* irritieren können, kann das Maß an Irritation, das ein Organisationsmitglied möglicherweise bei einer externen Weiterbildung erfährt, vor Beginn einer Weiterbildung weder eindeutig benannt noch quantifiziert werden. Von daher bleibt die erweiterte Zielstellung eines systemischen Weiterbildungsmanagements (zur Steigerung der organisationalen Lernfähigkeit beizutragen) stets diffus und somit ungenau. Ohne genau festgelegte Ziele – und hier zeigt sich das Paradoxon – ist aber eine Evaluation – verstanden als zentraler Modus der Erfolgskontrolle – kaum möglich (vgl. Merchel 2019, S. 17).

Hilfestellung bei der Auflösung dieses Paradoxons versprechen Ansätze der *zielfreien Evaluation* (vgl. Easterby-Smith 1986, S. 36 ff.). Zielfrei bedeutet hierbei nicht,

> „(...) daß die Evaluation vollkommen ‚ins Blaue' hinein erfolgt, sondern daß keine festgelegten Ziele der Weiterbildungsmaßnahme auf ein Erreichen hin überprüft werden. Stattdessen wird versucht, nicht nur die erwarteten Effekte zu untersuchen, sondern möglichst alle tatsächlich eingetretenen. So ist es möglich, auch die Nebeneffekte einer Weiterbildungsmaßnahme, beispielsweise eine Verbesserung des Betriebsklimas, auch dann in die Evaluation mit einzubeziehen, wenn sie nicht ausdrücklich Ziel einer Weiterbildungsmaßnahme war" (Bank 1997, S. 213).

Der Begriff *zielfrei* mag in Bezug auf ein systemisches Weiterbildungsmanagement unpassend erscheinen. Dennoch kann das hier nur skizzierte Prinzip als eine Art Modell für den erweiterten Aktionsradius von Erfolgskontrolle gelten, finden doch eben jene unerwarteten Nebeneffekte, die Organisationsmitglieder in externen Weiterbildungen erfahren können, in einem systemischen Weiterbildungsmanagement besondere Beachtung.[13]

Um dem zweiten Aspekt eines erweiterten Aktionsradius von Erfolgskontrolle im systemischen Weiterbildungsmanagement zu entsprechen (die individuell erfahrenen Irritationen des Organisationsmitglieds auch dem sozialen System zu spiegeln), gilt es Ansätze der Evaluation deutlich stärker als im traditionellen Weiterbildungsmanagement im jeweiligen sozialen Subsystem zu verankern. Formen der Selbstevaluation weisen hier einen möglichen Weg.

---

[13] Das hier skizzierte Prinzip der zielfreien Evaluation soll als Ergänzung, nicht als Ersatz für klassische Evaluation verstanden werden, die sich auf die vor einer Weiterbildung formulierten, aktivierbaren Transfererwartungen beziehen.

5.2 Ansätze nach Beendigung einer Weiterbildung

(3) Von der Fremd- zur Selbstevaluation

Werden Ansätze der Evaluation in der Erfolgskontrolle genutzt, gilt es grundlegend zwischen internen und externen Formen der Evaluation zu differenzieren. Verkürzt formuliert führen bei internen Evaluationen die Mitglieder der Organisation selbst die Evaluation durch, während bei externen Evaluationen außenstehende Fachleute den jeweiligen Evaluationsgegenstand begutachten (vgl. Heiner 2010, S. 167). Interne Evaluationen lassen sich weitergehend danach spezifizieren, ob die Evaluation von Personen durchgeführt wird, die nicht direkt am Projekt bzw. am Evaluationsgegenstand beteiligt sind (in diesem Fall kann von einer *internen Fremdevaluation* gesprochen werden) oder ob die Evaluation selbstperspektivisch von den handelnden Personen selbst durchgeführt und ausgewertet wird (in diesem Fall kann von einer *Selbstevaluation* gesprochen werden) (vgl. Beywl und Heiner 2000, S. 115 f.). Die folgende Abb. 5.1 stellt diese Differenzierung zusammenfassend dar.

Grundsätzlich können Formen der Fremdevaluation „als der Normalfall der betrieblichen Weiterbildung betrachtet werden" (Bank 1997, S. 180). Der jeweilige Weiterbildungsanbieter führt in diesem Fall nicht nur die Weiterbildung, sondern auch die Evaluation durch. Innerhalb der entsendenden Organisationen finden hingegen kaum strukturierte Verfahren der Evaluation statt. Auf die Auswertung der Evaluationsergebnisse beim Weiterbildungsanbieter hat die entsendende Organisation in der Regel auch keinen Zugriff.

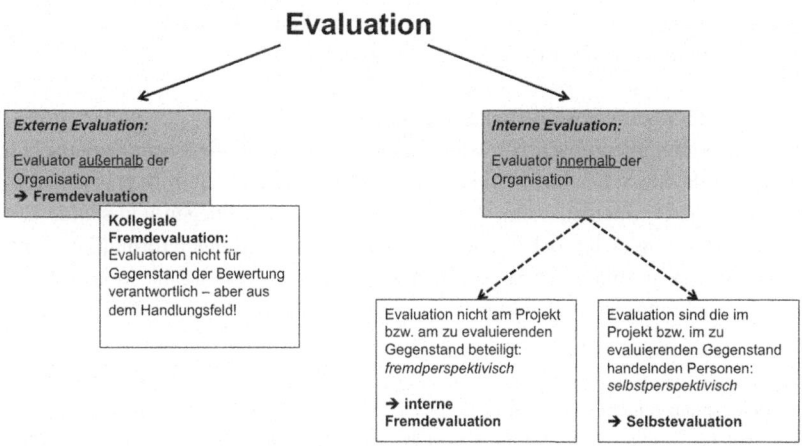

Abb. 5.1 Unterscheidung nach Art der Evaluation. (Quelle: eigene Darstellung nach Merchel 2019, S. 45)

Ein systemisches Weiterbildungsmanagement distanziert sich von einem solchen Outsourcing der Evaluation, da Evaluation als eine „reflexiv-bewertende Beobachtungsoperation" (Blank 2004, S. 140) interpretiert wird[14]. Mithilfe von strukturierten Verfahren[15], die im sozialen Subsystem verankert sind, wird das Organisationsmitglied nach absolvierter Weiterbildung im Sinne der *zieloffenen Evaluation* angeregt, auch seine (irritierenden) Erfahrungen aus der Weiterbildung (die o. g. *Nebeneffekte*) mitzuteilen. Solche Formen der Evaluation bilden somit die konsequente Weiterführung des partizipativen Gedankens, der bereits die Phase der Bedarfskonstruktion und die Formulierung aktivierbarer Transfererwartungen vor Beginn einer Weiterbildung geprägt hat.

Hierbei geht es weniger darum, dass die anderen Organisationsmitglieder von den erworbenen Kompetenzen des*der Einzelnen profitieren und quasi eine ‚Light-Variante' der Weiterbildung in Anspruch nehmen, als vielmehr um die Möglichkeit, den temporären Blick von außen, den der*die Einzelne erfahren hat, als Chance zu nutzen, eine Beobachtung II. Ordnung innerhalb des sozialen Subsystems zu initiieren.

So betrachtet bieten Ansätze der Selbstevaluation also Hilfestellung beim *In-die-Kommunikation-Bringen* von den in einer Weiterbildung individuell erfahrenen Irritationen eines Organisationsmitglieds. Durch die regelmäßige Anwendung solcher Selbstevaluationen erhält die Organisation bzw. Organisationseinheit die Möglichkeit, kontinuierlich über *sich selbst* zu reflektieren.

Eine so verstandene Variante der Evaluation externer betrieblicher Weiterbildung betont nicht nur den reflexiven Aspekt der Erfolgskontrolle, sondern fördert auch die Lernfunktion, die der Erfolgskontrolle zugrunde liegen kann.

(4) Vom engen zum erweiterten Kontrollverständnis
Wenn es, systemtheoretisch betrachtet, kaum möglich ist, einem autopoietischen System Ziele von außen *aufzuerlegen,* wenn systemisches Weiterbildungsmanagement es daher vermeidet, kleinschrittige (Lern-)Ziele festzulegen und stattdessen aktivierbare – zugleich (hoch-)spekulative – Transfererwartungen formuliert, wenn betriebliche Weiterbildung darüber hinaus die Potenziale der Organisationsmitglieder, also nicht nur deren *Tüchtigkeit,* sondern auch deren *Mündigkeit* fördern will,

---

[14] Hier zeigt sich deutlich der reflexive Aspekt, der Evaluation in einem systemischen Weiterbildungsmanagement auszeichnet.

[15] Ein solches strukturiertes Verfahren wäre beispielsweise die feste Verankerung des Themas *Rückmeldung aus absolvierten Weiterbildungen* auf der Top-Liste einer jeden Teamsitzung. Leitungskräfte, die in Teamsitzungen eine moderierende Funktion einnehmen sollten, fordern die Kolleginnen und Kollegen, die in der jüngeren Vergangenheit eine Weiterbildung absolviert haben, aktiv dazu auf, ihre Erfahrungen mitzuteilen.

5.2 Ansätze nach Beendigung einer Weiterbildung

dann widerspricht dem auch ein enges Verständnis von Erfolgskontrolle, das in erster Linie auf die möglichst exakte Bestimmung dessen ausgerichtet ist, was vor einer Weiterbildung als Ziel definiert wurde.

Ein systemisches Weiterbildungsmanagement folgt daher einem *erweiterten* Verständnis von Kontrolle. Wenngleich es auch bemüht ist, den Erreichungsgrad der vorab formulierten Transfererwartungen zu prüfen, versteht es den Teilprozess der Erfolgskontrolle in erster Linie als einen Akt zur Eröffnung von Kommunikation, der auch weiteres Lernen ermöglichen soll.

Wenn eine Leitungskraft eine*n Mitarbeiter*in dazu auffordert, seine*ihre Lernerfahrungen nach einer Weiterbildung mitzuteilen, geht es folglich weniger darum zu prüfen, inwieweit zuvor festgelegte Ziele erreicht wurden, als vielmehr darum, das psychische System zu veranlassen, die eigenen Gedanken und Gefühle ‚aufzubereiten', sie ‚in Form' zu bringen, um sie der anschließenden Kommunikation zugänglich zu machen. Dieser Akt der Aufbereitung und des In-Form-Bringens von Gedanken und Gefühlen impliziert zugleich eine kritische Prüfung aufseiten des psychischen Systems, ob das Gelernte tatsächlich durchdrungen und verstanden wurde.

Wenn sich diese Mitteilung dann nicht nur an die Leitungskraft, sondern auch an die Kolleginnen und Kollegen aus dem eigenen Team richtet, kann das *In-die-Kommunikation-Bringen* der weiterbildungsbedingten Lernerfahrungen zu einem *Differenzerleben* beitragen, das wiederum weiteres Lernen ermöglicht:

> „Lernen setzt ‚Differenzerleben' voraus, die Wahrnehmung, daß andere Menschen andere Beobachtungen machen, daß ein Andersdenken Sinn macht, daß es mehrere Möglichkeiten gibt als bisher registriert. Die Wahrnehmung von ‚Unterschieden, die einen Unterschied machen', kann perturbieren und irritieren. Solche Differenzen können lernanregender sein als vorschnelle Übereinstimmungen" (Siebert 1998, S. 40).

Ein solches Differenzerleben kann auf unterschiedlichen Ebenen erfolgen. Zum einen kann im sozialen System eine Differenz erzeugt werden, wenn *das Neue* (die weiterbildungsbedingte Lernerfahrung des Einzelnen) nicht unmittelbar an *das Bestehende* (die Eigenlogik des sozialen Systems) anschließt. Zum anderen kann die erlebte Differenz im sozialen System (dem Team) wiederum eine Differenz im psychischen System (dem sich weiterbildenden Mitarbeitenden) erzeugen. Wenn der*die einzelne Mitarbeiter*in hinsichtlich seiner*ihrer individuellen Lernerfahrungen wahrnimmt, dass die anderen Teammitglieder das Lerngeschehen anders bewerten, es folglich nicht zu den von Siebert benannten *vorschnellen Übereinstimmungen* im sozialen System kommt, dann ist auch diese Differenz als Ressource zu betrachten, um auf der Ebene des psychischen Systems die eigenen Lernerfahrungen einer kritischen Reflexion zu unterziehen.

Differenzerleben innerhalb des sozialen Systems ist als Beitrag zur Steigerung der organisationalen Lernfähigkeit zu verstehen, Differenzerleben innerhalb des psychischen Systems als Reflexionsangebot, um sich vertiefend mit den eigenen Lernerfahrungen auseinanderzusetzen. Beides zu ermöglichen, stellt eine Schlüsselaufgabe von Leitungskräften im Weiterbildungsmanagement dar und markiert zugleich den Übergang zur Phase der Transferförderung.

Rückbezug zum Praxisbeispiel

Mittlerweile hat Frau Brandenburg am ersten Modul des Hochschulzertifikatskurses ‚Sozialpsychiatrische Fachkraft in der Arbeit mit Familien' an der FH Münster teilgenommen. Sie ist begeistert, dass sie dort nicht nur auf Kolleginnen und Kollegen aus anderen ASDs trifft, sondern dass auch viele – z. T. sehr berufserfahrene – Sozialpädagogische Familienhilfen (kurz: SPFH) an der Weiterbildung teilnehmen und Frau Brandenburg so die Gelegenheit hat, auch die Perspektive eines freien Trägers besser zu verstehen. Natürlich hat sie auch in Musterhausen Kontakt zu SPFHs. In der Regel aber nur, wenn ein ‚Fall' im Mittelpunkt steht, was häufig dazu führt, dass sich auch alles nur um diesen Fall dreht. Im ersten Modul hat ein erfahrener Psychiater Einblick in psychische Krankheitsbilder gegeben. Auch wenn Frau Brandenburg einiges hiervon durch ihre vorherigen Weiterbildungen bekannt war, ist ihr vor Ort einmal mehr klar geworden, wie wichtig es ist, multiprofessionell und multiinstitutionell innerhalb der eigenen Kommune zu arbeiten. Hier hat der ASD in Musterhausen wirklich noch Nachholbedarf.

Wie vor Beginn der Weiterbildung vereinbart, steht im Rahmen des ‚Transferpatenmodells' nun das erste Reflexionsgespräch mit Frau Brandenburgs Teamleiterin an, die zugleich die Rolle der Transferpatin übernommen hat. Frau Brandenburg berichtet von den interessanten Kontakten zu den anderen Weiterbildungsteilnehmenden sowie von dem großartigen Referenten, der äußerst eloquent und fachlich versiert einen Überblick über psychische Krankheitsbilder gegeben hat.

Auch wenn sich Frau Brandenburg daran erinnert, dass die ASD-Leiterin Frau Sondermann bei der großen Dienstbesprechung explizit darauf verwiesen hat, dass zukünftig insbesondere externe Weiterbildungen auch als ‚Irritationslieferanten' betrachtet werden sollen, folglich irritierende Erfahrungen während einer Weiterbildung auch genutzt werden sollen, um kritisch auf vorhandene Routinen im ASD zu schauen, ist Frau Brandenburg verwundert, als ihre Teamleiterin sie fragt: „Frau Brandenburg, vielen Dank für Ihre Ausführungen zu den Inhalten des ersten Moduls. Das hört sich nach einem tollen Auftakt der Weiterbildung an. Aber sagen Sie doch einmal: Was hat Sie während des ersten Moduls irritiert?" Nach einer kurzen Phase des Überlegens antwortet Frau Brandenburg: „Naja, ich fand es schon erstaunlich, wie gut die Kooperation in anderen Kommunen zwischen dem ASD und der Erwachsenenpsychiatrie funktioniert. Bei uns gibt es eine Zusammenarbeit nur, wenn es ein ‚Fall' nötig macht, ansonsten gibt es kaum Schnittstellen zur Erwachsenenpsychiatrie. Das hat mich auf der Fahrt nach Hause noch lange beschäftigt."

„Frau Brandenburg", antwortet die Teamleiterin, „ich finde, dass Sie da einen ganz wichtigen Punkt benannt haben, der mich auch schon lange beschäftigt. Wären Sie einverstanden, wenn wir beide dieses Thema bei der nächsten Teamsitzung einmal einbringen? Mir geht es nicht darum, die Form der Kooperation mit der Erwachsenenpsychiatrie zu ‚revolutionieren', aber ich würde schon gerne im Team der Frage nachgehen, warum unsere Kooperation mit der Erwachsenenpsychiatrie so ist, wie sie ist." „Einverstanden", antwortet Frau Brandenburg, „das würde ich auch sehr begrüßen. Vielleicht kann ich aus der Diskussion auch Ideen für das Handlungskonzept zur Arbeit mit psychisch kranken Eltern ableiten."◄

5.2.2 Transfersicherung – systemisch

In den Ausführungen zum traditionellen Weiterbildungsmanagement wurde bereits auf die Problembereiche der Transfersicherung hingewiesen. Hierbei wurde unter anderem die fehlende theoretische Rahmung, die bloße Individuumorientierung sowie der eher nachgelagerte Charakter von Ansätzen der Transfersicherung kritisiert.

Aufbauend auf diese Kritik wird nachfolgend dafür geworben, 1) Transfer nicht mit einem *Gut* zu vergleichen, das sich *sichern* lässt. Folglich gilt es, 2) Transferförderung nicht als nachgelagerten Appendix, sondern als flankierenden Prozess zu betrachten. Darüber hinaus wird 3) Transferförderung im Kern als Kommunikationsmanagement verstanden, was es aus systemtheoretischer Perspektive erfordert, das landläufige Kommunikationsverständnis zu revidieren. Wie noch zu zeigen sein wird, gilt gelingende Kommunikation aus systemtheoretischer Perspektive als eher unwahrscheinlich, daher braucht es mit Blick auf Formen der

Transferförderung 4) ein differenziertes Leitungsbild, das den*die Manager*in weniger als Ingenieur*in denn als Dirigentin bzw. Dirigenten betrachtet.

(1) Von der Sicherung zur Förderung des Transfers
Wie bereits ausgeführt, findet der Begriff der *Transfersicherung* im traditionellen Weiterbildungsmanagement für den letzten Teilprozess des Bildungszyklus Verwendung. Aus der hier vertretenen systemtheoretischen Perspektive wird dieser Begriff jedoch aus zweierlei Gründen abgelehnt. Zum einen suggeriert er, dass Lernerfahrungen etwas Kontextunabhängiges sind, etwas, das gleich einem Gegenstand erfolgreich von A nach B transferiert werden kann, wenn es nur ausreichend gut *gesichert* wird (vergleichbar mit dem Kauf eines Fernsehgerätes, das vom Elektronikfachmarkt in das heimische Wohnzimmer transportiert und für diesen Transport *gesichert* werden muss). Ein solches Verständnis von Transfersicherung gesteht zwar ein, dass es durchaus zu Störungen kommen kann (im Sinne von *Transportschäden* bei fehlerhafter Sicherung), es setzt die kontextuellen Rahmenbedingungen dennoch prinzipiell gleich und unterstellt daher, dass bei guter Sicherung das Transferproblem nahezu gelöst werden kann. Wenngleich ein solches Transfersicherungskonzept bei Trivialmaschinen wie Fernsehgeräten durchaus erfolgreich ist, scheint es doch kläglich zu versagen, wenn es bei nicht-trivialen, also lebenden Systemen zur Anwendung kommt.

Wie bereits erwähnt, handelt es sich beim Lernfeld (die externe Weiterbildung) und beim Funktionsfeld (die jeweilige Arbeitsumgebung) um zwei autopoietische, autonome, operational geschlossene soziale Systeme und folglich um zwei völlig *unterschiedliche Welten*. Hinzu kommt, dass auch das lernende Individuum aus einer systemtheoretischen Perspektive als eigensinniges, nicht-triviales System betrachtet werden muss. Ob das jeweilige Organisationsmitglied während einer externen Weiterbildung tatsächlich lernt, welche dieser möglichen Lernerfahrungen es dann in der eigenen Praxis auch umsetzt und wie das jeweilige soziale Subsystem auf diese weiterbildungsbedingte Veränderung reagiert, kann nicht vorhergesagt und folglich auch nicht *gesichert* werden.

Der zweite Grund, warum sich ein systemisches Weiterbildungsmanagement vom Begriff der Transfersicherung distanziert, ist dessen restriktive Konnotation. Transfersicherung beschränkt sich darauf, den Staus quo zu sichern. Sie zielt somit auf *Bestandssicherung* ab und lässt mögliche Nebeneffekte, die nicht im Sinne der Bestandssicherung dienlich sind, außer Acht bzw. interpretiert diese als Störungen, die es bestmöglich zu unterbinden gilt.

Ein systemisches Weiterbildungsmanagement zeichnet sich aufgrund seiner erweiterten Zielsetzung (vgl. Abschn. 4.3) dadurch aus, dass es eben jenen *Nebeneffekten* (beispielsweise den individuell erfahrenen Irritationen) ein deutlich

5.2 Ansätze nach Beendigung einer Weiterbildung

höheres Maß an Aufmerksamkeit schenkt. Wenngleich somit auch ein systemisches Weiterbildungsmanagement einerseits der Bestandssicherung (im Sinne der individuumorientierten Anpassungsfunktion) verpflichtet ist, forciert es zugleich stets auch die Weiterentwicklung (bzw. die Bereitschaft zur Weiterentwicklung) des sozialen Systems und schenkt daher den Nebeneffekten, Störungen und Irritationen besondere Beachtung (im Sinne der Irritationsfunktion).[16]

Somit scheint in Bezug auf ein systemisches Weiterbildungsmanagement vieles dafür zu sprechen, sich vom Begriff der Transfersicherung und der hiermit verbundenen technokratischen Konnotation zu verabschieden. Als Alternative hierzu wird der Begriff der *Transferförderung* vorgeschlagen. Dieser Begriff löst sich nicht nur vom o. g. Sicherungsaspekt und trägt somit in gewisser Weise zur *Öffnung* der Transfermöglichkeiten bei (was auch eine Öffnung für möglicherweise Ungeplantes und Unvorhergesehenes beinhaltet). Zugleich verweist der Begriff der Transferförderung auch auf die Grenzen hinsichtlich der Steuerung des Transferprozesses.

Eine solche Transferförderung – und hier grenzt sich ein systemisches erneut deutlich von einem traditionellen Weiterbildungsmanagement ab – versteht sich nicht als nachgelagerter Appendix, sondern stets als flankierender Prozess.

(2) Vom nachgelagerten Appendix zum flankierenden Prozess
Je nachdem, wie man den Begriff der Transfersicherung definiert, wird hierunter entweder der Prozess der Transfersicherung entlang der einzelnen Teilschritte des Funktionszyklus verstanden (von vorlaufenden über die gleichlaufende bis zur nachfolgenden Transfersicherung) oder aber ausschließlich der zeitlich letzte Akt der Transfersicherung nach absolvierter Weiterbildung – also ex-post. Wenngleich in den einschlägigen Fachpublikationen eine prozessbegleitende Transfersicherung gefordert wird, scheint die Praxis der betrieblichen Weiterbildung eher von einem vollständigen Verzicht oder einem nachgelagerten Transfersicherungsverständnis (Transfersicherung als *nachgelagerter Appendix*) geprägt zu sein.

Transfersicherung als nachgelagerten Appendix zu betrachten, erscheint letztlich nur angebracht, wenn die Ermöglichung von Lernerfahrungen mit der Produktion eines Guts oder einer Maschine verglichen wird. Niemand würde bei der Produktion einer Maschine auf die Idee kommen, diese bereits im Produktionsprozess für den Transfer zu sichern. Demnach findet die Transfersicherung erst dann statt,

---

[16] Hier zeigen sich Parallelen zum Begriff der Qualitätssicherung, der – ähnlich wie der Begriff der Transfersicherung – über Verfahrensstandardisierung auf Sicherung des Status quo abzielt, wohingegen das Konzept der Qualitätsentwicklung die Möglichkeit zu komplexerem organisationalen Lernen eröffnet (vgl. Merchel 2004, S. 150). Besonders radikal formuliert es Heiner: „Qualitätssicherung, so die These, kann Qualitätsentwicklung unmöglich machen" (Heiner 2004, S. 133).

wenn der Produktionsprozess abgeschlossen und die Maschine *transportbereit* ist. Transfersicherung bildet hier somit den letzten Akt innerhalb der Produktionskette.

Da Lernen aus systemtheoretischer Perspektive als Veränderung der kognitiven Strukturen eines psychischen, operational geschlossenen Systems interpretiert wird, Lernen folglich nicht wie eine Maschine *hergestellt* werden kann und der *Transport* von Lernerfahrungen aus dem Lern- in das Funktionsfeld nicht in einem technischen Sinne möglich ist, distanziert sich ein systemisches Weiterbildungsmanagement von der Vorstellung der Transferförderung als einem nachgelagerten Appendix. Vielmehr wird Transferförderung als flankierender Prozess betrachtet, der nur dann nach Beendigung einer Weiterbildung sein Potenzial (hinsichtlich der Förderung des Transfers) entfalten kann, wenn bereits vor Beginn der Veranstaltung ein entsprechender *Nährboden* hierfür bereitet worden ist.

Die gemeinsame Formulierung von aktivierbaren Transfererwartungen vor Beginn einer Weiterbildung stellt den Versuch dar, einen solchen Nährboden zu schaffen. Hierbei sind Leitungskräfte gefordert, das jeweilige soziale Subsystem frühzeitig und umfassend in Prozesse der Transferförderung mit einzubinden. Als Teil einer solchen Einbindung kann beispielsweise die moderierte Durchführung von „Gedankenexperimenten" (Heiner 1998, S. 27) vor einer Weiterbildung betrachtet werden. Indem bereits vor Beginn einer externen Weiterbildung die Transferphase – unter Moderation durch die Leitungskraft – gemeinsam mit den Kolleginnen und Kollegen im Team gedanklich simuliert wird, können mögliche *Transferanker*[17] und *Transferbarrieren* frühzeitig lokalisiert und ein konstruktiver Umgang mit diesen thematisiert werden.

Da auch bei solchen Gedankenexperimenten die Gefahr besteht, dass das soziale System aufgrund seiner *blinden Flecken* nur sieht, was es sehen kann, aber nicht sieht, was es nicht sehen kann, folglich bestehende Transferbarrieren (aber ebenso auch mögliche Transferanker) nicht erkannt werden, können Leitungskräfte mit den Methoden der systemischen Gesprächsführung dazu beitragen, eine Beobachtung der eigenen Beobachtungsmuster (also eine Beobachtung II. Ordnung) herbeizuführen.[18]

---

[17] Als *Transferanker* sollen hier bestehende Rahmenbedingungen und Strukturen bezeichnet werden, denen eine transferförderliche Wirkung von den Organisationsmitgliedern zugeschrieben wird.

[18] Exemplarisch sei hier nur auf zwei Varianten, die sogenannten lösungsorientierten Fragen und die problemorientierten Fragen, verwiesen (vgl. Schlippe und Schweitzer 2007, S. 147). Unter der Kategorie der lösungsorientierten Fragen können sogenannte *Wunderfragen* („Wenn eine gute Fee über Nacht alle Transferbarrieren in unserem Team aufgelöst hätte, was wäre anders?") oder *Fragen nach Ausnahmen vom Problem* („Gab es Situationen, in denen der Lerntransfer ausnahmsweise besonders gut funktioniert hat? Wenn ja, was war

Wenn Leitungskräfte Transferförderung nicht als nachgelagerten Appendix, sondern als flankierenden Prozess betrachten, dann müssen sie hierfür allerdings auch zeitliche Ressourcen zur Verfügung stellen. Eben daran scheint es in der Praxis aber häufig zu mangeln (vgl. Pawlowsky und Bäumer 1996, S. 154). Zugleich wird Transfer nur dann begünstigt, wenn die zusätzlichen zeitlichen Ressourcen dafür genutzt werden, *gelingende Kommunikation* zu ermöglichen. Um hier als Leitungskraft Einfluss nehmen zu können, bedarf es aber einer (systemischen) Neuinterpretation des eigenen Kommunikationsverständnisses.

(3) Vom kommunikativen Paket zur pragmatischen Information
Mit Blick auf das Funktionsfeld verweisen einige Autorinnen und Autoren durchaus auf die Bedeutung von Kommunikation im Zuge des Transferprozesses. So schlägt beispielsweise Müller vor, dass innerhalb „(…) der Regelkommunikation immer wieder über das Lernen gesprochen werden" (Müller et al. 2007, S. 208 f.) sollte. Was er mit *Regelkommunikation* meint, bleibt allerdings genauso unklar wie die Frage, ob es tatsächlich reicht, *darüber gesprochen zu haben,* um Einfluss auf den Transfer zu nehmen. Auch Pawlowsky und Bäumer sehen in den mangelnden „(…) Kommunikationsmöglichkeiten nach einer Veranstaltung" (Pawlowsky und Bäumer 1996, S. 154) zentrale Transferbarrieren, lassen aber offen, wie diese Kommunikationsmöglichkeiten konkret ausgestaltet werden müssten, um das Transferproblem zu lösen. Auch Kösters konstatiert, dass „(…) eine vor dem Training zwischen Vorgesetzten und Teilnehmern stattfindende Diskussion über Trainings- bzw. Lernziele (…) die Wahrscheinlichkeit eines erfolgreichen Trainingstransfers" (Köster 2003, S. 263) erhöht. Dennoch bleibt auch er unpräzise, welche Anforderungen eine solche Diskussion erfüllen muss, damit ihr eine transferförderliche Wirkung zukommt.

Insgesamt entsteht der Eindruck, dass stattfindender Kommunikation per se eine transferfördernde Wirkung zugesprochen wird. Gemäß dem Motto: Wenn wir darüber sprechen, wird auch der Transfer, also die Übertragung des Erlernten vom Lern- in das Funktionsfeld begünstigt. Implizit scheint hier ein Kommunikationsverständnis gemäß dem klassischen Sender-Empfänger-Modell zum Tragen zu kommen.[19]

---

damals anders?") Verwendung finden. Zur Kategorie der problemorientierten Fragen können u. a. sogenannte Verschlimmerungsfragen („Was müssten wir gemeinsam im Team unternehmen, um einen erfolgreichen Lerntransfer unmöglich zu machen?") subsumiert werden (vgl. Schlippe und Schweitzer 2009, S. 50).

[19] Dieses technische Kommunikationsmodell wurde zu Kriegszeiten entwickelt, um Botschaften mit einem relativ geringen Interpretationsspielraum (z. B. Befehle) zu übermitteln. Hierbei wird die Nachricht vor der Übermittlung durch den*die Sender*in kodiert (also in ein bestimmtes Zeichensystem übersetzt). Anschließend wird die Nachricht über einen bestimmten Kanal an den*die Empfänger*in übertragen. Hierbei kann es zu Störungen kommen,

Hiernach können – trotz gewisser Abweichungen, die durch Störquellen erzeugt werden – im Zuge eines Kommunikationsprozesses Nachrichten zwischen zwei unabhängigen Einheiten ausgetauscht – also übertragen – werden (vgl. Baecker 2005, S. 52 f.). Janneck bezeichnet dieses Kommunikationsmodell treffend als „Paketmodell", da es davon ausgeht, „(…) dass die Nachricht – das kommunikative Paket – unter günstigen Umständen ohne Bedeutungsverlust vom Sender zum Empfänger transportiert und von diesem aufgenommen werden kann" (Janneck 2007, S. 44).

Ein systemisches Weiterbildungsmanagement verwehrt sich gegen eine solche Übertragungsmetapher, wie sie in dem skizzierten technischen Kommunikationsmodell Verwendung findet, da sie (die Übertragungsmetapher) „(…) das Wesentliche der Kommunikation in den Akt der Übertragung, in die Mitteilung [legt, S.G.]. (…) Die Mitteilung ist aber nichts weiter als ein Selektionsvorschlag, eine Anregung. Erst dadurch, dass diese Anregung aufgegriffen wird, daß die Erregung prozessiert wird, kommt Kommunikation zustande" (Luhmann 1984, S. 193 f.).

Aus einer systemischen Perspektive werden somit „(…) keine Informationen, Bedeutungen oder Sinngehalte *übertragen,* sondern sie werden *generiert* beziehungsweise *konstruiert*" (Meissner et al. 2009, S. 157). Kommunikation ist daher „(…) nicht mehr Übertragung, sondern Konstruktion" (Baecker 2005, S. 53).

Wird das während einer Weiterbildung erlernte Wissen bzw. die erlernte Methode anschließend im Funktionsfeld in eine entsprechende Handlung umgesetzt (z. B. eine veränderte Art der Gesprächsführung, ein verändertes Verständnis hinsichtlich der Hilfeplanung etc.), stellt diese kommunizierte Handlung aus Sicht des sozialen Systems zunächst nur ein *Ereignis* dar (vgl. Rüegg-Stürm 2003, S. 251). Einem solchen Ereignis kann innerhalb des sozialen Systems der Status einer Information zugeschrieben werden, wenn es im Rahmen der Beobachtung einen Unterschied macht, der einen Unterschied macht (vgl. Bateson 1987, S. 123). Wie hoch der Informationsgehalt eines Ereignisses ist, kann hierbei objektiv nicht festgestellt werden, sondern ist von den verfügbaren Deutungsmustern im jeweiligen sozialen Subsystem abhängig.

Wird der Unterschied, den das Ereignis macht, als zu groß bewertet (in diesem Fall stellt das Ereignis ein *Irritationsereignis* dar), kann es möglicherweise nicht an die bestehenden Kommunikations- und Entscheidungsmuster anschließen. Ist der Unterschied, den das Ereignis erzeugt, nur gering (in diesem Fall kann von einem *Routineereignis* gesprochen werden), wird das Ereignis als belanglos bewertet und

---

die ein gewisses Rauschen verursachen und somit die erfolgreiche Übermittlung gefährden. Anschließend entschlüsselt der*die Empfänger*in die Nachricht, die – sofern das Rauschen nicht zu groß war – im Sinne der versendeten Nachricht beim Empfangenden ankommt (vgl. Meissner, Gentile und Tuckermann 2009a, b, S. 146).

geht im Strom der Ereignisse unter. In beiden Fällen stehen die Chancen für eine *produktive Weiterverarbeitung* des Ereignisses innerhalb des sozialen Systems und damit für einen gelingenden Transfer schlecht.

Leitungskräfte, die ein systemisches Weiterbildungsmanagement umsetzen, betrachten Transferförderung in erster Linie als Förderung von gelingender Kommunikation (Transfermanagement kann daher als Kommunikationsmanagement interpretiert werden). Hierbei distanzieren sie sich von der Vorstellung, dass gelingende Kommunikation stattfindet, wenn kommunikative Pakete von A (Lernfeld) nach B (Funktionsfeld) übertragen werden. Demnach reicht es im Sinne einer Transferförderung auch nicht aus, dass man nach Beendigung der Weiterbildung *mal kurz darüber gesprochen* hat.

Vielmehr gilt gelingende Kommunikation als *schmaler Grat* (zwischen Routine- und Irritationsereignis), bei dem „pragmatische Informationen"[20] (Weizsäcker 1974, S. 98) konstruiert werden. Aus diesem Grunde gehen Leitungskräfte davon aus, dass gelingende Kommunikation nicht der Normalfall, sondern eher „extrem unwahrscheinlich" (Luhmann 1997, S. 193) ist.

Um die Unwahrscheinlichkeit gelingender Kommunikation zu begrenzen, unternehmen Leitungskräfte eines systemischen Weiterbildungsmanagements bereits vor einer Weiterbildung Anstrengungen, das soziale System – denn nur hier ereignet sich die Kommunikation – auf den möglichen Ereignisstrom nach der Weiterbildung vorzubereiten. Durch frühzeitige und umfassende Einbeziehung des sozialen (Sub-)Systems – kondensiert in der Formulierung von aktivierbaren Transfererwartungen – verringern Leitungskräfte die Wahrscheinlichkeit, dass ein Ereignis (ausgelöst durch die Anwendung der erlernten Inhalte bzw. der erlernten Methoden) ein zu hohes Maß an Erstmaligkeit aufweist. Zugleich – und hier zeigt sich erneut der

---

[20] Eine pragmatische Information bildet in gewisser Weise einen *Mittelwert* zwischen Irritations- und Routineereignissen, da sie einerseits ein Mindestmaß an Bestätigung aufweist und somit anschlussfähig an vorangegangene Kommunikation ist (Routineereignis) und zugleich ein gewisses Maß an Erstmaligkeit besetzt und somit überraschend wirkt (Irritationsereignis). In der alltäglichen Praxis erkennt man solche pragmatischen Informationen daran, dass sie einen *Aha-Effekt* auslösen (vgl. Baecker 2007, S. 19). Rüegg-Stürm verdeutlicht die Unterscheidung zwischen Erstmaligkeit und Bestätigung anhand eines Puzzles: „Puzzle-Stücke, die ausschließlich Erstmaligkeit aufweisen, lassen sich nirgends an das bestehende Puzzle anschließen. Sie enthalten eine nutzlose, und damit keine *pragmatische* Information. Puzzle-Stücke, die ausschließlich Bestätigung aufweisen, lassen sich überall an das bestehende Puzzle anschließen. Sie enthalten keine zusätzliche und damit auch keine pragmatische Information. Puzzle-Stücke dagegen, die je nach Wahl der Andockseite des neuen Puzzle-Stücks nur zu bestimmten bestehenden Puzzle-Stücken passen und damit je nach Wahl eine unterschiedliche neue Konstellation für die Fortsetzung des Puzzles schaffen, haben eine hohe pragmatische Information" (Rüegg-Stürm 2003, S. 253).

schmale Grat – versuchen Leitungskräfte eines systemischen Weiterbildungsmanagements nach einer Weiterbildung auch solchen Ereignissen *Raum* und Beachtung zu geben, die eigentlich als „Sand im Getriebe" (Rüegg-Stürm 2003, S. 260), also als Irritationsereignis erscheinen würden, da gerade solche Ereignisse das Potenzial zur kontrollierten Destabilisierung bzw. maßvollen Irritation der bestehenden Kommunikations- und Entscheidungsmuster bieten.

Wenn Transferförderung als Kommunikationsmanagement bezeichnet werden kann und Kommunikationsmanagement sich aus einer systemtheoretischen Perspektive dadurch auszeichnet, Unwahrscheinliches (also gelingende Kommunikation) wahrscheinlich zu machen, dann bedarf es hierfür anderer Kompetenzen aufseiten der Leitungskräfte als bei der Transfersicherung im traditionellen Weiterbildungsmanagement.

(4) Vom Ingenieur bzw. von der Ingenieurin zum Dirigenten bzw. zur Dirigentin

Das traditionelle Weiterbildungsmanagement spricht der Leitungskraft eine zentrale Rolle in der Phase der Transfersicherung zu. Sie ist diejenige, die über eine Fülle von Instrumenten der Transfersicherung verfügt, welche es in der Transferphase geschickt einzusetzen gilt, um als *Gesamtingenieur*in des Betriebs* den Transfer bestmöglich *in den Griff* zu bekommen.

Wenn sich allerdings weder Organisationen noch deren Mitglieder und somit auch nicht der Transfer von Lernerfahrungen linear-kausal *in den Griff* bekommen lassen, wenn Transferförderung keine nachgelagerte *Transportsicherung* eines *Kommunikationspakets* ist, dann scheinen die bisweilen trivialisierenden Instrumente der Transfersicherung aus dem traditionellen Weiterbildungsmanagement genauso wenig hilfreich wie die Vorstellung, dass Leitungskräfte als Gesamtingenieure bzw. Gesamtingenieurinnen agieren könnten.

Leitungskräften im systemischen Weiterbildungsmanagement kommt zur Steuerung des Transfergeschehens somit weniger die Rolle eines Ingenieurs bzw. einer Ingenieurin zu als vielmehr die Kompetenz einer coachenden Person oder eines Dirigenten bzw. einer Dirigentin.[21]

> „Der Manager muß arbeiten wie ein Dirigent eines Orchesters oder der Coach einer Fußballmannschaft. Er kann weder selbst alle Instrumente spielen noch alle Tore schießen. Wie das Orchester und wie die Fußballmannschaft spielen, liegt außerhalb der Kontrolle des Dirigenten oder Trainers" (Simon 1997, S. 115).

---

[21] Dies macht sie nicht weniger bedeutsam als Leitungskräfte im traditionellen Weiterbildungsmanagement. Es erfordert aber ein differenziertes Rollenverständnis sowie differenzierte Steuerungsinstrumente.

5.2 Ansätze nach Beendigung einer Weiterbildung

Die Metapher einer Dirigentin bzw. eines Dirigenten lässt sich durchaus auf die Rolle von Leitungskräften in einem systemischen Weiterbildungsmanagement anwenden, da auch sie bei der Transferförderung nicht nur das einzelne Organisationsmitglied (den*die einzelne*n Musiker*in), sondern stets auch das soziale (Sub-)System (das Orchester) im Blick behalten müssen.

Darüber hinaus – und auch hier bestehen Parallelen – muss sich auch der*die Dirigent*in darauf beschränken, Kontextsteuerung zu betreiben. Hierbei steht der dirigierenden Person mit dem Taktstock ein (direkt sichtbares) Instrument zur Verfügung, mit dessen Hilfe Einfluss auf den Kontext (Takt, Einsätze und Betonung) genommen wird.

Ähnlich wie die Leitungskraft im systemischen Weiterbildungsmanagement die sich weiterbildende Fachkraft dazu animiert, Beiträge in die Kommunikation zu bringen, die dann – unter Berücksichtigung des sozialen Subsystems – im Idealfall in gelingender Kommunikation münden, animiert der*die Dirigent*in die Musiker*innen dahingehend, auf ihren Instrumenten solche Töne zu spielen, die in ihrer Gesamtheit den Orchesterklang ausmachen.

Neben dem Taktstab stehen der dirigierenden Person in der Regel weitere Möglichkeiten zur Verfügung, um indirekt Einfluss auf den Orchesterklang zu nehmen. So kann der*die Dirigent*in indirekt Einfluss auf die (Spiel-)Regeln oder die Hierarchie innerhalb des Orchesters (wer hat die erste Stimme, wer spielt die erste Geige etc.) nehmen. Zudem hat er bzw. sie in der Regel ein bedeutsames Mitspracherecht bei der Frage, wer Mitglied im Orchester wird und wer nicht. Wenn auch nur sehr begrenzt kann der*die Dirigent*in auch Einfluss auf die Kultur im Orchester nehmen, indem er bzw. sie beispielsweise für günstige Rahmenbedingungen (helle Räume, Blumen vor Ort etc.) sorgt. Wenn man so will, hat der*die Dirigent*in somit ähnliche Möglichkeiten, nicht steuerbare Systeme in ihrer Selbststeuerung anzuregen, wie der*die Manager*in aus systemischer Sicht: Er*sie nimmt Einfluss auf die entscheidbaren Entscheidungsprämissen (Programme, Kommunikationswege und Personen) und versucht Einfluss auf die eigentlich unentscheidbaren Entscheidungsprämissen (die Kultur) zu nehmen.

Welche Konsequenzen sich aus den bisherigen Ausführungen für die konkrete Umsetzung eines systemischen Weiterbildungsmanagements zur Gestaltung von (entscheidbaren und unentscheidbaren) Entscheidungsprämissen ableiten lassen, gilt es abschließend zu klären.

Rückbezug zum Praxisbeispiel

Seit knapp zwei Jahren übt sich der ASD der Stadt Musterhausen nun darin, ein systemtheoretisches Verständnis von Weiterbildungsmanagement umzusetzen. Seitdem hat sich einiges verändert. Einerseits wird nun in der Teamsitzung deutlich mehr über das Thema Weiterbildung diskutiert – was immer noch herausfordernd ist, da stets zu wenig Zeit zur Verfügung steht –, andererseits hat die Auseinandersetzung mit Fragen des Lerntransfers eine völlig neue Qualität erhalten. Mittlerweile haben sich fast alle daran gewöhnt, bereits vor Beginn einer Weiterbildung über den anschließenden Transfer der Inhalte in den beruflichen Alltag nachzudenken. Wenngleich der Begriff der ‚aktivierbaren Transferwartungen' als zu sperrig empfunden wurde, weiß heute jede*r, was hinter der Idee der Transferwartungen steckt.

Im Team von Frau Brandenburg hat sich eine angenehme Mischung aus Ernsthaftigkeit und Leichtigkeit rund um den Lerntransfer etabliert. So hat sich z. B. die paradox anmutende Frage: „Was könnten wir als Team tun, um den Transfer deiner Weiterbildungsinhalte maximal zu verunmöglichen?" als ‚running gag' in Teamsitzungen etabliert. Auch die bewusste Auseinandersetzung mit möglichen Irritationen, die der bzw. die Einzelne bei einer Weiterbildung erfahren hat, findet jetzt deutlich produktiver statt, als zu Beginn der Einführung des systemischen Weiterbildungsmanagements. Rückblickend brauchte es im Team einfach Zeit, um zu erkennen, dass die möglichen irritierenden Erfahrungen des*der Einzelnen nicht unmittelbar zur Veränderung von Routinen führen sollen. Dennoch wurden auf der Basis von Rückmeldungen aus Weiterbildungen auch einige Handlungsroutinen im ASD nicht nur kritisch reflektiert, sondern auch modifiziert. Dies betrifft auch die bestehende Kooperation zwischen ASD und Erwachsenenpsychiatrie, was Frau Brandenburg besonders freut.

Auch das Transferpatenmodell, das im Zuge der Weiterbildung zur „Sozialpsychiatrischen Fachkraft in der Arbeit mit Familien" erstmalig im Team von Frau Brandenburg umgesetzt wurde, hat sich mittlerweile als bewährte Routine bei umfangreicheren Weiterbildungen etabliert, interessanterweise gar nicht, weil es durch die Leitung so ‚angeordnet' wurde, sondern vielmehr, weil es den Kolleginnen und Kollegen als äußerst hilfreich erscheint. Wer also zukünftig an zeitintensiveren Veranstaltungen teilnehmen will, der weiß, dass er bzw. sie einen Transferpaten bzw. eine Transferpatin aus dem Team benennen muss.

Wenngleich die Einführung des systemischen Weiterbildungsmanagement als Erfolg zu bewerten ist, erinnert der ständige Umgang mit fehlenden zeitlichen Ressourcen bisweilen an Don Quijotes Kampf gegen die Windmühlen. Hier nicht aufzugeben, erfordert Ausdauer und einen langen Atem. ◄

5.3 Konsequenzen für die Gestaltung von Entscheidungsprämissen

Die bisherige Darstellung der konkreten Umsetzung eines systemischen Weiterbildungsmanagements hat aufgezeigt, inwieweit sich ein systemisches von einem traditionellen Weiterbildungsmanagement abgrenzt. Durch die konsequente Orientierung an der neueren Systemtheorie ist es nicht nur möglich, Ansätze des Weiterbildungsmanagements mit einer stringenten theoretischen Rahmung zu versehen, sondern auch, diese von ihrer technokratischen Grundlogik zu befreien.

Wenn eine Steuerung von sozialen Systemen in erster Linie in Form von Kontextsteuerung möglich ist, dann gilt es zu spezifizieren, wie der Kontext in Einrichtungen der Sozialen Arbeit gestaltet (bzw. verändert) werden muss, damit ein systemisches Weiterbildungsmanagement im Sinne seiner erweiterten Zielsetzung (Anpassungsfunktion einerseits und Irritationsfunktion andererseits) wirksam werden kann. Über Entscheidungsprämissen zu entscheiden, kann hierbei als zentrale Form der Kontextsteuerung betrachtet werden (vgl. Simon 2007, S. 57). Hierdurch können Leitungskräfte in Organisationen der Sozialen Arbeit auf den *Fluss der Entscheidungen* innerhalb eines sozialen Systems einwirken, ohne die Autonomie des autopoietischen Systems zu verletzen. Im Rahmen der Entscheidungsprämissen gilt es – wie nachfolgend aufgezeigt wird – zwischen entscheidbaren und unentscheidbaren Prämissen zu differenzieren.

5.3.1 Zu den entscheidbaren Entscheidungsprämissen

Bezüglich der entscheidbaren Entscheidungsprämissen kann zwischen Programmen, Kommunikationswegen und Personal differenziert werden. Jede dieser Entscheidungsprämissen „(…) schränkt die Entscheidungsspielräume der Mitglieder auf spezifische Weise ein, erhöht damit die Redundanz des Entscheidungsprozesses, also die Wiederholbarkeit bzw. Vorhersehbarkeit von Entscheidungen, und verringert so den Aufwand für die Informationsverarbeitung" (Fischer 2008, S. 49). Kurz gefasst können durch Veränderung der Prämissen Veränderungen in Organisationen stimuliert werden (vgl. Boos und Mitterer 2014, S. 52). Dies bedeutet allerdings zum einen nicht, dass Entscheidungsprämissen zukünftige Entscheidungen determinieren (dies wäre mit dem hier vertretenen systemischen Steuerungsverständnis auch nicht vereinbar).

„Selbst stark standardisierte Arbeitsprozesse beispielsweise am Fließband, im Call-Center oder in der Marschformation können nicht alle einzelnen Entscheidungen determinieren. Auch Fließbandarbeiterinnen, Call-Center-Mitarbeiter und marschierende Soldaten weichen, das haben arbeitssoziologische und arbeitswissenschaftliche Studien nachgewiesen, häufig von den strikt programmierten Tätigkeiten ab. (...) Organisationsstrukturen machen also lediglich bestimmte Entscheidungen wahrscheinlicher als andere. Sie bestimmen nicht direkt (...) die Verhaltensweisen von Organisationsmitgliedern, sondern strukturieren deren Verhandlungsspielräume" (Kühl 2011, S. 101).

Zum anderen ist auch hinsichtlich der prinzipiell entscheidbaren Entscheidungsprämissen zwischen solchen Prämissen zu differenzieren, die faktisch verändert und solchen, die theoretisch verändert werden könnten, über die rein praktisch aber kaum anderweitig entschieden wird, da sie in einer Organisation in der Regel als ‚immobil' gelten (vgl. Kühl 2011, S. 111).[22] Welche Entscheidungsprämissen in Organisationen der Sozialen Arbeit als mobil bzw. immobil zu betrachten sind, um das hier skizzierte Verständnis eines systemischen Weiterbildungsmanagements umzusetzen, muss jeweils vor Ort – in den Einrichtungen und Diensten der Sozialen Arbeit – entschieden werden. Unabhängig hiervon sei nachfolgend aber aufgezeigt, wie insbesondere durch die Entscheidung über die zentralen Entscheidungsprämissen ‚Programme' und ‚Kommunikationswege' Kontextsteuerung betrieben wird, um ein systemisches Weiterbildungsmanagement in der Praxis umzusetzen.

(1) Entscheidungen über Programme
Handlungsprogramme definieren grundsätzlich „(...) Bedingungen der sachlichen Richtigkeit von Entscheidungen" (Luhmann 2006, S. 257). Aus diesem Grund können Handlungsprogramme auch als „Menge von Regeln" (Simon 2007, S. 71) innerhalb einer Organisation betrachtet werden, die von deren Mitgliedern einzuhalten sind. Im organisationalen Alltag zeigen sich solche Handlungsprogramme beispielsweise in Dienstanweisungen, Prozessvorgaben, Vorgaben aus dem Qualitätsmanagementhandbuch etc.

---

[22] So ist beispielsweisen in vielen Einrichtungen unter katholischer Trägerschaft klar, dass angesichts des Fachkräftemangels jede weitere ‚künstliche' Verknappung der Ressource Personal wenig sinnvoll ist, gleichwohl scheint es für die Einstellung von neuen Mitarbeitenden in vielen Einrichtungen nach wie vor unabdingbar, dass der oder die Neue Mitglied in einer christlichen Kirche ist – die Entscheidungsprämisse Personal ist in diesem Fall zumindest punktuell von Immobilität betroffen.

5.3 Konsequenzen für die Gestaltung von Entscheidungsprämissen

Handlungsprogramme sind weitergehend danach zu differenzieren, ob sie eher den Charakter eines Konditional- oder eines Zweckprogramms annehmen. *Konditionalprogramme* sind primär *inputorientiert*, sie legen bei entsprechenden Inputs *Wenn-dann-Bedingungen* fest. Hierbei gilt, und das verleiht ihnen ein hohes Maß an Stabilität: „was nicht erlaubt ist, also durch die genannten Bedingungen ausgelöst wird, ist verboten" (Luhmann 2006, S. 263). *Zweckprogramme* sind hingegen primär *output-* und *zukunftsorientiert*, sie legen fest, welche Ziele oder Zwecke innerhalb einer Organisation bzw. Organisationseinheit erreicht werden sollen (vgl. Kühl 2011, S. 103). Im Gegensatz zu Konditionalprogrammen fordert die Unbestimmtheit der Zukunft Zweckprogrammen ein deutlich höheres Maß an Elastizität ab, daher wird hinsichtlich der Wahl der Mittel (zur Zielerreichung) bei Zweckprogrammen ein größerer Freiraum gewährt. Verkürzt formuliert gilt: „(…) was nicht verboten ist, ist erlaubt" (Luhmann 2006, S. 266).[23]

Wenn das hier skizzierte systemische Weiterbildungsmanagement in Organisationen der Sozialen Arbeit wirksam werden soll, erscheint es unabdingbar, Weiterbildungsmanagement zunächst einmal grundlegend als (Meta-)Handlungsprogramm zu begreifen, was auch bedeutet, dass es rund um dieses (Meta-)Handlungsprogramm ein Set von konkreten (Spiel-)Regeln gibt. Weitergehend gilt es zu konkretisieren, welche Aspekte dieses ‚Handlungsprogramms Weiterbildungsmanagement' eher konditional- und welche eher zweckprogrammiert werden.

Wenngleich insbesondere bei Konditionalprogrammen bisweilen der Eindruck entsteht, dass sich die Komplexität der Arbeitswelt in bester tayloristischer Manier *in Reihe schalten* ließe, kann die simple (Wenn-dann-)Regel ‚wenn Angebote der betrieblichen Weiterbildung in Anspruch genommen werden soll, dann braucht es zunächst der Genehmigung des*der Vorgesetzten' als Beispiel dafür gelten, dass auch innerhalb eines systemischen Weiterbildungsmanagements Teilaspekte konditionalprogrammiert werden können.

Um den Mitgliedern der Organisation in Bezug auf die konkrete Umsetzung von Ansätzen des Weiterbildungsmanagements mehr Freiheiten zu ermöglichen, bietet es sich allerdings an, die einzelnen Teilprozesse des Weiterbildungsmanagements eher zweckprogrammatisch einzuordnen. Nachfolgend einige exemplarische ‚Spielregeln' für die einzelnen Teilprozesse des Weiterbildungsmanagements, wie sie im Sinne der hier proklamierten Zweckprogrammierung denkbar wären:

---

[23] Wenn in einer Einrichtung der Sozialen Arbeit bis zum Ende des Jahres Spenden in Höhe von 50.000 EUR akquiriert werden müssen, steht es den Organisationsmitgliedern letztlich frei, wie sie die 50.000 EUR akquirieren (solange sie hierbei nicht eine Bank ausrauben oder Ähnliches, da dies *verboten* wäre und somit der o. g. Devise –*was nicht verboten ist, ist erlaubt* – widersprechen würde).

- Die gemeinsame Konstruktion von Weiterbildungsbedarfen wird in unserer Organisationseinheit in regelmäßigen Abständen ermöglicht.
- Bei der Konstruktion von Weiterbildungsbedarfen versuchen wir die Interessen sowohl der einzelnen Organisationsmitglieder als auch der Teamkolleginnen und -kollegen sowie der Gesamtorganisation zu berücksichtigen.
- Um den Weiterbildungstransfer zu begünstigen und zugleich einer größeren Anzahl von Kolleginnen und Kollegen die Möglichkeit zu eröffnen, an Angeboten der betrieblichen Weiterbildung teilzunehmen, wird im Leitungsteam regelmäßig entschieden, welche Weiterbildungen in Form von ‚Inhouse-Weiterbildungen' in der eigenen Organisation umgesetzt werden.
- Vor Beginn einer (externen) Weiterbildung werden gemeinsam im Team aktivierbare Transfererwartungen formuliert.
- Wir setzen uns zum Ziel, bereits vor Beginn einer Weiterbildung gemeinsam eine Transferstrategie zu entwickeln.
- In unserer Organisationseinheit wird ein Raum geschaffen, in dem nach einer absolvierten Weiterbildung die Inhalte (und Nebeneffekte) der Weiterbildung thematisiert werden.
- Wir tragen Sorge dafür, dass Impulse aus externen Weiterbildungen genutzt werden, um die unserer Arbeit zugrunde liegenden Routinen kritisch zu reflektieren.
- usw.

Anhand solcher Spielregeln kann einerseits präzisiert werden, welche konkreten Erwartungen an die Umsetzung eines Weiterbildungsmanagements gerichtet sind, andererseits erhalten die Organisationsmitglieder aber auch ein gewisses Maß an Freiheit, da die konkrete Umsetzung der einzelnen Spielregeln nicht im Detail vorgeschrieben wird. Ressourcen und Kompetenzen aufseiten der Leitungskräfte, aber auch informelle Spielregeln und kulturelle Prämissen können so vor Ort ausreichend berücksichtigt werden.

Um die Wirksamkeit solcher Spielregeln im organisationalen Alltag zu unterstützen, reicht es allerdings nicht aus, diese einmal für allgemeingültig zu erklären und darauf zu hoffen, dass sie beim Treffen von Entscheidungen Berücksichtigung finden. Vielmehr muss deren Umsetzung und damit verbunden auch deren Sinnhaftigkeit kontinuierlich und systematisiert beobachtet werden. Zugleich gilt es zu prüfen, inwiefern die Umsetzung eines Weiterbildungsmanagements über die Gestaltung von ‚Kommunikationswegen' gestützt werden kann.

5.3 Konsequenzen für die Gestaltung von Entscheidungsprämissen

(2) Entscheidungen über Kommunikationswege

Neben Handlungsprogrammen können auch Kommunikationswege entscheidbare Entscheidungsprämissen darstellen.[24]

„Über Entscheidungsprämissen können auch Kommunikationswege vorgeschrieben werden, die eingehalten werden müssen, wenn die Entscheidung als eine solche in der Organisation Anerkennung finden soll. Dabei kommt es auf die als Entscheidungsprämissen festgelegten Kompetenzen an, vor allem die Weisungsbefugnis, aber auch das Recht, angehört zu werden. Oft nennt man gerade diesen Ausschnitt der Selbstregulierung eines Organisationssystems ‚formale Organisation'" (Luhmann 2006, S. 225).

Verkürzt formuliert, bewahren Kommunikationswege die Organisation vor einem „communication overkill" (Kühl 2011, S. 105), also davor, dass alle bei allem mitreden können und Entscheidungen so erschwert oder *verunmöglicht* werden. Dies gewährleisten Kommunikationswege, indem sie festlegen, welche (Dienst-)Wege die Kommunikation zu gehen hat. Hierbei kann die Hierarchie als die „(…) prominenteste Art der Fixierung von Kommunikationswegen" (Kühl 2011, S. 106) gelten. Kommunikationswege schränken somit die Möglichkeiten ein, „(…) wie die Stellen, an denen die Entscheidungen gefällt werden müssen, kommunikativ miteinander verbunden werden dürfen. Sie geben anders gesagt an, wie die mit Entscheidungen verbundenen Informationen in der Organisation zirkulieren müssen beziehungsweise dürfen" (Martens und Ortmann 2006, S. 443).

Mit Blick auf das hier skizzierte systemische Weiterbildungsmanagement geht es nun nicht darum, den gesamten Weiterbildungsprozess zu formalisieren, sondern vielmehr darum, das Weiterbildungsgeschehen entweder in bereits vorhandene, formalisierte Kommunikationsanlässe einzubinden oder aber neue formalisierte Kommunikationsanlässe zu schaffen, um so sicherzustellen, dass mit Entscheidungen verbundene Informationen im Idealfall zwischen Leitungskraft, Mitarbeiter*innen und Teamkollegen und Teamkolleginnen zirkulieren können.

Teamsitzungen, so sie denn regelmäßig stattfinden, sind hierbei der Idealtypus bereits vorhandener, in der Regel formalisierter Kommunikationsanlässe. Damit die einzelnen Teilelemente eines systemischen Weiterbildungsmanagements (Bedarfskonstruktion, Formulierung von aktivierbaren Transfererwartungen, Formen der Selbstevaluation sowie eine umfassende Transferförderung) in solchen Teamsitzungen den nötigen *Raum* erhalten, müssen Leitungskräfte allerdings ihren Einfluss auf die Wahl der Kommunikationswege geltend machen. In einer Teamsitzung

---

[24] Boos und Mitterer sprechen nicht von Kommunikationswegen, sondern von *Prozessen* und *Strukturen* und beziehen sich hierbei primär auf die Aufbau- und Ablauforganisation (vgl. Boos und Mitterer 2014, S. 55).

können die abzuarbeitenden Tagesordnungspunkte als ein solcher *Kommunikationsweg in Miniformat*[25] betrachtet werden. Durch die Einflussnahme auf diese *Themen-Hierarchie* betreiben Leitungskräfte somit Kontextsteuerung, wenngleich sie hierdurch die jeweiligen konkreten Entscheidungen nicht determinieren.

Neben der Anknüpfung an bereits vorhandene formalisierte Kommunikationsanlässe können Leitungskräfte aber auch entscheiden, neue Orte der Kommunikation zu schaffen. Ein zu Beginn des Jahres eingerichteter Reflexions- bzw. Strategietag, der sich ausschließlich der Frage widmet, welches Wissen bzw. welche Kompetenzen im Team zur Verfügung stehen müssen, um die Herausforderungen der näheren Zukunft zu bewältigen, bietet einen Rahmen, sich aktiv und abseits des beruflichen Alltags mit Beobachtungen der relevanten Umwelten auseinanderzusetzen. Er bietet darüber hinaus die Chance, zwischen dem Wissen (bzw. den Kompetenzen) der Organisationsmitglieder und dem Wissen der Organisationseinheit zu differenzieren und somit individuelle und organisationale Weiterbildungsbedarfe[26] abzuleiten, um so im Idealfall bereits frühzeitig einen Transfer sowohl I. als auch II. Ordnung vorzubereiten.

Inwieweit der Einfluss von Leitungskräften auf Kommunikationswege im Sinne einer Entscheidungsprämisse wirksam wird, scheint maßgeblich von zwei Faktoren abzuhängen: Zum einen müssen Leitungskräfte ihren Einfluss auf Kommunikationswege mit der nötigen Dringlichkeit und einem *langen Atem* geltend machen. Wenn nach nur wenigen Teamsitzungen das Thema Weiterbildung in der *Themen-Hierarchie* wieder nach unten rutscht, also aufgrund der stets zu knappen Zeit nicht mehr hinreichend behandelt wird oder wenn sich der Reflexions- und Strategietag zu Beginn des Jahres als einmaliges Ereignis erweist, das zwar für alle Beteiligten nett, aber so weit abgehoben vom beruflichen Alltag war, dass die erzielten Ergebnisse ohne *Bodenhaftung* im organisationalen Alltag schnell wieder verpuffen, dann hat ein systemisches Weiterbildungsmanagement in Einrichtungen der Sozialen Arbeit kaum eine Chance, sich als Routine zu etablieren.

Zum anderen braucht es eine Kultur, die als *lernförderlich* zu bezeichnen ist. Um eine solche Kultur zu etablieren, stehen Leitungskräfte in Einrichtungen der Sozialen Arbeit vor der Herausforderung, auf eine Entscheidungsprämisse Einfluss

---

[25] Das Charakteristische einer Entscheidungsprämisse zeigt sich hier darin, dass Entscheidungen über mögliche Themenschwerpunkte einer Teamsitzung zwar nicht die jeweiligen Einzelentscheidungen determinieren, wohl aber den Rahmen festlegen können, in dem Entscheidungen getroffen werden.

[26] Von einem organisationalen Weiterbildungsbedarf soll hier gesprochen werden, wenn im Zuge einer gemeinsamen Reflexion Kommunikations- und Entscheidungsmuster lokalisiert werden, die möglicherweise nicht mehr die richtigen *Antworten* auf die *Fragen* der Organisationsumwelt bieten und somit veränderungswürdig erscheinen.

zu nehmen, die – strenggenommen – *nicht entscheidbar* ist (vgl. Luhmann 2006, S. 241).

5.3.2 Zur Bedeutsamkeit einer lernförderlichen Organisationskultur

Für die Umsetzung eines systemischen Weiterbildungsmanagements stellt die Einflussnahme auf entscheidbare Entscheidungsprämissen durch Leitungskräfte in Einrichtungen der Sozialen Arbeit (hier im Besonderen auf die Handlungsprogramme und Kommunikationswege) eine *Seite der Medaille* dar.

Darüber hinaus scheint die Umsetzung eines systemischen Weiterbildungsmanagements – und dies ist die andere Seite der Medaille – vom jeweiligen *Lernklima* „(…) innerhalb der Organisation und von den in der Organisation geltenden Deutungsmustern" abzuhängen, „in denen die Lernanstöße von den Organisationsmitgliedern bewertet werden und in denen sich wesentliche Bedingungen dafür herausbilden, wie offen sich die Organisationsmitglieder für die Wahrnehmung, Aufnahme und produktive Verarbeitung von Reflexionsimpulsen zeigen" (Merchel 2005, S. 166).

Wenn in Teamsitzungen ein Klima herrscht, in dem die Bedürfnisse des*der Einzelnen und die Bedarfe der Kolleginnen und Kollegen oder des*der Vorgesetzten keinen Raum finden, dann dürften sich schwerlich tragfähige aktivierbare Transfererwartungen formulieren lassen.

Ebenso dürften die Chancen für einen Transfer II. Ordnung gering sein, wenn in einem Team die unausgesprochene Regel herrscht, bestehende Strukturen und Routinen nicht zu hinterfragen, oder wenn Fehler stets als Fehler von einzelnen Personen betrachtet werden. Auch ein systemtheoretisches Verständnis von ‚Erfolgskontrolle', das auch unbeabsichtigte Nebeneffekte einbezieht, kann kaum zum Tragen kommen, wenn solche Nebeneffekte in einer Organisation bzw. Organisationseinheit als Störung empfunden werden, die es tunlichst zu vermeiden gilt.

Demgegenüber scheint das, was vielfach als „lernförderliche Organisationskultur" (Merchel 2007, S. 514) bezeichnet wird, genau jene kulturellen Rahmenbedingungen zu bieten, derer es zur Umsetzung eines systemischen Weiterbildungsmanagements bedarf. Eine solche lernförderliche Organisationskultur lässt sich dadurch skizzieren,

> „(…) dass man offen mit anderen über eigene Erfahrungen spricht, frei von dem Misstrauen ist, dass Weitergeben von Wissen einem langfristig schadet, dass man Fehler

toleriert, da man im Fehler eine Chance des Lernens und des Beschreitens neuer Wege sieht, dass man den Austausch von Meinungen jenseits der Dienstwege begrüßt, in der Qualifizierung von Mitarbeitern eine unternehmensförderliche Investition sieht, auch wenn die Wissensinhalte nicht unmittelbar verwertbar erscheinen und Ähnliches mehr" (Rosenstiel 2004, S. 77).

Da das Klima in Organisationen oftmals eben nicht diesem *Bilderbuch-Typus* einer lernförderlichen Kultur entspricht, sondern eher durch *mikropolitische Grabenkämpfe,* Verschleierungstaktiken, „Klatsch und Tratsch" (Aderhold 2003, S. 170) sowie Skepsis gegenüber Neuem und Veränderung geprägt ist, begeben sich Leitungskräfte verstärkt auf die Suche nach Instrumenten, die einen steuernden Einfluss auf die bestehende Kultur versprechen. Veröffentlichungen mit Titeln wie ‚High-Performance-Organisationen – Wie Unternehmen eine Hochleistungskultur aufbauen' (vgl. Heidbrink und Jenewein 2011), ‚Management organisationskultureller Veränderungen' (vgl. Niehaves 2006) oder ‚Unternehmenskultur aktiv gestalten' (vgl. Eberhardt 2013) scheinen – gleich einer Bedienungsanleitung – hierfür das entsprechende Equipment zu bieten.[27]

Aus systemtheoretischer Perspektive wird die bisweilen optimistische Vorstellung einer möglichen Einflussnahme auf Organisationskulturen sowie der Schaffung einer lernförderlichen Organisationskultur, eher skeptisch begegnet, da die Kultur einer Organisation den sogenannten „unentscheidbaren Entscheidungsprämissen" (Luhmann 2006, S. 240) zugehört.

Solche unentscheidbaren Entscheidungsprämissen zeichnen sich dadurch aus, dass es „(…) Festlegungen über die Art und Weise, wie in Organisationen künftig entschieden werden soll [gibt, S.G.], die nicht durch Entscheidungen eines Unternehmensvorstands, eines Parteitages oder eines Papstes zustande kommen, sondern die sich einfach erfolgreich als Gewohnheiten eingeschlichen haben. Selbst bei intensivem Suchen lassen sich keine Entscheidungen finden, auf die diese Festlegungen zurückgehen, sie sind aber trotzdem als Entscheidungsprämissen wirksam" (Kühl 2011, S. 117). Kurz gefasst lässt sich mit Blick auf Organisationskulturen als unentscheidbaren Entscheidungsprämissen somit feststellen:

---

[27] Kühl ist gar der Meinung, dass es ein zentraler Grund für die „(…) Erfindung des Begriffs ‚Organisationskultur' war, dass sich damit ein Traum im Management reaktivieren ließ, der schon das Denken vieler Manager über Informalität bestimmte: der Traum des Managements, die informellen Netzwerke, verdeckten Anreizstrukturen und impliziten Denkschemata so zu gestalten, dass sie in ihrem Sinne wirken" (Kühl 2011, S. 127).

5.3 Konsequenzen für die Gestaltung von Entscheidungsprämissen

„Sie sind emergent entstanden und dennoch verbindlich. Deshalb können sie auch nicht durch Entscheidungen bewusst und gezielt verändert werden" (Simon 2007, S. 96).

Aus einem solchen Verständnis lässt sich eine Organisationskultur also „(…) eben gerade nicht rational beherrschen, formal programmieren und technokratisch verwalten" (Kühl 2011, S. 128), wie es die die genannten *Fachbücher* suggerieren. Vielmehr verändern sich die Regeln einer Organisationskultur spontan und selbstorganisiert. Folglich ist das Risiko groß, „(…) dass durch den Versuch, sie gezielt zu verändern, unkalkulierbare Nebenwirkungen ausgelöst werden" (Simon 2007, S. 101).

Wenngleich somit den ‚Bedienungsanleitungen' zur Steuerung einer Organisationskultur aus systemtheoretischer Perspektive eine Absage erteilt werden muss, da über eine Organisationskultur nicht direkt entschieden werden kann, bedeutet dies nicht, dass Leitungskräfte überhaupt keine Möglichkeiten haben, Einfluss auf die Organisationskultur zu nehmen (vgl. Nagel 2014, S. 26). Im Kern lassen sich hierzu zwei Ansatzpunkte identifizieren:

Zum einen stehen entscheidbare und unentscheidbare Entscheidungsprämissen in einem wechselseitigen Abhängigkeitsverhältnis. Genauso wie die Organisationskultur auf die Programme, Kommunikationswege und das Personal wirkt, wirken diese auch auf die Organisationskultur zurück (vgl. Boos und Mitterer 2014, S. 53).

Die Entscheidung auf programmatischer Ebene, die Wirkung der erbrachten Dienstleistung in einer Einrichtung der Sozialen Arbeit verstärkt zu beobachten, kann ebenso (wenngleich nicht linear-kausal) auf die Kultur der Organisation einwirken, wie die Einführung einer zusätzlichen Hierarchieebene eine Kulturrelevanz annehmen kann. Auch die Entscheidung, dass einem Mitarbeiter bzw. einer Mitarbeiterin gekündigt wird, prägt möglicherweise die Kultur einer Organisation stärker, als auf Leitungsebene zuvor prognostiziert wurde.

Demnach können Entscheidungen über die Formalstruktur einer Organisation (die entscheidbaren Entscheidungsprämissen) als *zentraler Hebel* für die Veränderung einer Organisationskultur betrachtet werden.[28]

„Es klingt paradox: Der zentrale Hebel, über den die (…) Organisationskultur verändert wird, sind Entscheidungen über die Formalstruktur. Nicht – wie es sich ein

---

[28] Die Einflussnahme auf die Kultur einer Organisation durch Veränderungen auf Ebene der Formalstruktur kann daher auch als Anspielen der Kultur ‚über Bande' betrachtet werden (vgl. Gesmann und Merchel 2021, S. 142).

steuerungsbegeistertes Management wünschen mag – dadurch, dass mit der Verkündung der formalen Struktur auch gleichzeitig die Veränderung der Organisationskultur mitverordnet werden kann. Sondern vielmehr dadurch, dass jede Veränderung in den offiziellen Berichtswegen, jede Verkündung eines neuen offiziellen Ziels, jede Einstellung, Versetzung oder Entlassung Auswirkungen auf die Art und Weise hat, wie die Arbeit in den Bereichen, Abteilungen oder Teams informell koordiniert wird" (Kühl 2011, S. 129).

Entscheidungen auf Ebene von Handlungsprogrammen oder Kommunikationswegen, wie sie mit Blick auf die Umsetzung eines systemischen Weiterbildungsmanagements hier vorgeschlagen wurden, können somit zwar nicht linear-kausal, aber indirekt zu einer lernförderlichen Organisationskultur in Einrichtungen der Sozialen Arbeit beitragen.

Da in der Regel Leitungskräfte qua Rolle für die Entscheidung über Entscheidungsprämissen zuständig sind, ist eben diese Rolle und Haltung der zweite Ansatzpunkt, um Einfluss auf die Organisationskultur zu nehmen.

„Letztlich ist dafür die Art und Weise relevant, wie das Führungspersonal in der Organisation wahrgenommen wird. Und zwar insbesondere was Führungskräfte kommentieren, belohnen oder sanktionieren und wie sie in kritischen Situationen reagieren. Weniger Wirkung zeigt hingegen, was offiziell verkündet oder in Selbstbeschreibungen eines Unternehmens postuliert wird. Die Beobachtung des konkreten Verhaltens der Schlüsselpersonen über einen längeren Zeitraum hat letztlich die größte kulturbildende kollektive Relevanz in einer Organisation" (Nagel 2014, S. 26).

Wenn Leitungskräfte in Einrichtungen der Sozialen Arbeit ihren Mitarbeitenden beim Artikulieren der Bedarfe und Bedürfnisse vor einer Weiterbildung vertrauensvoll und offen begegnen, wenn sie Konflikte beim Formulieren von aktivierbaren Transfererwartungen begrüßen und professionell moderieren, wodurch Bedenken thematisiert werden können, die ansonsten die Anwendung der Weiterbildungsinhalte erschweren oder gar verhindern, wenn sie bestehende Routinen in der Organisation nicht als *zementiert,* sondern als kontingent betrachten und daher stets zu deren kritischer Reflexion anregen (ohne hierbei alles verändern zu wollen), wenn Leitungskräfte ernsthaftes Interesse an den Weiterbildungsinhalten und insbesondere den *Nebenwirkungen* externer Weiterbildungen zeigen und diese als Chance betrachten, vermeintlich bewährte (Kommunikations- und Entscheidungs-)Routinen kritisch zu hinterfragen, wenn sie Kommunikationswege so gestalten, dass Kommunikation gelingen kann, und wenn sie ausreichend (zeitliche) Ressourcen zur Verfügung stellen, um die erlernten Weiterbildungsinhalte gemäß

5.3 Konsequenzen für die Gestaltung von Entscheidungsprämissen 157

der Eigenlogik der Organisation zu *übersetzen,* dann steigen die Chancen deutlich, dass ihr eigenes Leitungsverhalten auch *Spuren* in der Organisationskultur hinterlässt.

Ein systemisches Weiterbildungsmanagement, so lässt sich abschließend konstatieren, hat dann eine Chance, im Sinne der hier formulierten erweiterten Zielsetzung wirksam zu werden (vgl. Abschn. 4.3), wenn nicht nur die einzelnen Teilelemente des Weiterbildungsmanagements einer (systemtheoretischen) Neuinterpretation unterzogen werden, sondern zugleich die konkrete Umsetzung durch Entscheidungsprämissen – hier vor allem Handlungsprogramme und Kommunikationswege (auf Seite der entscheidbaren Entscheidungsprämissen) und eine lernförderliche Organisationskultur (auf Seite der unentscheidbaren Entscheidungsprämissen) – flankiert wird. Struktur und Kultur stellen hierbei stets zwei Seiten einer Medaille dar, weswegen das eine nicht ohne das andere gedacht (und gemacht) werden kann.

Wenngleich die hier aufgeführten Entscheidungsprämissen mögliche *Stellhebel* darstellen, um im Sinne einer Kontextsteuerung die für eine systemische Weiterbildung nötigen Rahmenbedingungen in der Praxis der Sozialen Arbeit zu schaffen, sollten diese Stellhebel nicht in einem mechanistischen Sinne missverstanden werden. Die Entscheidung über Entscheidungsprämissen kann lediglich den Strom der Entscheidungen beeinflussen. Wie die konkrete Entscheidung gefällt wird, kann hierdurch nicht linear-kausal gesteuert werden.

Jede Einflussnahme auf die betriebliche Weiterbildung, auch im Sinne eines hier vorgestellten systemischen Weiterbildungsmanagements, ist daher stets als Steuerungs*versuch* zu interpretieren, nicht mehr, aber auch nicht weniger!

Da das Ergebnis solcher Steuerungsversuche stets ungewiss bleibt, schließlich zielen die Steuerungsversuche auf autopoietische Systeme, erfordert die Umsetzung eines systemischen Weiterbildungsmanagements auch die Bereitschaft von Leitungskräften, ihr eigenes Handeln und dessen Auswirkungen in regelmäßigen Intervallen zum Gegenstand der kritischen Reflexion zu machen. Ein solches selbstreflexives Leitungshandeln trägt nicht nur dazu bei, mögliche Fehlentwicklungen frühzeitig zu erkennen und *Gegenmaßnahmen* einzuleiten, sondern kann auch einmal mehr dazu beitragen, *Spuren* in der Organisationskultur zu hinterlassen, die sich möglicherweise zu einem *Weg* hin zu einer lernförderlichen Organisationskultur verdichten.

Literatur

Aderhold, J. (2003). Organisation als soziales System. In E. Weik & R. Lang (Hrsg.), *Moderne Organisationstheorien* (S. 153–188). Wiesbaden: Gabler.
Allespach, M. (2005). *Betriebliche Weiterbildung als Beteiligungsprozess. Subjektive Bedeutsamkeiten als Grundlage für eine partizipative Bildungsplanung.* Marburg: Schüren.
Arnold, R. (2000). *Das Santiago-Prinzip. Führung und Personalentwicklung im lernenden Unternehmen.* Köln: Deutscher Wirtschaftsdienst.
Arnold, R. & Bloh, E. (2009). Grundlagen der Personalentwicklung im lernenden Unternehmen – Einführung und Überblick. In R. Arnold (Hrsg.), *Personalentwicklung im lernenden Unternehmen* (S. 5–40). Hohengehren: Schneider.
Arnold, R. & Lermen, M. (2004). Die Systematik des Bedarfs: „Es geht eigentlich um etwas ganz anderes". *REPORT 2/2004 Literatur- und Forschungsbericht Weiterbildung*, 27 (S. 9–16).
Baecker, D. (2005). *Organisation als System.* Frankfurt am Main: Suhrkamp.
Baecker, D. (2007). *Form und Formen der Kommunikation.* Frankfurt am Main: Suhrkamp.
Bank, V. (1997). *Controlling in der betrieblichen Weiterbildung.* Köln: Botermann und Botermann.
Baraldi, C., Corsi, G. & Esposito, E. (2008). *GLU. Glossar zu Niklas Luhmanns Theorie sozialer Systeme.* Frankfurt am Main: Suhrkamp.
Bateson, G. (1987). *Geist und Natur. Eine notwendige Einheit.* Frankfurt am Main: Suhrkamp.
Beywl, W. & Heiner, M. (2000). Darstellung des Verfahrens. In J. Merchel (Hrsg.), *Qualitätsentwicklung in Einrichtungen und Diensten der Erziehungshilfe. Methoden, Erfahrungen, Kritik, Perspektiven* (S. 111–132). Frankfurt am Main: IGfH-Eigenverlag.
Blank, St. (2004). *Evaluation im Kontext des organisationalen Lernens. Der Beitrag reflexiver Bewertungsoperationen zur Entwicklung lernender Systeme.* Tübingen.
Boos, F. & Mitterer, G. (2014). *Einführung in das systemische Management.* Heidelberg: Carl-Auer.
Brödel, R. (1983). Ermittlung des Weiterbildungsbedarfs als Grundlage der Programmplanung. *Hessische Blätter für Volksbildung*, 2 (S. 113–118).
Domsch, M. (1983). Partizipative Bildungsplanung im Betrieb. In W. Weber (Hrsg.), *Betriebliche Aus- und Weiterbildung. Ergebnisse der betriebswirtschaftlichen Bildungsforschung* (S. 96–110). Paderborn: Schoeningh.
Easterby-Smith, M. (1986). *Evaluation of management education, training, and development.* Indiana: Gover.
Eberhardt, D. (2013). *Unternehmenskultur aktiv gestalten. Praxisfälle aus Wirtschaft, öffentlichem Dienst, Kultur & Sport.* Berlin: Springer.
Euler, D. (2009). Bildungsmanagement. In R. Dubs, D. Euler, J. Rüegg-Stürm & Ch. E. Wyss (Hrsg.), *Einführung in die Managementlehre* (S. 31–55). Bern: Haupt.
Faulstich, P. (1998). *Strategien der betrieblichen Weiterbildung. Kompetenz und Organisation.* München: Vahlen.
Fischer, J. H. (2008). *Steuerung in Organisationen.* Wiesbaden: VS.
Friedrich, A. (2010). *Personalarbeit in Organisationen sozialer Arbeit. Theorie und Praxis der Professionalisierung.* Wiesbaden: VS.

Gesmann, St. & Merchel, J. (2021). *Systemisches Management in Organisationen der Sozialen Arbeit. Handbuch für Studium und Beruf*. Heidelberg: Carl-Auer.
Gintzel, U. (2017). Partizipation. In D. Kreft & I. Mielenz (Hrsg.), *Wörterbuch Soziale Arbeit* (S. 700–704). Weinheim: Beltz Juventa.
Heidbrink, M. & Jenewein, W. P. (2011). *High-Performance-Organisationen. Wie Unternehmen eine Hochleistungskultur aufbauen*. Stuttgart: Schäffer-Poeschel.
Heiner, M. (1998). Lernende Organisationen und Experimentierende Evaluation. Verheißungen lernender Organisationen. In M. Heiner (Hrsg.), *Experimentierende Evaluation. Ansätze zur Entwicklung lernender Organisationen* (S. 11–54). Weinheim: Juventa.
Heiner, M. (2004). Qualitätsentwicklung durch externe und interne Evaluation. In F. Peterander & O. Speck (Hrsg.), *Qualitätsmanagement in sozialen Einrichtungen* (S. 132–151), München: Ernst Reinhardt.
Heiner, M. (2010). *Kompetent handeln in der Sozialen Arbeit*. München: Ernst Reinhardt.
Janneck, M. (2007). *Quadratische Kommunikation im Netz. Gruppeninteraktion und die Gestaltung von CSCL-Systemen*. Lohmar: Eul.
Kasper, H., Mayrhofer, W. & Meyer, M. (1999). Management aus systemtheoretischer Perspektive – eine Standortbestimmung. In D. v. Eckardstein (Hrsg.), *Management. Theorien – Führung – Veränderung* (S. 161–210). Stuttgart: Schäffer-Poeschel.
Kirkpatrick, D. L. & Kirkpatrick, J. D. (2006). *Evaluating training programs. The four levels*. San Francisco: Berrett-Koehler.
Klaus, H. (2008). Qualitätsentwicklung durch Personalentwicklung. Oder. Vom organisationalen Umgang mit Unbestimmtheit und Unbestimmbarkeit. In V. Brinkmann (Hrsg.), *Personalentwicklung und Personalmanagement in der Sozialwirtschaft* (S. 141–162). Wiesbaden: VS.
Kösel, E. (1993). *Die Modellierung von Lernwelten. Ein Handbuch zur subjektiven Didaktik*. Elztal-Dallau: Laub.
Köster, M. (2003). Warum Training selten funktioniert. Über die Notwendigkeit von soziologischer Perspektive in einer boomenden Branche. *Sozialwissenschaften und Berufspraxis* (SuB), 26 (S. 255–267).
Kühl, St. (2011). *Organisationen. Eine sehr kurze Einführung*. Wiesbaden: VS.
Luhmann, N. (1984). *Soziale Systeme. Grundriß einer allgemeinen Theorie*. Frankfurt am Main: Suhrkamp.
Luhmann, N. (1997). *Die Gesellschaft der Gesellschaft*. Frankfurt am Main: Suhrkamp.
Luhmann, N. (2006). *Organisation und Entscheidung*. Wiesbaden: VS.
Martens, W. & Ortmann, G. (2006). Organisation in Luhmanns Systemtheorie. In A. Kieser & M. Ebers (Hrsg.), *Organisationstheorien* (S. 427–461). Stuttgart: Kohlhammer.
Meissner, J. O., Gentile, G.-C. & Tuckermann, H. (2009a). Kommunikation: Eine Hinführung zum Kommunikationsverständnis der neueren Systemtheorie. In R. Wimmer, J. O. Meissner & P. Wolf (Hrsg.), *Praktische Organisationswissenschaft. Lehrbuch für Studium und Beruf* (S. 144–168). Heidelberg: Carl-Auer.
Meissner, J. O., Wolf, P. & Wimmer, R. (2009b). Weshalb system(theoret)ische Organisationswissenschaft? In R. Wimmer, J. O. Meissner & P. Wolf (Hrsg.), *Praktische Organisationswissenschaft. Lehrbuch für Studium und Beruf* (S. 20–39). Heidelberg: Carl-Auer.
Merchel, J. (2004). *Qualitätsmanagement in der Sozialen Arbeit. Ein Lehr- und Arbeitsbuch*. Weinheim: Juventa.

Merchel, J. (2005). *Organisationsgestaltung in der Sozialen Arbeit. Grundlagen und Konzepte zur Reflexion, Gestaltung und Veränderung von Organisationen.* Weinheim: Juventa.
Merchel, J. (2007). Jugendamt und Organisationskultur: Gegen eine Vernachlässigung des Organisationskulturellen in der öffentlichen Jugendhilfe. *Das Jugendamt – Zeitschrift für Jugendhilfe und Familienrecht*, 8 (S. 509–515).
Merchel, J. (2019). *Evaluation in der Sozialen Arbeit.* München: Ernst Reinhardt.
Müller, U., Nagel, C. & Ihlein, M. (2007). Transfermanagement. In G. Schweizer (Hrsg.), *Lernen am Unterschied. Bildungsprozesse gestalten, Innovationen vorantreiben* (S. 191–220). Bielefeld: Bertelsmann.
Nagel, R. (2014). *Organisationsdesign. Modelle und Methoden für Berater und Entscheider.* Stuttgart: Schäffer-Poeschel.
Neuberger, O. (1994). *Personalentwicklung.* Stuttgart: Enke.
Neuberger, O. & Wimmer, P. (1998). *Personalwesen 2. Personalplanung Beschäftigungssysteme Personalkosten Personalcontrolling.* Stuttgart: Enke.
Niehaves, B. (2006). *Management organisationskultureller Veränderungen. Von der traditionellen Bürokratie zur modernen Verwaltung.* Saarbrücken: Akademieverlag.
Nork, M. E. (1991). *Management Training. Evaluation – Probleme – Lösungsansätze.* München: Hampp.
Pamme, H. & Merchel, J. (2014). *Personalentwicklung im Allgemeinen Sozialen Dienst (ASD). Konzeptionelle Herangehensweisen und Arbeitshilfen.* Berlin: Lambertus.
Pawlowsky, P. & Bäumer, J. (1996). *Betriebliche Weiterbildung. Management von Qualifikation und Wissen.* München: Beck.
Rosenstiel, L. v. (2004). Die „lernende Organisation" als Ausgangspunkt für Qualitätsentwicklung. In F. Peterander & O. Speck (Hrsg.), *Qualitätsmanagement in sozialen Einrichtungen* (S. 64–82). München: Ernst Reinhardt.
Rüegg-Stürm, J. (2003). *Organisation und organisationaler Wandel. Eine theoretische Erkundung aus konstruktivistischer Sicht.* Wiesbaden: Westdeutscher Verlag.
Schlippe, A. v. & Schweitzer, J (2009). *Systemische Interventionen.* Göttingen: Vandenhoeck & Ruprecht.
Schlippe, A. v. & Schweitzer, J. (2007). *Lehrbuch der systemischen Therapie und Beratung.* Göttingen: Vandenhoeck & Ruprecht.
Siebert, H. (1998). *Konstruktivismus. Konsequenzen für Bildungsmanagement und Seminargestaltung.* Frankfurt am Main: DIE.
Siebert, H. (2012). *Lernen und Bildung Erwachsener.* Bielefeld: Bertelsmann.
Simon, F. B. (1997). Die Organisation der Selbstorganisation. Thesen zum „systemischen Management". In P.-W. Gester, B. Heitger, Ch. Schmitz (Hrsg.), *Managerie* (S. 112–128). Heidelberg: Carl-Auer.
Simon, F. B. (2007). *Einführung in die systemische Organisationstheorie.* Heidelberg: Carl-Auer.
Simon, F. B. (2012). *Einführung in die Systemtheorie des Konflikts.* Heidelberg: Carl-Auer.
Stender, J. (2009). *Betriebliches Weiterbildungsmanagement. Ein Lehrbuch.* Stuttgart: Hirzel.
Tredop, D. (2008). *Weiterbildungs-Controlling. Pädagogische und ökonomische Erkundungen aus konstruktivistisch-systemischer Sicht.* München: Hampp.
Ulbrich, M. (2004). *Potentialanalyse und Entwicklungsprognose. Eine empirische Untersuchung zur sozialen Kompetenz.* Lohmar: Eul.

Literatur

Weizsäcker, E. v. (1974). Erstmaligkeit und Bestätigung als Komponenten der pragmatischen Information. In E. v. Weizsäcker (Hrsg.), *Offene Systeme I. Beiträge zur Zeitstruktur von Information, Entropie und Evolution* (S. 82–113). Stuttgart: Klett-Cotta.

Willke, H. (1987). Strategien der Intervention in autonome Systeme. In N. Luhmann & D. Baecker (Hrsg.), *Theorie als Passion. Niklas Luhmann zum 60. Geburtstag* (S. 333–361). Frankfurt am Main: Suhrkamp.

Willke, H. (2007). *Einführung in das systemische Wissensmanagement*. Heidelberg: Carl-Auer.

Wollnik, M. (1994). Interventionschancen bei autopoietischen Systemen. In K. Götz (Hrsg.), *Theoretische Zumutungen. Vom Nutzen der systemischen Theorie für die Managementpraxis* (S. 118–160). Heidelberg: Carl-Auer.

6 Systemisches Weiterbildungsmanagement: Eine abschließende Betrachtung

Zusammenfassung

Das sechste – und damit letzte – Kapitel fasst die zentralen Erkenntnisse der vorherigen Kapitel zusammen. Zu diesem Zweck findet zum einen eine pointierte Gegenüberstellung von traditionellen und systemischen Ansätzen des Weiterbildungsmanagements statt. Zum anderen wird Leitungskräften im Feld der Sozialen Arbeit mit den ‚Leitorientierungen eines systemischen Weiterbildungsmanagements' Orientierungshilfe bei der konkreten Umsetzung von Ansätzen des systemischen Weiterbildungsmanagements geboten. Warum eine Auseinandersetzung mit Fragen des Weiterbildungsmanagements zukünftig möglicherweise noch wichtiger wird und was es braucht, damit ein systemisches Weiterbildungsmanagement sein Potenzial zur (reflektierten) Steuerung von Angeboten der betrieblichen Weiterbildung in Organisationen der Sozialen Arbeit entfalten kann, wird abschließend in einem Ausblick skizziert.

Lernziele

- Sie können anhand ausgewählter Kriterien die zentralen Unterschiede zwischen traditionellen und systemischen Ansätzen des Weiterbildungsmanagements voneinander unterscheiden.
- Sie können mithilfe der vorgestellten Leitorientierungen für ein systemisches Weiterbildungsmanagement die zentralen Eckpunkte einer systemtheoretischen Betrachtungsweise von Ansätzen des Weiterbildungsmanagements auch Dritten vermitteln.

- Sie können erörtern, warum sich Leitungskräfte in Organisationen der Sozialen Arbeit zukünftig verstärkt mit der Steuerung von Angeboten der betrieblichen Weiterbildung auseinandersetzen müssen.

6.1 Systemisches vs. traditionelles Weiterbildungsmanagement im Überblick

Die bisherigen Darstellungen haben aufgezeigt, wie auf Basis eines systemtheoretischen Managementverständnisses Ansätze des Weiterbildungsmanagements neu interpretiert werden können.

Während traditionelles Weiterbildungsmanagement seinen Fokus auf das einzelne Organisationsmitglied legt (Individuumorientierung), orientiert sich ein systemisches Weiterbildungsmanagement nicht nur an der sich weiterbildenden Fachkraft, sondern zugleich am strukturell gekoppelten sozialen System (i. d. R. dem jeweiligen Team des*der Einzelnen), das aus systemtheoretischer Perspektive nicht ungestraft weggedacht werden darf.

Dieser erweiterte Fokus des systemischen Weiterbildungsmanagements zielt nicht nur darauf ab, einen Transfer I. Ordnung (im Sinne der klassischen Anpassungslogik) zu evozieren, er strebt zudem einen Transfer II. Ordnung an, soll also einen Nährboden schaffen, um individuell erfahrene Irritationen auch zur kontrollierten Destabilisierung vorhandener Kommunikations- und Entscheidungsmuster nutzen zu können (Transfer II. Ordnung).

Im Teilprozess der Bedarfsanalyse grenzt sich ein systemisches Weiterbildungsmanagement von traditionellen Ansätzen des Weiterbildungsmanagements unter anderem dadurch ab, dass es Bedarf nicht als objektive Größe, sondern als kontingentes Konstrukt betrachtet, das gemeinsam – zwischen Fachkraft, Teamkolleginnen und -kollegen sowie Leitungskräften – erzeugt wird. Hierbei ist sich ein systemisches Weiterbildungsmanagement der unterschiedlichen Systemlogiken (psychisches System einerseits und soziales System andererseits) bewusst, weswegen es auch deutlich stärker als traditionelles Weiterbildungsmanagement zwischen dem eher organisational ausgerichteten Bedarf und dem eher individuell ausgerichteten Bedürfnis der jeweiligen Fachkraft differenziert. Wohl wissend, dass in den individuellen Bedürfnissen auch mögliche Potenziale der Mitarbeitenden schlummern, schenkt ein systemisches Weiterbildungsmanagement insbesondere diesem Phänomenbereich besondere Beachtung.

Während der Teilprozess der Zielformulierung im traditionellen Weiterbildungsmanagement der Annahme folgt, Ziele müssten (und könnten) möglichst präzise formuliert und insbesondere operationalisiert werden, betrachtet systemisches Weiterbildungsmanagement Ziele als spekulative Richtwerte, deren Aushandlungsprozess stets konfliktgeladen ist. Da ein systemisches Weiterbildungsmanagement von Grund auf transferorientiert ist, beschränkt es sich zudem nicht darauf, Ziele für das Lernfeld zu bestimmen, sondern formuliert aktivierbare Transfererwartungen darüber hinaus für das Funktionsfeld der Organisation. Wenngleich systemisches Weiterbildungsmanagement auch die Tüchtigkeit der Organisationsmitglieder beachtet, forciert es vornehmlich deren Mündigkeit. Entsprechend erhöht ein systemisches Weiterbildungsmanagement die Komplexität und führt zusätzliche Unsicherheit in die Organisation ein. Jene bewusst herbeigeführte Unsicherheit birgt aber zugleich das Potenzial, die vermeintliche Sicherheit vorhandener Kommunikations- und Entscheidungsmuster kritisch auf den Prüfstand zu stellen.

Auch ein systemisches Weiterbildungsmanagement spricht sich für eine höhere Bedeutsamkeit des Teilprozesses der Erfolgskontrolle nach einer absolvierten Weiterbildung aus. Gleichwohl distanziert es sich von der Annahme, dass Kontrolle in einem technischen Sinne möglich sei. Vielmehr wird Kontrolle als Modus zur Eröffnung von Reflexions- und Kommunikationsräumen verstanden, die auch solchen Lernerfahrungen Beachtung schenkt, welche auf dem ‚Zielradar' zuvor nicht beobachtenswürdig schienen. Hierbei steht nicht nur das Lernen des einzelnen Organisationsmitglieds im Vordergrund, sondern auch ein mögliches (Ver-)Lernen von neuen (bzw. alten) Kommunikations- und Entscheidungsmustern auf der Ebene des sozialen Subsystems. Um in diesem Zusammenhang anschlussfähige Reflexionsimpulse zu schaffen, gilt in einem systemischen Weiterbildungsmanagement die Verantwortlichkeit für die Phase der Erfolgskontrolle als nicht-delegierbare Leitungsaufgabe. Kontrolle bzw. Evaluation findet in einem systemischen Weiterbildungsmanagement daher primär als Selbstkontrolle (bzw. Selbstevaluation) statt.

Da ein systemisches Weiterbildungsmanagement in erster Linie dem Transfer (I. und II. Ordnung) verpflichtet ist, bildet der Teilprozess der Transferförderung dessen ‚Herzstück'. Davon ausgehend, dass Transfer zum Ende eines Bildungsprozesses nicht technisch ‚gesichert' werden kann, findet Transferförderung nicht verkürzt als nachgelagerter Appendix, sondern stets als flankierender Prozess statt, der bereits mit der Phase der Bedarfskonstruktion beginnt. Wohl wissend, dass der Weiterbildungstransfer unterschiedliche autopoietische Systeme (psychische und soziale Systeme) mit unterschiedlichen Operationsmodi (psychische Systeme = Gedanken und Gefühle; soziale Systeme = Kommunikation) berücksichtigen muss, basiert ein systemisches Weiterbildungsmanagement auf der Annahme, dass gelingender Transfer eher unwahrscheinlich sei. Dies bedeutet allerdings nicht, dass Leitungskräfte dem Transfergeschehen nur passiv gegenüberstehen können. In der Haltung einer gewissen Demut gilt es Steuerung im Sinne von Kontextsteuerung zu betreiben, um so gelingenden Transfer wahrscheinlicher zu machen. Im Zuge der Bedarfskonstruktion das strukturell gekoppelte soziale (Sub-)System zu berücksichtigen, aktivierbare Transfererwartungen vor einer Weiterbildung zu formulieren oder während der Erfolgskontrolle den Fokus auf die Umsetzung des Erlernten im organisationalen Alltag zu legen ist charakteristisch für diese Form der Kontextsteuerung.

Insgesamt liegt einem systemischen Weiterbildungsmanagement ein reflektiertes Steuerungsverständnis zugrunde, das um die begrenzten Eingriffsmöglichkeiten weiß, das folglich der Autonomie der beteiligten autopoietischen Systeme mit dem nötigen Respekt begegnet. Ein systemisches Weiterbildungsmanagement ist sich zudem dessen bewusst, dass entscheidbare und unentscheidbare Entscheidungsprämissen in einem koevolutionären Zusammenhang stehen. Entscheidungen, die sich auf die entscheidbaren Entscheidungsprämissen (Kommunikationswege, Handlungsprogramme und Personal) beziehen, können somit nie unabhängig von den kulturellen Spielregeln der Organisation bzw. der Organisationseinheit betrachtet werden. Stehen mögliche Veränderungen auf der Ebene der Formalstruktur (also der entscheidbaren Entscheidungsprämissen) in zu großer Diskrepanz zur vorhandenen Organisationskultur, ist mit Abwehrtendenzen zu rechnen. Wenn Leitungskräfte im Feld der Sozialen Arbeit Ansätze des Weiterbildungsmanagements implementieren wollen, gilt es folglich die bestehenden kulturellen Spielregeln zu beachten, wohl wissend, dass sich jene einer direkten Beobachtung häufig entziehen.

Die zentralen Unterschiede zwischen eher traditionellen und eher systemtheoretischen Ansätzen des Weiterbildungsmanagements fasst Abb. 6.1 zusammen.

6.1 Systemisches vs. traditionelles Weiterbildungsmanagement ...

		Traditionelles Weiterbildungsmanagement	Systemisches Weiterbildungsmanagement
Fokus		▸ Primär am einzelnen Organisationsmitglied orientiert	▸ Sowohl am einzelnen Organisationsmitglied als auch am strukturell gekoppelten sozialen System orientiert
Zielsetzung		▸ Reine individuumbezogene Anpassungslogik (Transfer I. Ordnung)	▸ Individuumbezogene Anpassungslogik (Transfer I. Ordnung) und ▸ Irritationsfunktion in Bezug auf Kommunikations- und Entscheidungsmuster (Transfer II. Ordnung)
Teilprozesse in der Umsetzung			
Vor Beginn einer Weiterbildung	Bedarfsanalyse	▸ Positivistisches Bedarfsverständnis ▸ Scheinpartizipation ▸ Auferlegter Bedarf ▸ Reine Anpassungslogik	▸ Konstruktivistisches Bedarfsverständnis ▸ Erweiterte Partizipation ▸ Kein Bedarf ohne Bedürfnis ▸ Ergänzende Potenzialorientierung
Vor Beginn einer Weiterbildung	Zielformulierung	▸ Technokratische Lernziele ▸ Utopie der Zielharmonie ▸ (Lernziel-)Operationalisierungswahn ▸ Das tüchtige Organisationsmitglied	▸ Spekulative Richtwerte ▸ Provozierter Konflikt ▸ Aktivierbare Transfererwartungen ▸ Das tüchtige und mündige Organisationsmitglied
Nach Beendigung einer Weiterbildung	Erfolgskontrolle/ Evaluation	▸ Technologische Variante ▸ Einfacher Aktionsradius ▸ Fremdevaluation ▸ Einseitige Kontrollfunktion	▸ Reflexive Variante ▸ Erweiterter Aktionsradius ▸ Selbstevaluation ▸ Erweiterte Lernfunktion
Nach Beendigung einer Weiterbildung	Transfersicherung	▸ Transfersicherung ▸ Nachgelagerter Appendix ▸ Kommunikatives Paket ▸ Die Leitungskraft als Ingenieur*in	▸ Transferförderung ▸ Flankierender Prozess ▸ Pragmatische Information ▸ Die Leitungskraft als Dirigent*in
Steuerungsverständnis		▸ Eher optimistisches Steuerungsverständnis ▸ Orientiert am Primat der Planung und dessen linear-kausaler Logik ▸ Vernachlässigung von kulturellen Aspekten	▸ Zurückhaltendes, eher „pessimistisches" Steuerungsverständnis ▸ Steuerung nur durch Einflussnahme auf Entscheidungsprämissen (Kontext) möglich ▸ Berücksichtigung von kulturellen Aspekten

Abb. 6.1 Traditionelles vs. systemisches Weiterbildungsmanagement. (Quelle: Eigene Darstellung)

6.2 Leitorientierungen eines systemischen Weiterbildungsmanagements

Die nachfolgenden Leitorientierungen verstehen sich als eine Art Konzentrat der bisherigen Ausführungen. Sie sollen Leitungskräften im Feld der Sozialen Arbeit Hilfestellung bei der Umsetzung von Ansätzen des (systemischen) Weiterbildungsmanagements bieten.

(1) Ein systemisches Weiterbildungsmanagement bewegt sich im Spannungsfeld zwischen a) individuellen und organisationalen Interessen sowie zwischen b) Lern- und Funktionsfeld.

a) Ein systemisches basiert auf der Annahme, dass die Eigenlogik des psychischen Systems und die Eigenlogik des sozialen Systems nie deckungsgleich sind. Folglich sind Spannungen in den Phasen des Bildungsprozesses zu erwarten. Dissens ist die Regel, Konsens erscheint erklärungsbedürftig.

b) Wenn Angebote der betrieblichen Weiterbildung nicht in der eigenen Organisation stattfinden, sind Spannungen zwischen Lern- und Funktionsfeld systemimmanent, da Lern- und Funktionsfeld jeweils als autopoietische, operational geschlossene soziale Systeme mit spezifischen Eigenlogiken begriffen werden. Eine simple Übertragung von Lernerfahrungen von einem in das andere Feld ist hierdurch ausgeschlossen. Gelingender Transfer ist daher aus Perspektive eines systemischen Weiterbildungsmanagements eher unwahrscheinlich.

(2) Ein systemisches Weiterbildungsmanagement versteht sich daher im Kern als Transfermanagement. Es plant den Bildungsprozess vom Ergebnis (einem bestmöglichen Transfer) her und betrachtet das Aushandeln von Bedarf und Bedürfnis, das Festlegen von Erwartungen, Formen der Erfolgskontrolle (Evaluation) und abschließende Maßnahmen der Transferförderung als Unterstützungsleistungen. Gleichwohl ist sich ein systemisches Weiterbildungsmanagement der Tatsache bewusst, dass sich Transfer nicht in einem technischen Sinne *sichern* lässt. Transfermanagement bedeutet daher, Einfluss auf den Kontext zu nehmen, um gelingenden Transfer *wahrscheinlicher* zu machen.

(3) Einem systemischen Weiterbildungsmanagement zufolge kann insbesondere externe betriebliche Weiterbildung *nicht* nicht irritieren. Solche möglichen (individuell erfahrenen) Irritationen bieten das Potenzial zur kritischen Reflexion bestehender Routinen innerhalb der eigenen Organisation und tragen so zur Steigerung der organisationalen Lernfähigkeit bei. Dies setzt voraus,

6.2 Leitorientierungen eines systemischen Weiterbildungsmanagements 169

dass diese Irritationen in die Kommunikation kommen, denn was nicht in die Kommunikation kommt, existiert für ein soziales System nicht.

(4) Auf die einzelnen Phasen des Bildungsprozesses bezogen bedeutet dies konkret:

a) Ein systemisches Weiterbildungsmanagement distanziert sich von der Vorstellung, dass psychischen Systemen ein Bedarf von außen aufgestülpt werden könne. Vielmehr muss die Phase der **Bedarfsanalyse** als ein Aushandlungsprozess zwischen (eher organisational geprägten) Bildungsbedarfen und (eher individuell geprägten) Bildungsbedürfnissen interpretiert werden. Bedarf ist somit ein Konstrukt, das im Dialog gemeinsam – bisweilen auch kontrovers – erschaffen wird.

b) In der Phase der **Zielformulierung** distanziert sich ein systemisches Weiterbildungsmanagement von überzogenen Steuerungs- und damit verbundenen Operationalisierungsvorstellungen. Gleichwohl strebt auch ein systemisches Weiterbildungsmanagement die Formulierung konkreter Erwartungen vor einer betrieblichen Weiterbildung an. Diese Erwartungen übernehmen die Funktion eines Richtwerts, einerseits für das Lernsetting (Was wird hinsichtlich möglicher Lernerfahrungen erwartet?), andererseits für das Funktionsfeld (Was erwarten wir im Anschluss hinsichtlich der konkreten Umsetzung der Weiterbildungsinhalte?).

c) In einem systemischen Weiterbildungsmanagement erfolgt die Phase der **Erfolgskontrolle** in einem erweiterten Sinne. Einerseits wird mit Ansätzen der Evaluation der Erreichungsgrad der formulierten Erwartungen überprüft, andererseits richtet sich die Erfolgskontrolle eines systemischen Weiterbildungsmanagements der aber auch auf mögliche Lern- bzw. Irritationserfahrungen, die zuvor nicht intendiert waren, die aber das Potenzial bieten, zur Steigerung der organisationalen Lernfähigkeit beizutragen.

d) Ein systemisches Weiterbildungsmanagement distanziert sich vom Begriff der **Transfersicherung.** Stattdessen forciert es eine umfassende Transferförderung. Zu diesem Zwecke greifen Maßnahmen der Transferförderung nicht erst während, sondern bereits vor Beginn und nach Beendigung der betrieblichen Weiterbildung. Darüber hinaus legt ein systemisches Weiterbildungsmanagement seinen Fokus zum Zwecke der Transferförderung nicht ausschließlich auf den*die sich weiterbildende*n Mitarbeiter*in und das Weiterbildungssetting, sondern insbesondere auf die Arbeitsumgebung, in der das neue Wissen Anwendung finden soll. Folglich werden auch die Kolleginnen und Kollegen des sich weiterbildenden Mitarbeitenden in den Prozess der Transferförderung eingebunden.

6.3 Ausblick

Angesichts der aktuellen und zukünftigen Herausforderungen im Feld der Sozialen Arbeit werden sich Leitungskräfte zukünftig noch weniger erlauben können, die betriebliche Weiterbildung ungesteuert nebenherlaufen zu lassen. Große gesetzliche Reformvorhaben (Stichwort Inklusion), die fortschreitende Digitalisierung, der Fachkräftemangel, neuere Ansätze der Arbeitsorganisation (Stichwort New Work), aber auch die Bewältigung der Corona-Pandemie, die Auswirkungen der Klima-Krise oder der Krieg in der Ukraine stehen exemplarisch für wesentliche Veränderungen in den Umwelten von Organisationen der Sozialen Arbeit. Viele dieser Veränderungen werden auch – direkt oder indirekt – Einrichtungen und Dienste der Sozialen Arbeit betreffen und ihnen abverlangen, bestehende Handlungsprogramme anzupassen bzw. neue zu entwickeln. Entsprechend werden sich auch die Anforderungen an Fachkräfte der Sozialen Arbeit verändern. Es scheint daher naheliegend, dass Angebote der betrieblichen Weiterbildung zukünftig noch stärker dazu beitragen müssen, die vorhandenen Qualifikationen und Kompetenzen der Mitarbeitenden an die veränderten Rahmenbedingungen anzupassen.

Eine solche Anpassung setzt aber voraus, dass Anpassungsnotwendigkeiten auch frühzeitig beobachtet werden. In diesem Zusammenhang gilt es auf *sachlicher* Ebene zu klären, welche Ausschnitte der Umwelt überhaupt als relevant – und damit beobachtungswürdig – erachtet werden. Es gilt auf *zeitlicher* Ebene die zeitlichen Ressourcen für die produktive Verarbeitung der individuellen Beobachtungen zu erörtern und vor allem auf *sozialer* Ebene zu klären, welcher Personenkreis für die Beobachtung der Umwelt überhaupt zuständig ist. Nur wenn die regelmäßige Beobachtung der relevanten Umwelten sowohl top-down (also durch Leitungskräfte), als auch bottom-up – und hier kommen die Fachkräfte der Sozialen Arbeit ins Spiel – erfolgt, wird es Organisationen der Sozialen Arbeit gelingen, Handlungsimpulse für Veränderungen frühzeitig wahrzunehmen (vgl. Abschn. 2.2.2).

Die Irritationsfunktion der betrieblichen Weiterbildung kann hier einen wesentlichen Beitrag dazu leisten, die ‚Bottom-up-Beobachtungskompetenz' von Organisationen der Sozialen Arbeit zu stärken. Inwieweit sich dieses Potenzial der betrieblichen Weiterbildung entfalten kann, hängt allerdings zum einen davon ab, wie Leitungskräfte den möglichen weiterbildungsbedingten Irritationen des*der Einzelnen begegnen. Werden diese lediglich als ‚Flausen' betrachtet, die eigentlich nur stören, oder gelten sie als einmalige Chance, einen temporären Blick von außen zu erfahren, den man sich sonst häufig nur durch externe Organisationsberatung teuer erkaufen kann. Zum anderen hängt die Entfaltung

6.3 Ausblick

des Irritationspotenzials der betrieblichen Weiterbildung davon ab, inwieweit die Kopplung zwischen psychischen und sozialen Systemen gelingt. Das, was der*die einzelne Fachkraft an möglichen irritierenden Erfahrungen während einer Weiterbildung erfährt, ereignet sich zunächst ausschließlich innerhalb des psychischen Systems. Wenn das individuell Erfahrene auch zur Perturbation der Kommunikations- und Entscheidungsmuster in der Organisation beitragen soll, dann braucht es Kopplungsmöglichkeiten zwischen dem psychischen und dem sozialen System (z. B. dem Team). Diese Kopplung – im Sinne eines Transfers II. Ordnung – zu ermöglichen, ist Leitungsaufgabe und macht es notwendig, den Blick auf die zentralen Akteure des Weiterbildungsgeschehens zu weiten (Abkehr von der bloßen Individuumorientierung).

Die Umsetzung systemischen Weiterbildungsmanagements scheint zunächst vielleicht die Komplexität unnötig zu erhöhen: Nicht nur die Bedürfnisse der einzelnen Fachkraft, sondern auch die Bedarfe (und die Befürchtungen) der Teammitglieder sollen bei der Planung von betrieblicher Weiterbildung Berücksichtigung finden. Das Formulieren konkreter Erwartungen soll sich nicht allein auf das Lernfeld beschränken, sondern auch das Funktionsfeld einbeziehen. Die Erfolgskontrolle soll sich nicht nur auf die zuvor formulierten Erwartungen richten, sondern auch auf jene Phänomene, die sich möglicherweise abseits des Erwartungskorridors ereignet haben. Im Rahmen der Transferförderung sollen nicht nur die Lernerfahrungen des*der Einzelnen vom Lern- in das Funktionsfeld übertragen werden können, vielmehr sollen Irritationen in die Organisation eingeführt werden, um bewusst immanente Unruhe zu erzeugen.

Ein zweiter – theoriegeleiteter – Zugang offenbart allerdings, dass systemisches Weiterbildungsmanagement Komplexität nicht künstlich erhöht, sondern vielmehr den Versuch darstellt, der per se vorhandenen Komplexität auf ‚Augenhöhe' zu begegnen. Aufgrund der zahlreichen Kopplungen zwischen unterschiedlichen autopoietischen Systemen ist die Steuerung der betrieblichen Weiterbildung einer der herausforderndsten Steuerungsbereiche von Leitungskräften im Feld der Sozialen Arbeit. Dieser Komplexität lediglich mit trivialisierenden Instrumenten entgegenzutreten, wäre in etwa so, als würde man Eltern eine Bedienungsanleitung zur Erziehung von Kindern aushändigen. Beides kann nicht gelingen.

Damit ein systemisches Weiterbildungsmanagement sein Potenzial zur reflektierten Steuerung von betrieblicher Weiterbildung in Organisationen der Sozialen Arbeit entfalten kann, bedarf es einer generellen Auseinandersetzung mit Managementansätzen. Solange traditionelle – i. d. R eher steuerungsoptimistische und damit unterkomplexe – Managementkonzepte das Handeln von Leitungskräften prägen, wirkt eine systemische Betrachtung von Weiterbildungsmanagement wie ein Fremdkörper, der entsprechende Abstoßungstendenzen auslösen dürfte. Die verstärkte Auseinandersetzung mit systemischen (Sozial-)Managementansätzen sowohl in der Wissenschaft (vgl. Bauer 2013; Gesmann 2020; Gesmann und Merchel 2021; Gesmann 2022; Lambers 2015; Rahnfeld 2021) als auch in der Praxis[1] geben allerdings Hoffnung, dass das breite systemtheoretische Fundament, das auf operativer Ebene im Feld der Sozialen Arbeit längst wirksam ist, auch Einzug in die Leitungsetagen von Organisationen der Sozialen Arbeit hält und damit einem systemischen Weiterbildungsmanagement die notwendige Anschlussfähigkeit ermöglicht.

Literatur

Bauer, G. (2013). *Einführung in das systemische Sozialmanagement*. Heidelberg: Carl-Auer.
Gesmann, St. (2020). Organisationen systemisch leiten. *Sozialwirtschaft*, 3 (S. 38–39).
Gesmann, St. (2022). Management. In J. V. Wirth & H. Kleve (Hrsg.), *Lexikon des systemischen Arbeitens: Grundbegriffe der systemischen Praxis, Methodik und Theorie* (im Erscheinen). Heidelberg: Carl-Auer.
Gesmann, St. & Merchel, J. (2021). *Systemisches Management in Organisationen der Sozialen Arbeit. Handbuch für Studium und Beruf*. Heidelberg: Carl-Auer.
Lambers, H. (2015). Management in der Sozialen Arbeit und in der Sozialwirtschaft. Ein systemtheoretisch reflektiertes Managementmodell. Weinheim, Basel: Beltz Juventa.
Rahnfeld, C. (2021). Systemisches Management in sozialwirtschaftlichen Organisationen. Eine Einführung. Wiesbaden: Springer VS.

---

[1] So bietet beispielsweise die FH Münster seit 2017 regelmäßig den Hochschulzertifikatskurs „Systemisches Sozialmanagement" an, in dem sich Leitungskräfte aus dem Feld der Sozialen Arbeit intensiv mit einem systemischen Sozialmanagementverständnis auseinandersetzen. Weitere Informationen unter: www.weiterbildung-soziale-arbeit.de.

Literatur

Aderhold, J. (2003). Organisation als soziales System. In E. Weik & R. Lang (Hrsg.), *Moderne Organisationstheorien* (S. 153–188). Wiesbaden: Gabler.
Albus, St. & Polutta, A. (2008). Ergebnisse und Wirkungen im Feld der Sozialen Arbeit. In Bielefelder Arbeitsgruppe (Hrsg.), *Soziale Arbeit in Gesellschaft* (S. 260–267). Wiesbaden: VS.
Allespach, M. (2005). *Betriebliche Weiterbildung als Beteiligungsprozess. Subjektive Bedeutsamkeiten als Grundlage für eine partizipative Bildungsplanung*. Marburg: Schüren.
Arnold, R. (1997). *Betriebspädagogik*. Berlin: Erich Schmidt.
Arnold, R. (2000). *Das Santiago-Prinzip. Führung und Personalentwicklung im lernenden Unternehmen*. Köln: Deutscher Wirtschaftsdienst.
Arnold, R. (2001). Kompetenz. In R. Arnold & S. Nolda (Hrsg.), *Wörterbuch Erwachsenenpädagogik* (S. 176). Bad Heilbrunn: Klinkhardt.
Arnold, R. & Bloh, E. (2009). Grundlagen der Personalentwicklung im lernenden Unternehmen – Einführung und Überblick. In R. Arnold (Hrsg.), *Personalentwicklung im lernenden Unternehmen* (S. 5–40). Hohengehren: Schneider.
Arnold, R. & Krämer-Stürzl, A. (1995). Zugänge und Methoden zur Evaluierung von Weiterbildung. In J. E. Feuchthofen & E. Severing (Hrsg.), *Grundlagen der Weiterbildung. Qualitätsmanagement und Qualitätssicherung in der Weiterbildung* (S. 3–21). Neuwied: Luchterhand.
Arnold, R. & Lermen, M. (2004). Die Systematik des Bedarfs: „Es geht eigentlich um etwas ganz anderes". *REPORT 2/2004 Literatur- und Forschungsbericht Weiterbildung, 27* (S. 9–16).
Arnold, R. & Pätzold, H. (2004). Qualitätsstandards in der Erwachsenenbildung. In F. Peterander & O. Speck (Hrsg.), *Qualitätsmanagement in sozialen Einrichtungen* (S. 102–113). München: Reinhardt.
Arnold, R., Krämer-Stürzl, A. & Siebert, H. (1999). *Dozentenleitfaden. Planung und Unterrichtsvorbereitung in Fortbildung und Erwachsenenbildung*. Berlin: Cornelsen.
Bader, V. (2017). *Lerntransfermanagement. Eine explorative Studie zu Einsatz und Ausgestaltung der Sicherung des Lerntransfers in der innerbetrieblichen Weiterbildung*. Lohmar: Josef Eul.
Baecker, D. (2005). *Organisation als System*. Frankfurt am Main: Suhrkamp.
Baecker, D. (2007). *Form und Formen der Kommunikation*. Frankfurt am Main: Suhrkamp.

Baldwin, T. T. & Ford, K. J. (1988). *Transfer of Training: A Review and directions for future Research. Personal Psychology,* 41 (S. 63–105).
Bank, V. (1997). *Controlling in der betrieblichen Weiterbildung.* Köln: Botermann und Botermann.
Baraldi, C., Corsi, G. & Esposito, E. (2008). *GLU. Glossar zu Niklas Luhmanns Theorie sozialer Systeme.* Frankfurt am Main: Suhrkamp.
Bateson, G. (1987). *Geist und Natur. Eine notwendige Einheit.* Frankfurt am Main: Suhrkamp.
Bauer, G. (2013). *Einführung in das systemische Sozialmanagement.* Heidelberg: Carl-Auer.
Becker, F. G. (1993). Explorative Forschung mittels Bezugsrahmen – ein Beitrag zur Methodologie des Entdeckungszusammenhangs. In F. G. Becker & A. Martin (Hrsg.), *Empirische Personalforschung. Methoden und Beispiele* (S. 111–128). München: Hampp.
Becker, F. G. & Bader, V. (2019). Transfersteuerung in der Personalentwicklung: Sine-quanon der betrieblichen Wertschöpfung. In P. Ulrich & B. Baltzer (Hrsg.), *Wertschöpfung in der Betriebswirtschaftslehre. Festschrift für Prof. Dr. habil. Wolfgang Becker zum 65. Geburtstag* (S. 431–450). Wiesbaden: Springer.
Becker, M. (2005). *Personalentwicklung. Bildung, Förderung und Organisationsentwicklung in Theorie und Praxis.* Stuttgart: Schäffer-Poeschel.
Becker, M. (2011). *Systematische Personalentwicklung. Planung, Steuerung und Kontrolle im Funktionszyklus.* Stuttgart: Schäffer-Poeschel.
Becker, R. & Hecken, A. E. (2010). Berufliche Weiterbildung – theoretische Perspektiven und empirische Befunde. In R. Becker (Hrsg.), *Lehrbuch der Bildungssoziologie* (S. 367–410). Wiesbaden: VS.
Bergel, St. (2007). Ohne Lernkultur geht es nicht. Studie zum Bildungstransfer. *managerSeminare,* 116 (S. 11).
Bergmann, B. & Sonntag, K. (2006). Transfer. Die Umsetzung und Generalisierung erworbener Kompetenzen in den Arbeitsalltag. In K. Sonntag (Hrsg.), *Personalentwicklung in Organisationen* (S. 355–388). Göttingen: Hogrefe.
Berthel, J. & Becker, F. G. (2010). *Personal-Management. Grundzüge für Konzeptionen betrieblicher Personalarbeit.* Stuttgart: Schäffer-Poeschel.
Berthel, J. & Becker, F. G. (2022). *Personal-Management. Grundzüge für Konzeptionen betrieblicher Bildungsarbeit.* Stuttgart: Schäffer-Poeschel.
Beywl, W. & Heiner, M. (2000). Darstellung des Verfahrens. In J. Merchel (Hrsg.), *Qualitätsentwicklung in Einrichtungen und Diensten der Erziehungshilfe. Methoden, Erfahrungen, Kritik, Perspektiven* (S. 111–132). Frankfurt am Main: IGfH-Eigenverlag.
Blank, St. (2004). *Evaluation im Kontext des organisationalen Lernens. Der Beitrag reflexiver Bewertungsoperationen zur Entwicklung lernender Systeme.* Tübingen.
Bloom, B. S. (1972). *Taxonomie von Lernzielen im kognitiven Bereich.* Weinheim: Beltz.
Bogumil, J. & Jann, W. (2009). *Verwaltung und Verwaltungswissenschaft in Deutschland. Einführung in die Verwaltungswissenschaft.* Wiesbaden: Springer VS.
Boos, F. & Mitterer, G. (2014). *Einführung in das systemische Management.* Heidelberg: Carl-Auer.
Böttcher, W. & Merchel, J. (2010). *Einführung in das Bildungs- und Sozialmanagement.* Leverkusen: Budrich.

Literatur

Brandl, P. (2021). *Organisationsentwicklung Transformations- und Change-Management. Nutzenstiftende Veränderungen bei sozialen Dienstleistungen gestalten.* Regensburg: Walhalla.

Braun, B. (2010). Curriculare Planungsphasen von Lehr-/Lernprozessen in der Aus- und Weiterbildung. In Chr. Negri (Hrsg.), *Angewandte Psychologie für die Personalentwicklung. Konzepte und Methoden für Bildungsmanagement, betriebliche Aus- und Weiterbildung* (S. 131–153). Berlin: Springer.

Broad, M L. & Newstorm, J. W. (1998). *Transfer of Training. Action-Packed Strategies to Ensure High Payoff from Training Investments.* New York: Perseus Books.

Brödel, R. (1983). Ermittlung des Weiterbildungsbedarfs als Grundlage der Programmplanung. *Hessische Blätter für Volksbildung,* 2 (S. 113–118).

Bronner, R. & Schröder, W. (1983). *Weiterbildungserfolg. Modelle und Beispiele systematischer Erfolgssteuerung.* München: Hanser.

Busold, M. (2019). *War for Talents. Erfolgsfaktoren im Kampf um die Besten.* Wiesbaden: Springer Gabler.

Destatis (2017). *Berufliche Weiterbildung in Unternehmen. Fünfte Europäische Erhebung über die berufliche Weiterbildung in Unternehmen (CVTS5).* Wiesbaden: Statistisches Bundesamt.

Deutscher Bildungsrat (1970). Empfehlungen der Bildungskommission, Strukturplan für das Bildungswesen. Stuttgart: Ernst Klett.

Domsch, M. (1983). Partizipative Bildungsplanung im Betrieb. In W. Weber (Hrsg.), *Betriebliche Aus- und Weiterbildung. Ergebnisse der betriebswirtschaftlichen Bildungsforschung* (S. 96–110). Paderborn: Schoeningh.

Döring, K. W. (1988). *Weiterbildung im System. Zur Professionalisierung des quartären Bildungssektors.* Weinheim: Deutscher Studien Verlag.

Easterby-Smith, M. (1986). *Evaluation of management education, training, and development.* Indiana: Gover.

Eberhardt, D. (2013). *Unternehmenskultur aktiv gestalten. Praxisfälle aus Wirtschaft, öffentlichem Dienst, Kultur & Sport.* Berlin: Springer.

Erath, P. & Balkow, K. (2016). *Soziale Arbeit. Eine Einführung.* Stuttgart: Kohlhammer.

Erpenbeck, J. & Sauter, W. (2016). *Stoppt die Kompetenzkatastrophe! Wege in eine neue Bildungswelt.* Berlin Heidelberg: Springer.

Euler, D. (2009). Bildungsmanagement. In R. Dubs, D. Euler, J. Rüegg-Stürm & Ch. E. Wyss (Hrsg.), *Einführung in die Managementlehre* (S. 31–55). Bern: Haupt.

Fachlexikon der Sozialen Arbeit (2017). Baden-Baden: Nomos.

Faulstich, P. (1998). *Strategien der betrieblichen Weiterbildung. Kompetenz und Organisation.* München: Vahlen.

Fischer, J. H. (2008). *Steuerung in Organisationen.* Wiesbaden: VS.

Foerster, H. v. (1997). Abbau und Aufbau. In F. B. Simon (Hrsg.), *Lebende Systeme. Wirklichkeitskonstruktionen in der systemischen Therapie* (S. 32–51). Frankfurt am Main: Suhrkamp.

Fredersdorf, F. & Glasmacher, B. (2008). Weiterbildungsmanagement. In M. Meifert (Hrsg.), *Strategische Personalentwicklung. Ein Programm in acht Etappen* (S. 245–287). Berlin: Springer.

Friedrich, A. (2010). *Personalarbeit in Organisationen Sozialer Arbeit. Theorie und Praxis der Professionalisierung.* Wiesbaden: VS.

Gairing, F. (2017). *Organisationsentwicklung als Lernprozess von Menschen und Systemen.* Stuttgart: Kohlhammer.

Gesmann, St. (2012). Systemisches Weiterbildungsmanagement als Bindeglied zwischen individuellem und organisationalem Lernen. In H. Bassarak (Hrsg.), *Personal im Sozialmanagement. Neuste Entwicklungen in Forschung, Lehre und Praxis* (S. 125–146). Wiesbaden: VS.

Gesmann, St. (2014). *Systemisches Weiterbildungsmanagement: Konzeptionelle Orientierungen und Handlungsperspektiven zur Steuerung der betrieblichen Weiterbildung in Organisationen der Sozialen Arbeit.* Münster.

Gesmann, St. (2015). Jenseits des Weiterbildungstunnelblicks: Wie individuelles Lernen innerhalb der betrieblichen Weiterbildung zur Steigerung der organisationalen Lernfähigkeit beitragen kann. *Evangelische Jugendhilfe* (S. 18–24).

Gesmann, St. (2020). Organisationen systemisch leiten. *Sozialwirtschaft*, 3 (S. 38–39).

Gesmann, St. (2022). Management. In J. V. Wirth & H. Kleve (Hrsg.), *Lexikon des systemischen Arbeitens: Grundbegriffe der systemischen Praxis, Methodik und Theorie* (im Erscheinen). Heidelberg: Carl-Auer.

Gesmann, St. & Merchel, J. (2021). *Systemisches Management in Organisationen der Sozialen Arbeit. Handbuch für Studium und Beruf.* Heidelberg: Carl-Auer.

Gessler, M. (2008). Das Kompetenzmodell. In R. Bröckermann & M. Müller-Vorbrüggen (Hrsg.), Handbuch Personalentwicklung. Die Praxis der Personalbildung, Personalförderung und Arbeitsstrukturierung (S. 43–62). Stuttgart: Schäffer-Poeschel.

Gintzel, U. (2017). Partizipation. In D. Kreft & I. Mielenz (Hrsg.), *Wörterbuch Soziale Arbeit* (S. 700–704). Weinheim: Beltz Juventa.

Gonschorrek, U. (2003). *Bildungsmanagement. In Unternehmen, Verwaltungen und Non-Profit-Organisationen.* Berlin: Berliner Wissenschafts-Verlag.

Gris, R. (2009). Weiter bilden, weiter lügen? Warum entgegen aller Erkenntnisse ein Großteil der Beratungs- und Trainingsarbeit immer noch Verschwendung ist. In. *Organisations-Entwicklung* (3), S. 52–57.

Groth, Th. (2017). *66 Gebote systemischen Denkens und Handelns in Management und Beratung.* Heidelberg: Carl-Auer.

Grunwald, K. (2009). Zum Management von Einrichtungen der Sozialen Arbeit aus organisationssoziologischer Perspektive. In K. Grunwald (Hrsg.), *Vom Sozialmanagement zum Management des Sozialen? Eine Bestandsaufnahme* (S. 85–138). Baltmannsweiler: Schneider.

Grunwald, K. (2015). Postheroisches Management als Herausforderung für Fach- und Leitungskräfte aus der Perspektive einer Lebensweltorientierten Sozialen Arbeit. In *Zeitschrift für Sozialpädagogik ZfSp*, Ausgabe 02 (S. 178–185).

Heidbrink, M. & Jenewein, W. P. (2011). *High-Performance-Organisationen. Wie Unternehmen eine Hochleistungskultur aufbauen.* Stuttgart: Schäffer-Poeschel.

Heiner, M. (1998). Lernende Organisationen und Experimentierende Evaluation. Verheißungen lernender Organisationen. In M. Heiner (Hrsg.), *Experimentierende Evaluation. Ansätze zur Entwicklung lernender Organisationen* (S. 11–54). Weinheim: Juventa.

Heiner, M. (2004). Qualitätsentwicklung durch externe und interne Evaluation. In F. Peterander & O. Speck (Hrsg.), *Qualitätsmanagement in sozialen Einrichtungen* (S. 132–151), München: Ernst Reinhardt.

Heiner, M. (2005). Evaluation und Evaluationsforschung – Definitionen und Positionen. In H.-U. Otto, H. Thiersch & K. Böllert (Hrsg.). *Handbuch Sozialarbeit, Sozialpädagogik* (S. 481–507). München: Ernst Reinhardt.
Heiner, M. (2010). *Kompetent handeln in der Sozialen Arbeit.* München: Ernst Reinhardt.
Heintel, P. & Krainz, E. E. (1994). Was bedeutet „Systemabwehr"? In K. Götz (Hrsg.), *Theoretische Zumutungen. Vom Nutzen der systemischen Theorie für die Managementpraxis* (S. 160–193). Heidelberg: Carl-Auer.
Heyse, V. & Erpenbeck, J. (2004). Vorwort. In V. Heyse & J. Erpenbeck (Hrsg.), *Kompetenztraining. 64 Informations- und Trainingsprogramme* (S. 1–2). Stuttgart: Schäffer-Poeschel.
Höfener, F. (2005). *Soziale Arbeit – eine weiterbildungsintensive Profession. Eine empirisch-systematische Untersuchung zur Weiterbildung von Fachkräften der Sozialen Arbeit.* Aachen: Shaker.
Höffer-Mehlmer, M. (2011). Programmplanung und -organisation. In R. Tippet & A. v. Hippel (Hrsg.), *Handbuch Erwachsenenbildung/Weiterbildung* (S. 989–1002). Wiesbaden: VS.
Hölzle, Ch. (2017). *Personalmanagement in Einrichtungen der Sozialen Arbeit. Grundlagen und Instrumente.* Weinheim: Beltz Juventa.
Hummel, Th. R. (2001). *Erfolgreiches Bildungscontrolling. Praxis und Perspektiven.* Heidelberg: Sauer.
Janneck, M. (2007). *Quadratische Kommunikation im Netz. Gruppeninteraktion und die Gestaltung von CSCL-Systemen.* Lohmar: Eul.
Jechle, Th., Kolb, M. & Winter, A. (1994). Bedarfsermittlung in der Weiterbildung. *Unterrichtswissenschaft*, 22 (S. 3–22).
John, F. (2010). Transfermanagement – Effizienz in der Weiterbildung: ein Best-Practice-Beispiel. In G. Schweizer (Hrsg.), *Wert und Werte im Bildungsmanagement. Nachhaltigkeit – Ethik – Bildungscontrolling* (S. 207–222). Bielefeld: Bertelsmann.
Jung, H. (2006). *Personalwirtschaft.* München: Oldenbourg.
Käpplinger, B. (2016). *Betriebliche Weiterbildung aus der Perspektive von Konfigurationstheorien.* Bielefeld: Bertelsmann.
Karg, U. (2006). *Betriebliche Weiterbildung und Lerntransfer. Einflussfaktoren auf den Lerntransfer im organisationalen Kontext.* Bielefeld: Bertelsmann.
Kasper, H., Mayrhofer, W. & Meyer, M. (1999). Management aus systemtheoretischer Perspektive – eine Standortbestimmung. In D. v. Eckardstein (Hrsg.), *Management. Theorien – Führung – Veränderung* (S. 161–210). Stuttgart: Schäffer-Poeschel.
Kauffeld, S. (2016). *Nachhaltige Weiterbildung. betriebliche Seminare und Trainings entwickeln, Erfolge messen, Transfer sichern.* Heidelberg: Springer.
Kirkpatrick, D. L. & Kirkpatrick, J. D. (2006). *Evaluating training programs. The four levels.* San Francisco: Berrett-Koehler.
Klatetzki, Th. (2010). Zur Einführung. Soziale personenbezogene Dienstleistungsorganisationen als Typus. In Th. Klatetzki (Hrsg.), *Soziale personenbezogene Dienstleistungsorganisationen. Soziologische Perspektiven* (S. 7–24). Wiesbaden: VS.
Klaus, H. (2008). Qualitätsentwicklung durch Personalentwicklung. Oder. Vom organisationalen Umgang mit Unbestimmtheit und Unbestimmbarkeit. In V. Brinkmann (Hrsg.), *Personalentwicklung und Personalmanagement in der Sozialwirtschaft* (S. 141–162). Wiesbaden: VS.

Klug, A. (2011). Analyse des Personalentwicklungsbedarfs. In J. Ryschka, M. Solga & A. Mattenklott (Hrsg.), *Praxishandbuch Personalentwicklung. Instrumente, Konzepte, Beispiele* (S. 35–92). Wiesbaden: Gabler.

Kneer, G. & Nassehi, A. (2000). *Niklas Luhmanns Theorie sozialer Systeme. Eine Einführung.* München: W. Fink.

Koch, A. (2018). *Die Transferstärke-Methode. Mehr Lerntransfer in Trainings und Coachings.* Weinheim, Basel: Beltz.

Kolb, M., Burkart, B. & Zundel, F. (2010). *Personalmanagement. Grundlagen und Praxis des Human Resources Managements.* Wiesbaden: VS.

Kösel, E. (1993). *Die Modellierung von Lernwelten. Ein Handbuch zur subjektiven Didaktik.* Elztal-Dallau: Laub.

Köster, M. (2003). Warum Training selten funktioniert. Über die Notwendigkeit von soziologischer Perspektive in einer boomenden Branche. *Sozialwissenschaften und Berufspraxis* (SuB), 26 (S. 255–267).

Kühl, St. (2011). *Organisationen. Eine sehr kurze Einführung.* Wiesbaden: VS.

Kühl, St. (2015). *Das Regenmacher-Phänomen. Widersprüche im Konzept der lernenden Organisation.* Frankfurt am Main: Campus.

Lambers, H. (2015). Management in der Sozialen Arbeit und in der Sozialwirtschaft. Ein systemtheoretisch reflektiertes Managementmodell. Weinheim, Basel: Beltz Juventa.

Lang, K. (2006). *Bildungs-Controlling. Personalentwicklung effizient planen, steuern und kontrollieren.* Wien: Linde.

Lipkau, R. (2019). Retention Management. In M. Busold (Hrsg.), *War for Talents. Erfolgsfaktoren im Kampf um die Besten* (S. 165–176). Weinheim: VS.

Luhmann, N. (1984). *Soziale Systeme. Grundriß einer allgemeinen Theorie.* Frankfurt am Main: Suhrkamp.

Luhmann, N. (1997). *Die Gesellschaft der Gesellschaft.* Frankfurt am Main: Suhrkamp.

Luhmann, N. (2006). *Organisation und Entscheidung.* Wiesbaden: VS.

Malik, F. (2008). *Strategie des Managements komplexer Systeme. Ein Beitrag zur Management-Kybernetik evolutionärer Systeme.* Bern: Haupt.

Martens, W. & Ortmann, G. (2006). Organisation in Luhmanns Systemtheorie. In A. Kieser & M. Ebers (Hrsg.), *Organisationstheorien* (S. 427–461). Stuttgart: Kohlhammer.

Maturana, H. R. & Varela, F. J. (2009). *Der Baum der Erkenntnis. Die biologischen Wurzeln menschlichen Erkennens.* Frankfurt am Main: Fischer.

Mayerhofer, H. & Michelitsch-Riedl, G. (2009). Personalentwicklung. In H. Kasper & W. Mayrhofer (Hrsg.), *Personalmanagement Führung Organisation* (S. 405–462). Wien: Linde.

Meißner, A. (2012). *Lerntransfer in der betrieblichen Weiterbildung. Theoretische und empirische Exploration der Lerntransferdeterminanten im Rahmen des Training off-the-job.* Lohmar: Eul.

Meisel, K. (2011). Weiterbildungsmanagement. In R. Tippelt & A. v. Hippel (Hrsg.), *Handbuch Erwachsenenbildung/Weiterbildung* (S. 427–436). Wiesbaden: VS.

Meissner, J. O., Gentile, G.-C. & Tuckermann, H. (2009a). Kommunikation: Eine Hinführung zum Kommunikationsverständnis der neueren Systemtheorie. In R. Wimmer, J. O. Meissner & P. Wolf (Hrsg.), *Praktische Organisationswissenschaft. Lehrbuch für Studium und Beruf* (S. 144–168). Heidelberg: Carl-Auer.

Meissner, J. O., Wolf, P. & Wimmer, R. (2009b). Weshalb system(theoret)ische Organisationswissenschaft? In R. Wimmer, J. O. Meissner & P. Wolf (Hrsg.), *Praktische Organisationswissenschaft. Lehrbuch für Studium und Beruf* (S. 20–39). Heidelberg: Carl-Auer.

Merchel, J. (2004). *Qualitätsmanagement in der Sozialen Arbeit. Ein Lehr- und Arbeitsbuch.* Weinheim: Juventa.

Merchel, J. (2005). *Organisationsgestaltung in der Sozialen Arbeit. Grundlagen und Konzepte zur Reflexion, Gestaltung und Veränderung von Organisationen.* Weinheim: Juventa.

Merchel, J. (2007). Jugendamt und Organisationskultur: Gegen eine Vernachlässigung des Organisationskulturellen in der öffentlichen Jugendhilfe. *Das Jugendamt – Zeitschrift für Jugendhilfe und Familienrecht*, 8 (S. 509–515).

Merchel, J. (2009a). *Sozialmanagement. Eine Einführung in Hintergründe, Anforderungen und Gestaltungsperspektiven des Managements in Einrichtungen der Sozialen Arbeit.* Weinheim: Juventa.

Merchel, J. (2009b). Zur Debatte um „Sozialmanagement". Anmerkungen zu Bilanz und Perspektiven nach annähernd 20 Jahren. In K. Grunwald (Hrsg.), *Vom Sozialmanagement zum Management des Sozialen? Eine Bestandsaufnahme* (S. 62–84). Baltmannsweiler: Schneider.

Merchel, J. (2019). *Evaluation in der Sozialen Arbeit.* München: Ernst Reinhardt.

Merchel, J., Pamme, H. & Khalaf, A. (2012). *Personalmanagement im Allgemeinen Sozialen Dienst. Standortbestimmung und Perspektiven für Leitung.* Weinheim: Beltz Juventa.

Merten, R. (1998). Zum Verhältnis von Theorie und Praxis. Strukturprobleme des sozialarbeiterischen/sozialpädagogischen Studium. *Der pädagogische Blick*, 1, S. 16–26.

Mildenberg, G., Münscher, R. & Schmitz, B. (2012). Dimensionen der Bewertung gemeinnütziger Organisationen und Aktivitäten. In H. K. Anheier, A. Schröer & V. Then (Hrsg.), *Soziale Investitionen. Interdisziplinäre Perspektiven* (S. 279–312). Wiesbaden: VS.

Miller, T. (2001). *Systemtheorie und Soziale Arbeit. Entwurf einer Handlungstheorie.* Stuttgart: Lucius und Lucius.

Milling, M. (2010). Zur Bedeutung von Bildungsprozessmanagement im Bereich effizienzorientierter Vermittlung interkultureller Kompetenz. In G. Schweizer (Hrsg.), *Wert und Werte im Bildungsmanagement. Nachhaltigkeit – Ethik – Bildungscontrolling* (S. 283–292). Bielefeld: Bertelsmann.

Möller, Ch. (1976). *Technik der Lernplanung. Methoden und Probleme der Lernzielerstellung.* Weinheim: Beltz.

Mudra, P. (2004). *Personalentwicklung. Integrative Gestaltung betrieblicher Lern- und Veränderungsprozesse.* München: Vahlen.

Müller, H.-J. & Stürzl, W. (1992). Dialogische Bildungsbedarfsanalyse – Eine zentrale Aufgabe des Weiterbildners. In H. Geissler (Hrsg.), *Neue Qualitäten betrieblichen Lernens* (S. 103–146). Frankfurt am Main: Peter Lang.

Müller, U. (2010). Kann man Bildung managen? In G. Schweizer (Hrsg.), *Wert und Werte im Bildungsmanagement. Nachhaltigkeit – Ethik – Bildungscontrolling* (S. 13–26). Bielefeld: Bertelsmann.

Müller, U., Nagel, C. & Ihlein, M. (2007). Transfermanagement. In G. Schweizer (Hrsg.), *Lernen am Unterschied. Bildungsprozesse gestalten, Innovationen vorantreiben* (S. 191–220). Bielefeld: Bertelsmann.

Münchhausen, G.; Schmitz, S. & Schönfeld, G. (2021). *Betriebliche Weiterbildung, Lernformen und Kompetenzanforderungen – Ergebnisse der Betriebsfallstudien der CVTS5-Zusatzerhebung in Deutschland*. Bonn: Bundesinstitut für Berufsbildung.

Nagel, R. (2014). *Organisationsdesign. Modelle und Methoden für Berater und Entscheider*. Stuttgart: Schäffer-Poeschel.

Nagel, R. & Wimmer, R. (2009). *Systemische Strategieberatung: Modelle und Strategien für Berater und Entscheider*. Stuttgart: Schäffer-Poeschel.

Neuberger, O. (1994). *Personalentwicklung*. Stuttgart: Enke.

Neuberger, O. & Wimmer, P. (1998). *Personalwesen 2. Personalplanung Beschäftigungssysteme Personalkosten Personalcontrolling*. Stuttgart: Enke.

Niehaves, B. (2006). *Management organisationskultureller Veränderungen. Von der traditionellen Bürokratie zur modernen Verwaltung*. Saarbrücken: Akademieverlag.

Nork, M. E. (1991). *Management Training. Evaluation – Probleme – Lösungsansätze*. München: Hampp.

Ottmayer, S., Künzli, H., Käter, A. & Häflinger, B. (2010). Bildungsmanagement. In Ch. Negri (Hrsg.), *Angewandte Psychologie für die Personalentwicklung. Konzepte und Methoden für Bildungsmanagement, betriebliche Aus- und Weiterbildung* (S. 251–314). Berlin: Springer.

Otto, H.-U., Albus, St, Polutta, A., Schrödter, M. & Ziegler, H. (2007). *Zum aktuellen Diskurs um Ergebnisse und Wirkungen im Feld der Sozialpädagogik und So*zialarbeit. Berlin: AGJ.

Pamme, H. & Merchel, J. (2014). *Personalentwicklung im Allgemeinen Sozialen Dienst (ASD). Konzeptionelle Herangehensweisen und Arbeitshilfen*. Berlin: Lambertus.

Pawlowsky, P. & Bäumer, J. (1996). *Betriebliche Weiterbildung. Management von Qualifikation und Wissen*. München: Beck.

Pech, U. (2001). *Bildungscontrolling. Deskription, Klassifikation, Identitäten und Disparitäten*. Aachen: Shaker.

Peter, H. (2002). Weiterbildung in der Sozialen Arbeit. In J. Schulze-Krüdener, H. G. Humfeldt & R. Merten (Hrsg.), *Mehr Wissen – mehr Können?* (S. 125–148). Baltmannsweiler: Schneider Hohengehren.

Phillips, J. J.& Schirmer, F. C. (2008). *Return on Investment in der Personalentwicklung. Der 5-Stufen-Evaluationsprozess*. Berlin Heidelberg: Springer.

Pieler, D. (2000). *Weiterbildungscontrolling. Eine systemorientierte Perspektive*. Wiesbaden: Deutscher Universitäts-Verlag.

Rahnfeld, C. (2021). Systemisches Management in sozialwirtschaftlichen Organisationen. Eine Einführung. Wiesbaden: Springer VS.

Rosenstiel, L. v. (2004). Die „lernende Organisation" als Ausgangspunkt für Qualitätsentwicklung. In F. Peterander & O. Speck (Hrsg.), *Qualitätsmanagement in sozialen Einrichtungen* (S. 64–82). München: Ernst Reinhardt.

Rüegg-Stürm, J. (2003). *Organisation und organisationaler Wandel. Eine theoretische Erkundung aus konstruktivistischer Sicht*. Wiesbaden: Westdeutscher Verlag.

Sausele-Bayer, I. (2011). *Personalentwicklung als pädagogische Praxis*. Wiesbaden: VS.

Sauter, W. & Staudt, A.-K. (2016). *Kompetenzmessung in der Praxis. Mitarbeiterpotenziale erfassen und analysieren*. Wiesbaden: Springer Gabler.

Schellberg, K.-U. (2010). Wertschöpfung – Sozialen Nutzen belegen. *Sozialwirt*schaft, 20 (S. 19–22).

Schellschmidt, K.-D. (2008). Training off the job. In R. Bröckermann & M. Müller-Vorbrüggen (Hrsg.), *Handbuch Personalentwicklung. Die Praxis der Personalbildung, Personalförderung und Arbeitsstrukturierung* (S. 203–220). Stuttgart: Schäffer Poeschel.
Schiersmann, Ch. (2007). *Berufliche Weiterbildung.* Wiesbaden: VS.
Schlippe, A. v. & Schweitzer, J (2009). *Systemische Interventionen.* Göttingen: Vandenhoeck & Ruprecht.
Schlippe, A. v. & Schweitzer, J. (2007). *Lehrbuch der systemischen Therapie und Beratung.* Göttingen: Vandenhoeck & Ruprecht.
Schlutz, E. (2010). Bildungsbedarf. In R. Arnold, S. Nolda & E. Nuissl (Hrsg.), *Wörterbuch Erwachsenenbildung* (S. 51–52). Bad Heilbrunn: Klinkhardt.
Schmid, Ch. (2006). *Lernen und Transfer. Kritik der didaktischen Steuerung.* Bern: Hep.
Schmitz, Ch. (1992). Erfolg und Vielfalt. Zum Nutzen systemischen Denkens und Handelns im Management. In Ch. Schmitz, P. Gester & B. Heitger (Hrsg.), *Managerie. Systemisches Denken und Handel im Management* (S. 41–70). Heidelberg: Carl-Auer.
Schöni, W. (2006). *Handbuch Bildungscontrolling. Steuerung von Bildungsprozessen in Unternehmen und Bildungsinstitutionen.* Glarus: Rüegger.
Schuldt, Ch. (2006). *Systemtheorie.* Hamburg: CEP Europäische Verlagsanstalt.
Schulze-Krüdener, J. (2005). Fort- und Weiterbildung für die Soziale Arbeit. In W. Thole (Hrsg.), *Grundriss Soziale Arbeit. Ein einführendes Handbuch* (S. 849–862). Wiesbaden: VS.
Sieber Bethke, F. (2003). *Controlling, Evaluation und Reporting von Weiterbildung und Personalentwicklung.* Bremen: Medien-Institut.
Siebert, H. (1998). *Konstruktivismus. Konsequenzen für Bildungsmanagement und Seminargestaltung.* Frankfurt am Main: DIE.
Siebert, H. (2005). *Pädagogischer Konstruktivismus. Lernzentrierte Pädagogik in Schule und Erwachsenenbildung.* Weinheim: Beltz.
Siebert, H. (2012). *Lernen und Bildung Erwachsener.* Bielefeld: Bertelsmann.
Simon-Christ, K. (1990). Evaluation betrieblicher Weiterbildung. In W. Schlaffke & R. Weiß (Hrsg.), *Tendenzen betrieblicher Weiterbildung. Aufgaben für Forschung und Praxis* (S. 336–349). Köln: Deutscher Instituts-Verlag.
Simon, F. B. (1997). Die Organisation der Selbstorganisation. Thesen zum „systemischen Management". In P.-W. Gester, B. Heitger, Ch. Schmitz (Hrsg.), *Managerie* (S. 112–128). Heidelberg: Carl-Auer.
Simon, F. B. (2005). *„Radikale" Marktwirtschaft. Grundlagen des systemischen Managements.* Heidelberg: Carl-Auer.
Simon, F. B. (2007). *Einführung in die systemische Organisationstheorie.* Heidelberg: Carl-Auer.
Simon, F. B. (2012a). *Einführung in die Systemtheorie des Konflikts.* Heidelberg: Carl-Auer.
Simon, F. B. (2012b). *Einführung in die Theorie des Familienunternehmens.* Heidelberg: Carl-Auer.
Simon, F. B. (2013). *Gemeinsam sind wir blöd!? – Die Intelligenz von Unternehmen, Managern und Märkten.* Heidelberg: Carl-Auer.
Solga, M. (2011a). Evaluation in der Personalentwicklung. In J. Ryschka, M. Solga & A. Mattenklott (Hrsg.), *Praxishandbuch Personalentwicklung. Instrumente, Konzepte, Beispiele* (S. 369–400). Wiesbaden: Gabler.

Solga, M. (2011b). Förderung von Lerntransfer. In J. Ryschka, M. Solga & A. Mattenklott (Hrsg.), *Praxishandbuch Personalentwicklung. Instrumente, Konzepte, Beispiele* (S. 339–368). Wiesbaden: Gabler.

Spiegel, H. v. (2021). *Methodisches Handeln in der Sozialen Arbeit*. München: Ernst Reinhardt.

Steinbach-Nordmann, S. (2001). Lernziele. In R. Arnold & S. Nolda (Hrsg.), *Wörterbuch Erwachsenenpädagogik* (S. 208–209). Bad Heilbrunn: Klinkhardt.

Stender, J. (2009). *Betriebliches Weiterbildungsmanagement. Ein Lehrbuch.* Stuttgart: Hirzel.

Thierau-Brunner, H., Wottawa, H. & Stangel-Meseke, M. (2006). Evaluation von Personalentwicklungsmaßnahmen. In K. Sonntag (Hrsg.), *Personalentwicklung in Organisationen* (S. 329–354). Göttingen: Hogrefe.

Tredop, D. (2008). *Weiterbildungs-Controlling. Pädagogische und ökonomische Erkundungen aus konstruktivistisch-systemischer Sicht.* München: Hampp.

Ulbrich, M. (1999). Transferprozeß-Management in der betrieblichen Weiterbildung. Erste Ergebnisse einer Untersuchung in Industrie und Dienstleistung. In W. Wittwer (Hrsg.), *Transfersicherung in der beruflichen Weiterbildung. Empirische Befunde – Konzepte – Transferinstrumente* (S. 39–84). Frankfurt am Main: Peter Lang.

Ulbrich, M. (2004). *Potentialanalyse und Entwicklungsprognose. Eine empirische Untersuchung zur sozialen Kompetenz.* Lohmar: Eul.

Weick, K. E. (1977). Organization design: Organizations as self-designing systems. In *Organizational Dynamics*, 6 (S. 31–46).

Weinbauer-Heidel, I. (2016) *Was Trainings wirklich wirksam macht: 12 Stellhebel der Transferwirksamkeit.* Hamburg: Tredition.

Weizsäcker, E. v. (1974). Erstmaligkeit und Bestätigung als Komponenten der pragmatischen Information. In E. v. Weizsäcker (Hrsg.), *Offene Systeme I. Beiträge zur Zeitstruktur von Information, Entropie und Evolution* (S. 82–113). Stuttgart: Klett-Cotta.

Willke, H. (1987). Strategien der Intervention in autonome Systeme. In N. Luhmann & D. Baecker (Hrsg.), *Theorie als Passion. Niklas Luhmann zum 60. Geburtstag* (S. 333–361). Frankfurt am Main: Suhrkamp.

Willke, H. (1993). *Systemtheorie entwickelter Gesellschaften: Dynamik und Riskanz moderner Selbstorganisation.* Weinheim, München: Juventa.

Willke, H. (1994). Systemtheoretische Strategien des Erkennens. Wirklichkeit als Konstruktion. In K. Götz (Hrsg.), *Theoretische Zumutungen. Vom Nutzen der systemischen Theorie für die Managementpraxis* (S. 97–116). Heidelberg: Carl-Auer.

Willke, H. (1999). *Systemtheorie II: Interventionstheorie. Grundzüge einer Theorie der Intervention in komplexe Systeme.* Stuttgart: UTB.

Willke, H. (2001). *Systemtheorie III: Steuerungstheorie. Grundzüge einer Theorie der Steuerung komplexer Systeme.* Stuttgart: UTB.

Willke, H. (2006). *Systemtheorie I: Grundlagen.* Stuttgart: UTB.

Willke, H. (2007). *Einführung in das systemische Wissensmanagement.* Heidelberg: Carl-Auer.

Wimmer, R. (2004). *Organisation und Beratung. Systemtheoretische Perspektiven für die Praxis.* Heidelberg: Carl-Auer.

Wimmer, R. (2012). *Organisation und Beratung. Systemtheoretische Perspektiven für die Praxis.* Heidelberg: Carl-Auer.

Wimmer, R. (2015). Die Steuerung des Unsteuerbaren. In B. Pörksen (Hrsg.), *Schlüsselwerke des Konstruktivismus* (S. 509–534). Wiesbaden: Springer VS.

Wöhrle, A. (2019). Personalsituation in der Sozialwirtschaft und Herausforderungen für das Personalmanagement. In A. Wöhrle, P. Gruna, L. Kohlhoff, G. Kortendieck, B. Nöbauer, A. Tabatt-Hirschfeldt & R. Zillmann (Hrsg.), *Personalmanagement – Personalentwicklung* (S. 11–38). Baden-Baden: Nomos.

Wollnik, M. (1994). Interventionschancen bei autopoietischen Systemen. In K. Götz (Hrsg.), *Theoretische Zumutungen. Vom Nutzen der systemischen Theorie für die Managementpraxis* (S. 118–160). Heidelberg: Carl-Auer.

Zauner, A. (2007). Über Solidarität zu Wissen. Ein systemtheoretischer Zugang zu Nonprofit Organisationen. In Ch. Badelt (Hrsg.), *Handbuch der Nonprofit Organisation. Strukturen und Management* (S. 141–166). Stuttgart: Schäeffer-Poeschel.

The manufacturer's authorised representative in the EU is Springer Nature Customer Service Centre GmbH, Europaplatz 3, 69115 Heidelberg, Germany. If you have any concerns regarding our products, please contact ProductSafety@springernature.com

Printed and bound by CPI Group (UK) Ltd, Croydon, CR0 4YY

23/03/2026

02076747-0001